Die wundersamen Irrfahrten des William Lithgow

Herausgegeben und mit einem Vor- und Nachwort von
Roger Willemsen

Aus dem Englischen von
Georg Deggerich

Fischer Taschenbuch Verlag

mare

Mit einer Landkarte von Papan

Die vorliegende Übersetzung basiert auf der 1974 von
Gilbert Phelps herausgegebenen Ausgabe
The Rare Adventures and Painful Peregrinations of William Lithgow
© Copyright The Folio Society Limited 1974, London

Veröff entlicht im Fischer Taschenbuch Verlag,
einem Unternehmen der S. Fischer Verlag GmbH,
Frankfurt am Main, August 2011

Lizenzausgabe mit freundlicher Genehmigung
des mareverlags, Hamburg
© 2009 by mareverlag, Hamburg
Typografie: Farnschläder & Mahlstedt, Hamburg
Druck und Bindung: CPI – Clausen & Bosse, Leck
Printed in Germany
ISBN 978-3-596-18779-9

* * * * * * * * *

*Die wundersamen Irrfahrten
des William Lithgow*

* * * * * * * * *

William Leithaus Reisen

Insel →

London

Paris

Köln

Fez

Wüste
Wüste

Tunis

Malta

?

1. Reise ——————
2. Reise ••••••••
3. Reise ०००००००००

Norden

Westen · Osten

Süden

Maßstab 1:201 1940
1:2201 1943!

Kein Meer!

Noch M.

Ziemlich
Schwarzes Meer

Konstanti-
nopel

Kreta

Zypern

Alex.

Damaskus

← Totes Meer!

Rotes Meer

...ist hier
klein!!

Karte: Lithgow
1609

Inhalt

Die zweite Reise

Die dritte Reise

Geleitwort

*E*ndlich. Exakt vierhundert Jahre nachdem William Lithgow die erste seiner drei »schmerzvollen Wanderungen« antrat, erscheint sein Bericht nun auch auf Deutsch, bedeutsames Dokument, packende Quellenschrift, Abenteuerroman und ein Kuriosum gleichermaßen, das in der englischen Literaturgeschichte als »vernachlässigtes Meisterwerk«, seines lebendigen und individuellen Stils, seiner Anschaulichkeit und seines Materialreichtums wegen als eines der großen Bücher der frühen Reiseliteratur bezeichnet wird.

Eigentlich beginnt die Geschichte dieses Buches an einem Abend des Jahres 1603. Damals soll sich der noch minderjährige William ein Herz gefasst und unter dem Balkon seiner Liebsten gesungen haben. So zumindest berichten es Chronisten in der Nachfolge von Sir Walter Scott. Der Gesang des Mannes lockte die vier Brüder der Geliebten herbei, und diesen gefiel es, dem unglücklichen Sänger beide Ohren abzuschneiden. Der so Mutilierte entschloss sich daraufhin, den Ort seiner Schande zu verlassen und Länder zu bereisen, in denen der Verlust von zwei Ohren nicht weiter auffallen würde, oder, wie der Wiener Feuilletonist Franz Blei in den Zwanzigerjahren schrieb: »Die Sehnsucht trieb ihn dorthin, wo man unauffällig und selbstverständlich einen Turban trägt, denn nur notdürftig deckten die darübergekämmten Haare die

Ohren, die nicht da waren.« – In der Familie dagegen kursierte die Überlieferung, Lithgow sei eines Tages in unrühmlicher Position mit einer gewissen Alice Lockhart gefunden worden. Nicht dieser Fehltritt, sondern vielmehr die Tatsache, dass er eigentlich bereits mit Helen Hamilton, Tochter aus einer einflussreichen Familie der Region, verbandelt gewesen sei, habe dazu geführt, dass deren Brüder ihm die Ohren abgeschnitten hätten. Franz Blei, der 1929 seine Miniatur über Lithgow schrieb und diese Umstände noch nicht gekannt haben kann, schreibt hellsichtig: »Das Mädchen muss Helene geheißen haben, denn wo ihm auf seinen Reisen eine mehr oder weniger historische Helene unterkommt, vor Troja etwa, beginnt er außerordentlich auf die so benannte Dame zu fluchen.«

Lithgow selbst, gesegnet mit einem dramatischen rhetorischen Talent, bezeichnet sich als das unschuldige Lamm, das in die Klauen blutrünstiger, reißender Wölfe gefallen sei. Ein »Prozesshansel«, wie man ihn hierzulande nennen würde, macht er vor Gericht eine Eingabe und erstreitet sich zwei Jahre später tatsächlich eine Entschädigung von der noblen Familie. Die öffentliche Häme ist ihm gleichwohl sicher. Schon nennt man ihn im Ort »Lugless Will« (»Will, den Ohrlosen«) oder auch »Cutlugged Willie« (»Säbelohr-Willy«). Und so entschließt er sich – aus Angst vor öffentlichem Spott wie auch aus der berechtigten Furcht, sein Leben könne in Gefahr sein – die Heimat erst einmal zu fliehen. Auf einem zeittypischen Holzschnitt sehen wir den Autor denn auch in der Libyschen Wüste, den Turban wie einen Flaschenkürbis auf dem langhaarigen Kopf, Schlangen zu seinen Füßen, ein scheeläugiges Raubtier abseits lauernd.

So kommt der Mann in die Welt, dem zum Reisen eigentlich nur eines fehlt: Begabung – und es mutet grotesk an, dass man ihn in Großbritannien als ein frühes Beispiel englischer »Wanderlust« bezeichnet, geht ihm doch nichts so sehr ab wie die Lust. Lithgow reist vielmehr vornehmlich im Widerstand gegen alles, was er sieht. Seine Animosität ist ein unerschöpflicher Quell, sein Lamentieren und Räsonieren kommt an kein Ende, und man müsste, ein zeitgenössisches Wort zitierend, sein Maul wohl extra totschlagen, so unentwegt ergießt sich daraus der Schwall der Verwünschungen: Paris ist »eine Brutstätte für Schurken und eine Räuberhöhle bei Nacht«, Rom »bloß ein Kadaver der ehemaligen Stadt«, niedergegangen an ihrer »Sündhaftigkeit«, in allen italienischen Städten herrscht die Sodomie, Konstantinopel hat die »schäbigsten Behausungen weltweit«, der größte Teil der Bevölkerung Polens ist »von Statur vierschrötig, mit Stiernacken, breiten Hüften und kräftigen Beinen, sowie rohen, grobschlächtigen Gesichtern«, Irland ist zwar schön, »der einzige Makel« aber sind die Menschen, »deren herausragende Merkmale ihre Dummheit und Trägheit sind«. So geht es dahin, und hat er denn gar nichts mehr einzuwenden, wie in Tunesien, wo er durch reiches und fruchtbares Land inmitten blühender Vegetation wandert, so befindet er gallig, die Landschaft sei »gesäumt von zahlreichen, dicht bevölkerten Dörfern, von denen ich mir wünschte, sie würden gar nicht existieren oder es würden zumindest Christen darin wohnen«.

Leider war Lithgow wohl das, was man im Rheinischen »ne fiese Möpp« nennt. Schon im Vorwort herrscht er den Leser an: »Solltest du ein Lump, ein Grobian, ein Schurke, ein Querulant, ein Hanswurst oder ein dummer Esel sein, so sei ein Strick dein Lohn … Geh hin und häng dich auf – ich pfeife auf deine Liebe wie auf deinen Hass.« Ja, dieser Autor besaß offenbar die untrügliche Fähigkeit, sich unbeliebt zu machen und Menschen gegen sich aufzubringen. Sein Degout war sein Perpetuum mobile, und wenn man irgendwo lernen kann, welche inspirative Kraft im Widerwillen stecken kann: Hier ist der Ort.

Gewidmet hat er sein Buch König Karl von England, Frankreich, Irland etc., was ihn aber nicht hindert, über Frankreich, Irland etc. die abfälligsten Bemerkungen zu notieren. Was Wunder also, dass er den König bittet, »wie die Biene süßesten Honig aus den bittersten Blüten« zu gewinnen, womit er die eigene Nichtigkeit und die seines Stils apostrophiert, wohl wissend, wie wenig beide dies verdient haben: »Ich bitte Euch, allein auf den Inhalt zu achten und nicht auf die mangelhaften Gaben des Verfassers!«

Doch wohlgemerkt ist derselbe Lithgow ein durchaus sprachmächtiger Autor, ein scharfer und kenntnisreicher Beobachter, ein Schriftsteller mit Sinn für Details, für dramatische Zuspitzungen, für Situationskomik, und er ist ein wahrer Abenteurer! Ja, er zieht die Gefahren ebenso magisch an wie die Gelegenheiten, sich aus ihnen zu befreien. Denn so unglaublich es ist, wie er lebte, unglaublicher noch ist, wie er überlebte. Sein ganzes Reisen ist eine einzige Folge von räuberischen Überfällen, Schiffbrüchen, Vergiftungen, Erkrankungen, Erpressungen, Betrügereien, Mordanschlägen und wundersamen Heilungen und Errettungen. Ein ganzer Karl May steckt in diesen Wechselfällen, mit dem einzigen Unterschied, dass Lithgow zu fantasielos zum Lügen ist, weshalb auch die Wahrhaftigkeit seiner Reisen nie ernsthaft bezweifelt wurde.

Mehr noch, er besitzt eine Reihe von Eigenschaften, die

sich als unschätzbar für die Leserschaft erweisen sollen: Wissbegierde, Mut, Verstand, Intuition und eine schier unzerstörbare Konstitution. Darüber hinaus verlässt er sich als Autor auf sich selbst, zeigt sich nicht überformt von Bildungsgütern und zeitgenössischen Stereotypen, sondern stellt vielmehr immer wieder jenen ersten Blick scharf, der die Reiseliteratur so kostbar machen kann. Vor allem aber besitzt er einen bemerkenswert weiten Wahrnehmungsradius und beobachtet Architektur, Inneneinrichtungen, Mode, Brauchtum, Waffentechnik, Ackerbau, liefert anschauliche Landschaftsbeschreibungen, bezeugt öffentliche Verbrennungen, Hinrichtungen, Sklavenhandel, Gesichts-Piercing, Verarbeitung von Mumien zu Medikamenten, medizinische Fürsorge in marokkanischen Bordellen, homosexuelle Straßenprostitution, schildert, wie ehebrechende Frauen von den Türken nachts im Fluss ertränkt werden, er reiht Ethnologisches, Anthropologisches, Kulturgeschichtliches, Brauchtum und Rituelles aneinander.

Obendrein beschreibt er wohl als erster Europäer den Kaffeegenuss, blutige Hochzeitsbräuche, einen Brutkasten für Küken in Tunesien, Brieftauben, Missgeburten, siamesische Zwillinge, Krokodiljagd auf dem Nil, seltene Tiere, darunter eine Wasserratte, die ins Innere des Krokodils flieht und sich bis zum Anus durchfrisst, einen bunten Vogel, der aus Angst vor den Menschen bei Annäherung immer blasser wird.

Er erleidet Schiffbruch, sieht die Hagia Sophia, die Wallfahrtskirche von Loreto, den Koloss von Rhodos, das Heilige Grab, Jericho, Bethlehem und das Tote Meer. Er besucht die Cheops-Pyramide, einen türkischen Harem, bewegt sich mit Karawanen und begegnet Wüsten-Amazonen mit Pfeil und Bogen. Er besteigt den Ätna, rochiert in den Feldlagern zwischen den Fronten des Spanisch-Niederländischen Krieges hin und her, durchquert die Sahara, erforscht Höhlen und Grotten, besucht Galeeren, unternimmt einen Tierversuch, bezeugt Götzendienst im Orient und in Irland, verkehrt bei Hof, trifft die Kurfürstin von Oranien-Nassau, wird Opfer der spanischen Inquisition und erleidet unmenschliche Qualen. Er überlebt, er prozessiert, er trotzt, er rauft, er resigniert. »Wann er starb«, schließt Franz Blei, »weiß man nicht, aber dass es an einem Durchbruch der Gallenblase war, möchte man für sicher annehmen.«

Man liest ihn kopfschüttelnd und stirnrunzelnd, staunend und lächelnd. Wer aber unter seinen Zeitgenossen hätte so vieles und Verschiedenes gesehen und erlitten wie dieser wunderliche, allein reisende schottische Querulant, der unsere Kenntnis der europäisch-orientalischen Welt vor dem Dreißigjährigen Krieg so vertiefte und bereicherte? Wer von ihnen hätte mehr gewagt, mehr erlitten und mehr apportiert?

Er verstehe nicht, bekannte Lithgow, was an Homers Odysseus so besonders sein solle, habe dieser doch nicht einmal den fünfzehnten Teil der Strecke zurückgelegt, die er, Lithgow, auf seinen schmerzvollen Wanderungen gemeistert habe! So rette er sich also auf die Nachwelt, der erste schottische Schneider, der den Kontinent bereiste, als ein unschätzbarer Reisechronist und als der Odysseus der Misanthropen.

Roger Willemsen

Vorwort an den Leser

Verständiger Leser! Wenn gute Bücher weise Ratgeber sind, so dürfen wahre Geschichten mit Fug und Recht unfehlbare Orakel, geheime Ratgeber, private Lehrmeister und treue Freunde zur Vermehrung des Wissens genannt werden, sofern man sie mit Bedacht liest und rechten Gebrauch von ihnen macht. Dieses unter großen Mühen entstandene Werk enthält ausschließlich Dinge, die ich mit eigenen Augen gesehen und erlebt habe, und ist deshalb ein genauer Spiegel und eine lebendige Darstellung echten Wissens, das alle Erfindung um Längen übertrifft. Weil mir Undank genauso verhasst ist wie der Teufel, hielt ich es für das Beste, den Gewinn meiner leidvollen Wanderungen der geneigten Öffentlichkeit vorzulegen, womit ich zum einen einer natürlichen Verpflichtung, zum anderen einem allgemeinen Wunsch folge. Da meine gefahrvollen Abenteuer das Ergebnis unzähliger Erlebnisse, Mühen, Freuden und Leiden sind, ist es nur vernünftig, sie sowohl dem maßvollen und klugen Urteil der verständigen Leser vorzulegen wie auch der schwankenden Meinung verleumderischer Kritiker, die sich ungeniert über die Arbeit anderer auslassen, von ihrem eigenen Handwerk aber kaum das Nötigste verstehen.

Damit man mich recht verstehe: Ich bin zu stolz, meine Feder für den unverbesserlichen Dummkopf zu zücken, noch will ich mich dem eingebildeten Schurken andienern, den ich gleichermaßen verachte. Dem Weisen wird es willkommen sein, der Geschichtsforscher wird Wissen, Anschauung und Orientierung darin finden und der kluge Gentleman Einsicht, Unterweisung und kurzweiliges Vergnügen.

Der Schlangenbrut der Papisten sei gesagt: So wie dieses Werk, auf Erfahrung gegründet und mit Wahrheit geschmückt, mehr als geeignet ist, den Stachel ihrer gehässigen Angriffe abzuwehren, so mögen sie darin wie in einem Spiegel ihre eigene Blindheit und die abscheulichen Irrtümer ihrer blinden Anführer, Betrüger und Götzendiener sehen, vor allem aber die grausame Behandlung, die ich durch die Vertreter ihrer Inquisition in Malaga erleiden musste, und die im Namen Christi erduldeten Qualen von Folter und Hunger. Und schließlich mögen sie der wundersamen Gnade Gottes gewahr werden, der mich in ihrem Kerker aufspürte und aus ihren heimtückischen Händen befreite.

Bevor ich nun dem Wohlmeinenden mein Werk überlasse, das seine Erwartungen nicht enttäuschen und seinen verdienten Dank finden wird, noch ein Wort an den kritischen Leser: Solltest du ein Lump, ein Grobian, ein Schurke, ein Querulant, ein Hanswurst oder ein dummer Esel sein, so sei ein Strick dein Lohn, damit meine leidvollen Reisen und die Mühen an diesem Buch vom tödlichen Gift deiner Verleumdung verschont bleiben. Geh hin und häng dich auf – ich pfeife auf deine Liebe wie auf deinen Hass und verbleibe:

Dem Freundlichen stets zugetan,
dem Missgünstigen wie er's verdient,
William Lithgow

* * * * * * * * *

Die erste Reise

* * * * * * * * *

1. Kapitel

Reise nach Italien

D er Mensch besitzt von Natur aus ein Interesse an Neuigkeiten aus fernen Ländern. Noch größer ist der Wunsch, fremde, unbekannte Königreiche mit eigenen Augen zu sehen und kennenzulernen. Die Seefahrt hat oft weit entfernte Reiche miteinander verbunden, aber die Verdienste des Reisens sind ungleich größer: erstens gewinnt der Reisende selbst ein Vielfaches an Verständnis, Erfahrung, Geduld und einen reichen Schatz Tugenden; zweitens entfaltet es vor der Welt ein Bild von den unterschiedlichen Regierungsformen sowie von den Geheimnissen, Sitten und religiösen Gebräuchen aller Völker und Nationen; und schließlich bringt es den Daheimgebliebenen in Kontakt mit Dingen, die er selbst gerne gesehen hätte, es aber nicht vermochte. Viele wünschen sich, die entferntesten Winkel der Erde zu sehen, scheuen aber die damit verbundenen Gefahren, die Kosten der Reise, ein Lager auf hartem Boden anstatt eines weichen Federbetts, Hitze und Durst, einen hungrigen Bauch, die feuchte Luft, die sich wie ein nasser Lappen auf ihre Haut legt, und zahllose andere Unannehmlichkeiten mehr. Ich selbst habe von meinen Reisen ein teuer erkauftes Wissen mit nach Hause gebracht, da nur wenig Zufriedenheit in einem so entbehrungsreichen Unternehmen liegt und jede Süße mit Bitterkeit und jede Freude mit Schmerz vermischt ist.

Doch will ich nicht länger über den Sinn und Zweck des Reisens nachsinnen, sondern zu meinen Abenteuern selbst kommen. Nachdem ich in jungen Jahren zwei Reisen zu den Orkney- und Shetland-Inseln unternommen und danach ganz Deutschland, Böhmen, die Schweiz und die Niederlande bereist hatte, ging ich nach Paris, wo ich zehn Monate blieb. Zahllose Dispute habe ich darüber geführt, ob London und Paris vergleichbar sind, sowohl quantitativ als auch qualitativ. Da dies nicht mein eigentliches Thema ist, will ich nur so viel dazu sagen: Betrachtet man nur die riesige Zahl an Schiffen und seine weiträumigen Hafenanlagen (abgesehen von allem übrigen Handel), ist London, in der Frage der Quantität, weit besser gestellt als Paris. Was die Qualität angeht, ist Paris zwar dicht bevölkert, allerdings größtenteils von kleinen Lakaien und Dienern, eine Brutstätte für Schurken und eine Räuberhöhle bei Nacht. In London hingegen leben nicht nur zahlreiche angesehene und ehrenwerte Minister, sondern zivilisierte, wohlerzogene und zuvorkommende Bürger, und sie ist die bei Weitem am besten regierte Stadt auf der ganzen Welt, bei Tag wie bei Nacht.

Am 7. März 1609 brach ich von Paris auf, ein Stück meines Wegs begleitet von einigen meiner Landsleute. Nachdem ich mich herzlich bedankt und wir uns Lebewohl gesagt hatten, überließ ich mein weiteres Schicksal Gott, meinen Leib aller Arten von Entbehrungen, meine Hände der vor mir liegenden Aufgabe und meine Füße dem steinigen Weg. Meine Reise durch Frankreich, das Savoyen und die Ligurischen Alpen möchte ich übergehen, da viele auf dieser Insel es aus eigener Anschauung oder aus Berichten anderer kennen, und auch über Italien soll der Leser nur einige ganz allgemeine Dinge erfahren.

Vierzig Tage nach meiner Abreise aus Paris erreichte ich Rom, wovon ich eine Reihe außergewöhnliche Dinge berichten will. Das heutige Rom ist nicht das antike Rom, das einst von Romulus gegründet wurde und das wegen seiner Triumphe und Bauwerke als Herrscherin des Erdkreises galt, sondern bloß ein Kadaver der ehemaligen Stadt, von der nur noch die Ruinen geblieben sind sowie die Ursache für ihren Niedergang, ihre Sündhaftigkeit. Und doch war Rom einst die ruhmreichste Stadt Europas, Mutter und Amme großer Senatoren, Wunder der Nationen, Inbegriff der Zivilisation, das Reich des Mars und siebenköpfige Herrscherin über zahlreiche Provinzen.

Der Tiber, der mitten durch sie hindurchfließt, ähnelt dem Jordan und dem Tejo. Er ist zwar schmaler, besitzt aber das gleiche aufgewühlte, erdbraune Wasser. Er ist unberechenbar und reißt oft ganze Häuser mit sich, aus lauter Unmut, die Mauern einer so verderbten und herrschsüchtigen Stadt zu zieren, die nun, nachdem sie ihren Ruhm und ihre Herrschaft über die Welt eingebüßt hat, erneut ein Vorrecht auf die Seelen der Menschen, auf Himmel, Hölle und das versilberte Fegefeuer sowie auf die Ernennung und Absetzung von Königen beansprucht, mit dem Unterschied, dass ihr früherer Status mit Tapferkeit und der Macht des Schwerts errungen war und ihr heutiger auf Anmaßung, Geiz, Selbsttäuschung und dreisten Lügen beruht.

Ich erinnere mich an eine hübsche Bemerkung der heiligen Katharina von Siena, die einst in Begleitung eines beträchtlichen Gefolges nach Rom pilgerte. Nachdem sie fünf Tage lang alle Denkmäler, heiligen Stätten und christlichen Relikte besichtigt hatte, besuchte sie zuletzt den Papstpalast und sah dort unter den Dienern ein so unzüchtiges, gottloses und abscheuliches Treiben wie sonst nirgends in Rom. Gleich am nächsten Tag kehrte sie ins einhundert Meilen entfernte Siena zurück, ihre unselige Reise und die elenden Kreaturen, die sie in Rom gesehen hatte, bitterlich beklagend. In den sechzehn Jahren bis zu ihrem Tod bedauerte sie stets, dass der Wind in Siena nie aus dem Osten kam, sodass sie den faulen Gestank der Verderbtheit in Rom und am päpstlichen Hof immer in der Nase hatte.

Sein ganzes Ungestüm zeigte der Tiber im Jahr 1589, als Papst Clemens VIII. zum Herzog von Ferrara ernannt wurde. In der Nacht, als der Papst nach Rom zurückkehrte, schwoll der Fluss so sehr an, dass er über die Ufer trat und die halbe Stadt überschwemmte. Nur die unermüdlichen Appelle des Papstes und die verzweifelten Anstrengungen der Bevölkerung konnten verhindern, dass der Fluss in seinem aufbrausenden Übereifer die ganze Stadt mit sich fortriss. Nie wieder gab es eine größere Überschwemmung als nach der Krönungsfeier, was darauf schließen lässt, dass dieses zweite Sodom vom Wasser hinweggespült werden sollte, so wie das erste Gomorrha im Feuer unterging.

Der Fluss entspringt in den umbrischen Hügeln, die an den Apennin angrenzen. Er ist sechsundneunzig Meilen lang und fließt etwa zwölf Meilen von Rom bei Ostia ins Mittelmeer. Die Flussmündung und die Hafeneinfahrt wurden bereits vor langer Zeit mit Felsbrocken versperrt, um die Stadt vor einem plötzlichen Einfall der Mauren zu schützen, doch hat sich Rom durch die sklavische Furcht der Kirchenmänner um allen Handel auf dem Seeweg gebracht. Gäbe es den Klerus nicht, der zwei Drittel der Bevölkerung ausmacht (neben den Juden und Kurtisanen, dem größten Teil des letzten Drittels), so wäre es eine der elendsten Städte Italiens.

Dessen ungeachtet gibt es in einem Umkreis von zwölf Meilen um Rom weder Korn-, Wein- oder Gemüsefelder, sondern nur ödes Brachland, auf dem in regelmäßigen Abständen Wachtürme stehen, die seit jeher zum Schutz der Stadt vor Überfällen dienen. Bei meiner Ankunft in Rom erwartete ich daher, lauter darbende und ausgehungerte Menschen vorzufinden.

Doch als ich in die Stadt kam, traf ich auf einen solchen Überfluss aller lebensnotwendigen Dinge, wie ich ihn in keiner anderen europäischen Stadt gesehen habe. Der gängige Tafelwein in Rom heißt *Vin Romanisco,* die besseren Sorten *Albana, Muscatello* und *Scheranino.* Dem *Lacrimae Christi,* den »Tränen Christi«, sprach ich so sehr zu, dass zuletzt auch meine Geldbörse zu weinen begann und nur die Begrenztheit meines Aufenthalts schlimmeren Kummer verhinderte.

Mit der Speisung der Pilger, der sogenannten Papsttafel, hat es Folgendes auf sich: Unweit des Petersdoms gibt es einen unscheinbaren Saal, wo sich jeden Tag um neun Uhr einundzwanzig Pilger versammeln – vierzehn vom Dreifaltigkeitsorden und sieben von der Bußbruderschaft von St. Peter. Die sieben Jesuitenpilger sitzen abseits an einem erhöhten Tisch, doch bekommen alle das gleiche Essen, nämlich vier verschiedene Sorten Fleisch und dazu Brot und reichlich Wein. Nach dem Mahl werden die Reste in sauberes Papier eingeschlagen und ihnen mitgegeben, woraufhin sie sich verabschieden und nicht mehr wiederkommen. Die Speisung erfolgt jeden Tag durch einen ehrwürdigen Prälaten und einige hilfsbereite Priester. Der Papst selbst nimmt nicht mehr daran teil, nachdem vor etwa sechzig Jahren ein Holländer sich bei Tisch betrank und nachher randalierte. Der Papst wurde zornig, doch der betrunkene Kerl rülpste nur und grölte: »Danke, Heiliger Vater, Gott segne Eure Heiligkeit!«

Ich wollte mir die großartigen Mosaike im Petersdom ansehen und machte mich flugs auf den Weg. Vor dem Eingang jedoch hatte ich plötzlich Angst, weil ich mit den Verhaltensregeln und Zeremonien an einem so hochheiligen Ort nicht vertraut war. Zuletzt aber ließ ich alle Skrupel fahren und trat beherzt ein. Zu meiner Rechten erblickte ich sogleich die Bronzestatue des Heiligen Petrus auf seinem bronzenen Stuhl. Beim Betreten der Kirche gehen die Gläubigen sogleich zu diesem Idol und bekreuzigen sich als Zeichen ihrer Ehrerbietung zahllose Male vor der leblosen Figur. Dann küssen sie die Füße und jeden einzelnen Zeh, die davon feuerrot angelaufen sind, während der übrige Körper, abgesehen von der Brust, einen blauen Bronzeton hat. Anschließend legen sie ihren Kopf unter seinen rechten Fuß und streichen, wenn sie sich wieder erheben, mit ihrem Kopf über seinen harten Bauch und bringen dem seelenlosen Metallgebilde eine größere Verehrung entgegen als einem lebendigen Wesen.

Welch ein faszinierendes und befremdliches Schauspiel! Welche Tugend kann in einem Bronzeklumpen stecken? Welcher Trost in der Kunstfertigkeit von Handwerkern? Ach, nichts als ewiges Leid und Verdammnis! Und dieses war nur eine von vielen Tausend beklagenswerten Verirrungen, die ich in Rom sah. Ich wünschte bei Gott, die Papisten in England hätten all die Dinge gesehen, die ich gesehen habe, sie würden unter Tränen und Seufzern den furchtbaren Sturz der babylonischen Hure beklagen, denn das ist ihre Kirche aus weltlicher Sicht. Und ich schwöre jedem treuen Christenmenschen, welchen Frevel, Inzest oder Fehltritt auch immer ein Papist begangen hat, er braucht nur hierher zu kommen und die ausgestreckten Hände der Lieblingsdiener ihres mit der Tiara gekrönten Hauptes zu füllen, um sofortige Absolution und Dispens von allen Sünden für Hunderte, Tausende oder noch mehr Jahre zu erhalten.

Als ich nach achtundzwanzig Tagen meinen Weg fortsetzen wollte, entkam ich nur um Haaresbreite den Blutsaugern der Inquisition, und die meisten von ihnen waren meine eigenen Landsleute. Wenn Robert Meggat aus der Nähe von Newbattle nicht gewesen wäre, zu der Zeit Gast im Hause des Grafen von Tyrone, der mich drei Tage im Obergeschoss des Hauses versteckt hielt, als alle Ausfahrtstraßen und Häfen für mich gesperrt waren, und der mit mir in der vierten Nacht über die Stadtmauer kletterte, hätte ich zweifellos auf dem Scheiterhaufen geendet, genau wie die Äbtissin aus Neapel auf meiner zweiten Reise.

Mit der Erlaubnis des Lesers möchte ich einige absonderliche Vorstellungen über die Madonna von Loreto anschließen, die ich auf meiner Weiterreise besuchte. Sie sind bestens geeignet, meine Ausführungen über die Irrlehre der römischen Kirche zu bekräftigen, und es hat auch noch kein englischer Autor davon berichtet.

Keine zehn Meilen hinter Rom überholte ich eine Kutsche, in der zwei römische Gentlemen mit ihren Konkubinen saßen. Sie grüßten mich freundlich und wollten wissen, aus welchem Land ich stammte, wohin ich unterwegs sei und warum ich ganz allein reiste. Nachdem ich ihre Fragen beantwortet hatte, boten sie mir einen Platz in ihrer Kutsche an, doch lehnte ich dankend ab und sagte, der Weg sei gut, das Wetter angenehm und ich noch gut bei Kräften. Als sie meine Hartnäckigkeit sahen, stiegen die beiden Gentlemen aus, um mich zu Fuß zu begleiten, und schnurstracks auch die beiden jungen Damen, die sich weder durch mich noch durch ihre Begleiter dazu bewegen ließen, wieder einzusteigen. Ich erfuhr, dass sie als Pilger unterwegs nach Loreto waren, nicht nur aus Frömmigkeit, sondern weil ihr Beichtvater ihnen dies als Buße auferlegt hatte. Ihre Schuld musste allerdings gering sein, da sie mit der Pferdekutsche unterwegs waren, und noch bescheidener stand es um ihre Frömmigkeit, denn als wir in Recanati in einer Herberge übernachteten, packte jeder der beiden Herren gleich nach dem Abendessen sein Liebchen und zog sich mit ihm ins Schlafgemach zurück.

Bei Tagesanbruch setzten wir unseren Weg nach Loreto fort. Wie zum Zeichen ihrer Unbeschwertheit rannten die beiden rotwangigen Nymphen unterwegs um die Wette, hüpften wie übermütige Lämmer über Hügel und Wiesen und plauderten ausgelassen. Als wir an das Stadttor kamen, zogen sie ihre Schuhe und Strümpfe aus und liefen barfuß und Gebete murmelnd zu der zehntausendfach entweihten Kapelle. Am Eingang zur Kirche, in der sich die Kapelle befindet, sah ich Hunderte barfüßiger, verblendeter Menschen, die auf Händen und Knien über den Boden rutschten und sich für unwürdig hielten, aufrecht in das vermeintlich aus Nazareth stammende Haus einzutreten. Jährlich vermachen sie dem falschen Heiligtum Gaben von unschätzbarem Wert, darunter Ketten und Ringe aus Gold und Silber, Rubine, Diamanten, seidene Tapisserien, Pokale, Stickereien und vieles mehr. Und alles fällt den Jesuiten und dem Büßerorden zu.

Nachdem meine vier Pilger ihre Bußriten vollzogen hatten, kamen sie lachend heraus und fragten, warum ich nicht hineuinginge. Ich wollte mich ihnen aber nicht zu erkennen geben und fragte, was es mit der Kapelle auf sich habe. »Oh«, erwiderten die Italiener, »dies ist das Geburtshaus der Jungfrau Maria aus Galiläa.« Zur Bestätigung zeigten sie mir ein Buch, in dem ich folgende Dinge fand.

Bei der Kapelle soll es sich um das Haus handeln, in dem Maria der Engel Gabriel erschien und in dem sie durch das Wirken des Heiligen Geistes Jesus empfing. Die Urchristen im Heiligen Land hatten offenbar wenig Verwendung für das Haus, bis es 1291 zur Zeit von Papst Nikolaus IV. auf wundersame Weise von Engeln emporgehoben und über Nacht von Nazareth in Galiläa hierher gebracht wurde – eine weite Reise für eine so unansehnliche Hütte.

Die Kapelle, besser gesagt das Wohnhaus, stand lange Zeit für sich, bis Papst Clemens VIII. an dieser Stelle den Bau einer prächtigen Kirche beschloss. Durch Zufall begegnete ich einem sehr höflichen und verständigen Gentleman, James Arthur, dessen Gesellschaft mir sehr lieb war und den ich bereits zu Beginn meiner Reise in den Bergen von Ferrara getroffen hatte. Er hatte wie ich Rom und andere italienische Städte bereist und wollte nun noch Venedig besuchen, bevor er nach Schottland zurückkehrte.

Als Mr Arthur und ich zuletzt doch in die Kirche hineingingen, um die hinter Eisenstäben ausgestellte Madonna zu betrachten, wurden wir Zeugen eines vergnüglichen Zwischenfalls. Zunächst wunderten wir uns über die dunkle Farbe ihres Gesichts und bestaunten ihren prächtigen Umhang, der mit lauter Edelsteinen und Diamanten besetzt ist. Sie selbst kann nichts sehen, doch brennen auf der Höhe ihres Gesichts vier Öllampen, damit die Leute sie sehen können. Gleich neben meinem Ellbogen betete eine junge, stämmige Frau den Rosenkranz, doch weil ein solches Gedränge herrschte und man kaum Luft bekam, fiel sie plötzlich in Ohnmacht. Sogleich gerieten die Frauen ringsum in Aufruhr und riefen, ihr sei die Heilige Jungfrau erschienen, woraufhin sie hinausgetragen und auf die Stufen vor der Kapelle gelegt wurde, die hinunter ins Kirchenschiff führen. Im Nu waren fünfhundert Pilger versammelt und riefen immer wieder: »Oh, eine Heilige! Oh, eine von Gott Auserwählte!« Es war Freitagvormittag, und die Frau war die ganze Nacht unterwegs gewesen. Um Geld zu sparen, hatte sie im Gasthaus keinen Fisch, sondern ein mitgebrachtes kaltes Stück Fleisch gegessen und dazu einen Krug Rotwein getrunken. Da den Umstehenden die vermeintlich göttliche Entrückung der Frau wichtiger war, als ihr zu helfen, sagte ich schließlich zu meinem Begleiter: »Bruder Arthur, ich will zu ihr und mich um sie kümmern.« Doch als ich ihr vor allen Leuten den Kopf hob, ergoss sich ein Schwall Rotwein, vermischt mit halb verdauten Fleischstücken, über die Alabasterstufen. Sofort rief die staunende Menge, die Frau sei eine Teufelin, und wenn mein Freund und ich sie nicht eilig aus der Kirche in ein nahe gelegenes Gasthaus geschafft hätten, wäre sie gewiss an Ort und Stelle gesteinigt worden. So viel zu einem ihrer zahllosen Wunder!

Danach verließen wir Loreto und schifften uns in Ancona nach Venedig ein. Nach drei Tagen erreichten wir Malamocco, den Seehafen von Venedig, und legten wenig später am Markusplatz an.

Kaum waren mein Begleiter und ich an Land gegangen, sahen wir eine große Menschenmenge und dichten Rauch, der aus ihrer Mitte aufstieg. Wir fragten einen Venezianer nach der Ursache und erfuhren, dass vor der Markussäule ein Franziskanermönch verbrannt wurde. Er hatte fünfzehn junge Nonnen geschwängert, deren Beichtvater er war, und das alles innerhalb eines Jahres. Sofort drängte ich mich, gefolgt von meinem Freund, durch die Menge. Als wir die Säule erblickten, stand der Mönch bereits lichterloh in Flammen. Er war sechsundvierzig Jahre alt und seit fünf Jahren Beichtvater im Nonnenkloster von Santa Lucia gewesen. Die meisten Novizinnen waren Senatorentöchter, und zwei von ihnen waren allein deshalb Klosterschülerinnen geworden, um tugendhaft erzogen zu werden, und waren geradewegs in eine Lasterhöhle geraten.

Die fünfzehn Mädchen wurden zu ihren Familien zurückgeschickt und die Äbtissin und ihr lüsternes Gefolge wurden auf Lebzeiten aus Venedig verbannt. Das Klostergebäude wurde dem Erdboden gleichgemacht, der Besitz unter Arme und Alte verteilt und die Kirche in ein Spital umgewandelt.

Einen Großteil des Schauspiels hatten Mr Arthur und ich verfolgen können, noch ehe wir in Venedig etwas gegessen, getrunken oder eine Unterkunft gefunden hatten. Ich erinnere mich noch gut, wie wir schließlich – hungrig, aber sehr zufrieden – zufällig auf *Al Cappello Rosso* stießen, die nobelste Herberge Venedigs, nicht weit von der Stelle, an der die Knochen des Mönchs noch schwelten. Wir fragten nach einem Zimmer und wurden vornehm und reich bewirtet. Nach dem Essen ließen wir unsere Taschen und das übrige Gepäck holen und machten einen Rundgang durch die Stadt. Abends saßen wir ganz allein bei Tisch. Erst am nächsten Morgen bemerkte ich, wie vornehm unsere Herberge war und dass es besser wäre, sich nach einer anderen Unterkunft umzusehen. Ich fragte den Diener, was wir ihm schuldig seien, und er erklärte, für jeden von uns eine Krone pro Mahlzeit, was fünf englischen Shilling entsprach. Mr Arthur sah mich an, und ich musste lachen. Kurzum, Mittag- und Abendessen hatten uns zusammen zwanzig Shilling gekostet. Mein Begleiter schimpfte, der Teufel solle den verfluchten Mönch holen, dessen Lüsternheit uns teuer zu stehen gekommen war.

Die Venezianer, auch wenn sie einstmals große Krieger waren, sind heute mehr daran interessiert, ihr Herrschaftsgebiet zu erhalten, als es zu vergrößern, und dies vornehmlich durch Geschenke und Geld anstatt durch Tapferkeit und das Schwert. Was immer sie durch kriegerische Auseinandersetzung verlieren, holen sie sich durch geschickte Verhandlungen zurück. Ihre Vorfahren zogen sich einst auf der Flucht vor den Hunnen, noch bevor sie in das Land einfielen, auf die Inseln und in die Marschen zurück und gründeten fünf Meilen vor dem Festland die Stadt Venedig. Zum Meer hin ist die Stadt durch eine fünfzig Meilen lange Nehrung geschützt, die nur eine schmale Fahrrinne für kleinere Boote besitzt. Große Schiffe können Venedig nur bei Malamocco und der Feste von Lido anlaufen, und selbst dort ist die Ein- und Ausfahrt nur mithilfe von Lotsen möglich, was die Stadt uneinnehmbar macht.

Venedig misst sieben Meilen im Umfang und hat sich von seinen unrühmlichen Anfängen zum mächtigsten Bollwerk Europas entwickelt. Der Herzog dieser adriatischen Königin vermählt sich jedes Jahr am Himmelfahrtstag mit dem Meer, indem er einen goldenen Ring ins Wasser wirft. In Italien sagt man anerkennend, Europa sei das Haupt der Welt, Italien das Gesicht Europas und Venedig das Auge Italiens, und tatsächlich ist es der rührigste Teil dieses mächtigen Landes. Die Gesetze der Stadt verbieten den jüngeren Söhnen des Adels zu heiraten, damit die Bedeutung des Titels nicht durch eine zu große Zahl vermindert wird. Gleichwohl gibt man ihnen gesetzliche Freiheiten und erlaubt ihnen den Besuch von Freudenhäusern. Die Juden müssen genau wie in Rom rote Mäntel und gelbe Hüte tragen, damit man sie von der übrigen Bevölkerung unterscheiden kann. Ich wünschte nur, Derartiges würde für die Papisten in England gelten, sodass wir sie leicht von den wahren Christen unterscheiden könnten. Was schließlich das berühmte Arsenal mit seinen Vorräten an Geschützen, Munition und Rüstungen angeht, das Netz von Straßen und Kanälen, die zahllosen Brücken aus Stein und Holz, die Lebensgewohnheiten der Menschen, ihre Kleidung und ihre Gebräuche und nicht zuletzt die Pracht ihrer Galane, Galerien, Galeeren und Galeassen – all das zu beschreiben, würde hier zu weit führen. Da aber viel darüber bekannt ist, genau wie über die Einzigartigkeit ihrer Paläste und zumindest ihre wichtigsten Sitten und Gebräuche, will ich mich mit der Bemerkung begnügen, dass es auf der ganzen Welt keine bedeutendere Stadt gibt.

Von Venedig aus unternahm ich Ausflüge in die Lombardei und besuchte die berühmten Städte Padua, Verona und Ferrara. In Padua blieb ich drei Monate und nahm bei einem Landsmann, Dr. John Wedderburn, einem Mathematiker, der heute im schottischen Moray lebt, Italienischunterricht. Er war ein guter Lehrer und auch in allen anderen Dingen sehr freundlich zu mir. Padua ist die trübsinnigste Stadt von Europa, was allein an der Enge ihrer Gassen und den vielen dunklen Bogengängen liegt. Nachts kommt es immer wieder zu Morden unter den Studenten, die ihre Widersacher erschießen oder erdolchen, und nicht selten trifft es Unschuldige. Die schändliche Sodomie ist hier so verbreitet wie in Rom, Neapel, Florenz, Bologna, Venedig, Ferrara, Genua, ja selbst wie in Parma und noch dem kleinsten italienischen Dorf. Ein abscheuliches Laster, das in ihren Augen bloß ein harmloser Zeitvertreib ist, und es gibt zahllose Gedichte und Lieder, in denen sie die Schönheit und die Wonnen ihrer *bardassi* oder Lustknaben besingen.

Von allen Städten Italiens sind mir Venedig und Genua am liebsten, weil die einen die Jesuiten und die anderen die Juden aus ihrer Stadt verbannt haben und Juden und Jesuiten die schlimmsten Gotteslästerer sind. Die Juden sind verschlagen, hasserfüllt, habsüchtig und vor allem die größten Verleumder des Namens Christi. Und die ehrgeizigen Jesuiten sind Schmeichler, Bibelverdreher, gemeine Lügner und die Einzigen, die aufrechten Christenmenschen das Leben schwer machen.

* * * * * * * * *

2. Kapitel

Die Adria

Nachdem ich von Padua nach Venedig zurückgekehrt war und vierundzwanzig Tage auf eine Überfahrt gewartet hatte, schiffte ich mich auf einem Handelsschiff nach Zadar in Dalmatien ein. Kaum war Venedig außer Sicht, gerieten wir in einen furchtbaren Sturm. Der Kapitän hatte weder einen Kompass noch verstand er viel von Navigation, weil bei Fahrten im Adriatischen Meer zumeist nachts die Segel gesetzt werden und die Schiffe sich tagsüber nahe der Küste halten, um sich an den hohen Bergen des Festlands zu orientieren. Da der Sturm immer kräftiger wurde, mussten wir im Hafen von Piran in Istrien Schutz suchen.

Sobald der Wind sich gelegt hatte, lichteten wir den Anker und passierten wenig später den Golf von Carnaro. Die Einfahrt der Bucht wird auf dalmatischer Seite stets von mehreren venezianischen Galeeren bewacht, um Raubzüge der Uskoken abzuwehren. Am Rücken der Bucht liegen Senj, Gradisca und Novigrad, die größten Städte Kroatiens. Die Städte und das Umland werden von den Uskoken bewohnt, einem dalmatischen Volk, das als sehr kräftig, tapfer und verwegen gilt. Die Männer sind mit breiten, zweischneidigen Schwertern, Dolchen, am Gürtel getragenen Schilden und Pistolen bewaffnet. Sie sind überaus flink und überfallen beinahe täglich die benachbarten Türken, um ihnen große Mengen

Weizen, Vieh und Pferde zu stehlen. Außerdem bringen sie mit ihren Fregatten und Brigantinen venezianische Handelsschiffe in deren eigenen Hoheitsgewässern auf. Die großen Verluste, die sie den Venezianern und auch der türkischen Handelsflotte zufügten, die unter dem besonderen Schutz Venedigs stand, führten schließlich dazu, dass Venedig 1616 dem damaligen Herzog der Steiermark und heutigen Kaiser Ferdinand II. den Krieg erklärte und Gradisca mit großem Aufwand und unter hohen Verlusten belagerten. Denn die Stadt war mit Festungsmauern und Kriegsgerät gut gesichert, und die zweitausend Mann zu ihrer Verteidigung wagten oft Ausfälle zu Pferd und zu Fuß und fügten den Belagerern mehrere empfindliche Niederlagen zu. Ich selbst konnte mich davon überzeugen, als ich auf meiner zweiten Reise auf dem Rückweg von Afrika unterwegs nach Ungarn, Moldawien, der Walachei und Siebenbürgen war und zwanzig Tage lang der Belagerung beiwohnte. Eines Morgens kurz nach Tagesanbruch sah ich achthundert Uskoken aus der Stadt stürmen und unter den siebentausend venezianischen Belagerern ein Blutbad anrichten. Dieser Teil Kroatiens ist außergewöhnlich fruchtbar und reich an Getreide, Wein, Vieh und Weideland, doch wurde er durch marodierende Soldaten aufs Übelste verwüstet.

Die Uskoken haben nicht mehr als sechstausend kampffähige Männer. Fremden gegenüber sind sie überaus gastfreundlich, zu mir waren sie es aber in ganz besonderer Weise, weil ihr kroatischer Name *Uscočiti* ähnlich klingt wie das lateinische *Scoti,* obwohl ich beschwören würde, dass es zwischen beiden Völkern keine oder nur sehr wenige Gemeinsamkeiten gibt.

Nach acht Tagen erreichten wir Zadar in Dalmatien, und

ich musste mich nach einem anderen Schiff zur Weiterfahrt nach Ragusa umsehen. Der Kapitän meines Schiffes war sehr freundlich zu mir und wollte nur die Hälfte der Summe annehmen, die wir in Venedig für die Überfahrt vereinbart hatten. Außerdem war ich für die drei Tage sein Gast und wurde großzügig von ihm bewirtet. Er beklagte sich wiederholt, dass ich ganz allein reiste, und versuchte mich von meinem Unternehmen abzubringen, doch blieb ich unbeirrt und konnte ihm seine Vorbehalte ausreden.

Wie bereiten wir uns doch durch Dummheit und Trägheit so viel Ungemach, denn oft wollen wir etwas nicht, weil uns der Mut fehlt, und uns fehlt der Mut, weil wir es nicht wollen. Stattdessen unterwerfen wir uns bereitwillig allem, was uns entweder schmeichelt oder uns bedroht. Törichte Schwächlinge ordnen sich der Herrschaft ihrer Frauen oder Diener unter, weil sie glauben, dadurch Frieden zu finden, und gestatten der Dummheit und Trägheit doch nur, sich vollends in uns auszubreiten und uns zu unterjochen – nicht mit Gewalt, sondern durch Gewöhnung. Und wie man Widerspruch zuerst mit Gleichmut hinnimmt und nachher bitter bereut, kommt ein unentschlossener Mann zu nichts, weil er hier abgelenkt und dort eingeschüchtert wird und seine großen Pläne zuletzt an seiner eigenen Angst zuschanden werden. Ein fester Entschluss aber besiegt jeden Zweifel. Deshalb bedankte ich mich für die gut gemeinten Worte des Schiffers, ließ mich davon aber nicht beirren.

Zadar ist die Hauptstadt Dalmatiens. Sie gehört zur Republik Venedig und wird von einer größeren Garnison Soldaten geschützt, die der Herzog von Venedig unterhält. Die Stadt musste sich immer wieder der Türken erwehren, besonders im Jahr 1570, als sie vierzehn Monate lang belagert und nahezu täglich angegriffen wurde. Zuletzt blieb sie aber in der Hand der Christen. Würden die Türken sie erobern, könnten sie wegen ihres großen Hafens leicht das gesamte Adriatische Meer beherrschen, was den Venezianern einige Sorgen bereitet.

Die Muslime aus dem Umland dürfen mit ihnen Handel treiben, allerdings müssen sie vor dem Betreten der Stadt ihre Waffen beim Garnisonskommandanten abgeben und dürfen nicht über Nacht bleiben.

Als am nächsten Morgen die Sonne über den Inseln aufging und die dunklen Phantasmen der Nacht vertrieb, schiffte ich mich mit einem kleinen Boot von Zadar nach Hvar ein. An Bord waren fünf slawische Matrosen, die zuweilen segelten, zuweilen aber auch ruderten.

Nach drei Tagen Flaute, was in dieser Gegend durchaus nicht ungewöhnlich ist, mussten die erschöpften und hungrigen Männer das karge Eiland Santa Andrea ansteuern und sich eine Nacht lang ausruhen. Die Insel hat einen Umfang von vier Meilen und ist unbewohnt. Zuvor hatte es so stark geregnet, dass wir an Land gehen und unter Felsen Zuflucht suchen mussten. So verbrachten wir die Nacht auf hartem Fels und mit hungrigem Bauch, da alle unsere Vorräte aufgebraucht waren. Am nächsten Morgen setzten wir unsere Fahrt bei günstigem Wind fort und erreichten gegen Mittag den Hafen von Hvar auf der Insel gleichen Namens.

Hvar ist die größte Insel im Adriatischen Meer. Sie ist außerordentlich fruchtbar und versorgt ihre Bewohner großzügig mit allen lebenswichtigen Dingen. Die Stadt Hvar ist nicht besonders groß und hat keine Mauern, doch beschützt eine mächtige Festung Stadt und Hafen. Ich blieb fünf Tage dort und war an drei Tagen Gast des venezianischen Kommandanten, der mich nach meinen Reiseplänen befragte und mich sehr freundlich bewirtete. Am letzten Tag erzählte er mir von einer wunderlichen Missgeburt, die auf der Insel zur Welt gekommen sei, und fragte, ob ich sie sehen wolle. Es dauerte eine Weile, bis ich richtig verstanden hatte, doch sagte ich sofort zu. Der Kommandant begleitete mich höchstpersönlich und stellte mir auch ein Pferd zur Verfügung. Bei unserer Ankunft ließ der Vater das unförmige Wesen holen, und ich betrachtete voller Verwunderung diese Missbildung der Natur. Die untere Hälfte der Kreatur war ganz normal, aber auf dem Rumpf saßen zwei Oberkörper mit jeweils eigenen Armen. Die Köpfe waren gleich groß, hatten aber unterschiedliche Gesichter. Die Oberkörper waren so verwachsen, als würde der eine den anderen auf dem Rücken tragen, sodass beide in die gleiche Richtung blickten und der hintere Säugling sich mit den Händen am Hals des vorderen festhielt. Beide hatten auffallend große Augen und Hände, die größer waren als bei einem dreimal so alten Kind. Die Ausscheidungen erfolgten über einen Ausgang. Hüften und Beine waren ungewöhnlich kräftig für einen Säugling von sechsunddreißig Tagen. Die Füße sahen aus wie Kamelhufe, rund und in der Mitte gespalten. Sie tranken mit großem Appetit und wimmerten leise vor sich hin. Der arme Vater sagte uns, dass, wenn das eine schlafe, das andere wach sei, was fürwahr eine seltsame Schrulle der Natur war. Die Mutter hatte bei der Geburt unsägliche Schmerzen erleiden müssen und war daran gestorben. Später erfuhr ich, dass auch dieses bedauernswerte Wesen, besser gesagt die beiden Wesen, kurz nach unserem Besuch gestorben waren.

Von Hvar aus fuhr ich weiter nach Ragusa, doch unterwegs zog ein furchtbares Unwetter auf und wir fürchteten, von den sich auftürmenden Wellen in die Tiefe gerissen zu werden. Zugleich mussten wir mit ansehen, wie keine Seemeile leewärts ein tunesisches Piratenschiff mit doppelter Geschützreihe und zweihundert Mann Besatzung ein mit Malvasier- und Muskatellerwein beladenes venezianisches Handelsschiff aus Kreta aufbrachte und anschließend auch uns verfolgte, bis die hereinbrechende Dunkelheit ihren Plan vereitelte. Über Nacht legte sich der Sturm, sodass wir voller Erleichterung, der doppelten Gefahr entronnen zu sein, unsere Fahrt fortsetzten und zwei Tage später Ragusa erreichten.

Ragusa ist eine Stadtrepublik mit eigenem Rat und Senat, ausgezeichnet befestigt und gut bewacht. Die Stadt liegt unmittelbar am Meer und besitzt einen gut ausgebauten Hafen und eine große Handelsflotte. Ihre Ausdehnung ist wegen der Nachbarschaft zum türkischen Reich vergleichsweise gering, doch gehören einige der Küste vorgelagerte fruchtbare Inseln mit zu ihrem Herrschaftsgebiet. Trotz ihrer militärischen Stärke und ihres Reichtums zahlen die Bewohner zu ihrer eigenen Sicherheit und zum Schutz ihrer Freiheit einen jährlichen Tribut an den osmanischen Sultan. Darüber hinaus entrichten sie ebenso den Venezianern einen jährlichen Tribut, weil Venedig ihnen Handelsprivilegien für einige ihrer Inseln gewährt. Die Verwaltungsbeamten haben ihre Haare zur Hälfte geschoren und die einfachen Bürger zur Gänze wie die Türken.

Ragusa ist die Hauptstadt des Königreichs Slawonien. Die Slawonen sind kräftige, unerschrockene Kämpfer und eine große Hilfe Venedigs bei der Verteidigung von Recht und Freiheit, indem sie ihnen zu Wasser und zu Land zur Seite stehen, ganz besonders auf ihren Galeeren und Kriegsschiffen.

Von Ragusa aus nahm ich ein Schiff nach Korfu, das dreihundert Meilen entfernt liegt. Auf der ganzen Fahrt entlang der illyrischen Küste sahen wir nicht eine einzige Insel. Nachdem wir die Bucht von Kotor passiert hatten, sah ich auf einem Felsen eine mächtige Festung, in der, wie es heißt, ein gewisser Barbarisso, Hauptmann unter Süleyman I., viertausend Spanier verhungern ließ. Von dort gelangten wir ins Ionische Meer und segelten die Küste von Epirus entlang. Der tapfere Georg Kastriota, genannt Skenderbey, Fluch und Schrecken der Türken, wurde hier geboren. Von ihm wird berichtet, er habe mit eigenen Händen über dreitausend Türken getötet und zahlreiche große Siege gegen Murad II. und Mehmed II. errungen. Nach seinem Tod wurde sein Leichnam von den Osmanen exhumiert. Wer auch nur einen winzigen Knochen seiner Gebeine ergattern konnte, durfte sich glücklich schätzen, da er den Träger angeblich unbesiegbar machte, wie die Osmanen noch heute und vermutlich bis in alle Ewigkeit glauben werden.

Sechs Tage nach unserer Abreise aus Ragusa erreichten wir die Insel Korfu, eine ebenso schöne wie uneinnehmbare Insel. Sie liegt im Ionischen Meer und wird von Griechen bewohnt, steht aber unter venezianischer Herrschaft. Die Hauptstadt, die der Insel ihren Namen gab, liegt am Fuß eines Berges, auf dem sich zwei Festungen befinden. Die Kommandanten der Festungen überwachen sich gegenseitig, um einen Aufstand gegen die venezianischen Herren zu verhindern. Aus dem gleichen Grund müssen beide bei ihrer Amtseinführung vor den venezianischen Senatoren schwören, in den zwei Jahren ihrer Dienstzeit keinerlei privaten oder öffentlichen Kontakt zu haben. Bei den Griechen heißen die beiden Festungen die »Festen der Christenheit«, doch wäre »Bollwerk Venedigs« weit treffender. Denn sollten die beiden Burgen den

Türken oder Spaniern in die Hände fallen, würde nicht nur Venedigs Handel empfindlich geschwächt, sondern vermutlich die ganze Insel verloren gehen.

Ich blieb mehrere Tage auf der Insel und fuhr dann auf einem griechischen Handelsschiff mit zahlreichen anderen Passagieren, Griechen, Slawonen, Italienern, Armeniern und Juden, insgesamt achtundvierzig Personen, weiter nach Zakynthos. Nach einem Tag sahen wir bei kräftigem Wind die Insel Kephallonia und segelten nahe an Ithaka vorbei, der Heimat des Odysseus.

Während der Fahrt entdeckte der Kapitän ein Segel am Horizont und schickte sogleich einen Matrosen in den Ausguck. Der bestätigte, dass es sich um eine türkische Galeere aus Biserta handelte, die geradewegs auf uns zuhielt, eine Nachricht, die uns alle mit Schrecken erfüllte. Der Kapitän fragte die Passagiere, was sie für das Beste hielten, doch war man sich uneins, und die einen sagten dies und die anderen das. Die Mehrheit aber wollte sich lieber ergeben als kämpfen, da sie darauf vertrauten, von ihren Freunden freigekauft zu werden. Ich allerdings sah keine Hoffnung auf Rettung, da ich ganz allein unterwegs war, fernab von der Heimat und meinen Freunden. Aus Angst, mein Leben als Sklave fristen zu müssen, ging ich zum Kapitän und sagte: »Die Hälfte des Schiffes und ein Großteil der Ladung gehören Ihnen«, er selbst hatte es mir zuvor erzählt, »kämpfen Sie für Ihr Hab und Gut und machen Sie den Passagieren Mut. Versprechen Sie Ihren Matrosen doppelten Lohn, lassen Sie die beiden Geschütze gefechtsklar machen und holen Sie alle Musketen, Spieße und die Vorräte an Pulver und Blei an Deck, und hoffen wir auf den Herrn, dass er uns beisteht, damit wir nicht in die Hände der Ungläubigen fallen.« Er war von meinem Aufruf sehr beeindruckt und dankte mir. Dann rief er alle Passagiere und die Besatzung zusammen und feuerte ihren Mut an, bis sich ihre Ängstlichkeit in Entschlossenheit verwandelte und sie lieber selbst den Angriff führen wollten, als auf die erste Attacke des Feindes zu warten.

Alle erhielten genaue Anweisungen, was sie zu tun hatten. Einige wurden nach unten in die Pulverkammer geschickt, andere reinigten die Musketen, schafften Pulver und Kanonenkugeln herbei, bewaffneten sich mit Schwertern, Dolchen und Spießen oder vernagelten die oberen Luken, da unser Kapitän beschlossen hatte, unter Deck zu kämpfen, um uns vor kleinen Geschossen zu schützen und um ein schnelles Entern zu verhindern. Die Männer waren so wild entschlossen, für ihr Leben und ihre Freiheit zu kämpfen, dass es mir so vorkam, als seien wir dreimal so viele. Nachdem an Deck und unter Deck alles genau vorbereitet war und jeder zu seiner Verteidigung eine Hakenbüchse und einen Spieß bekommen hatte, legten wir unser Schicksal in die Hände des Allmächtigen und machten uns bereit für ihre hitzige Begrüßung.

Der Feind eröffnete den Kampf mit lautem Kanonendonner, der unser Deck erzittern ließ. Unsere Antwort war eine nicht weniger feurige Geschützsalve, deren Lärm wie ein Echo zu ihnen zurückhallte. Darauf folgte ein langes, unentschiedenes Gefecht mit großen und kleinen Geschossen, bis uns die Nacht trennte und sich die Türken zurückzogen, um uns am nächsten Morgen erneut anzugreifen. Doch schickte der Allmächtige, der die Seinen niemals im Stich lässt, in der Nacht einen mächtigen Sturm, und wir entkamen bei Tagesanbruch der schlimmen Gefahr und mussten in der Bucht von Largostolo auf Kephallonia Schutz suchen, nicht nur wegen des Sturms, sondern auch, weil unser Schiff halb voll Wasser gelaufen war. Im Gefecht waren auf unserer Seite drei Italiener, zwei Griechen und zwei Juden getötet und elf weitere Männer schwer verwundet worden. Ich selbst hatte eine leichte Verletzung am rechten Arm erlitten. Welche Verluste wir den Ungläubigen zugefügt hatten, wussten wir nicht, außer dass wir ihren Mast und den hinteren Teil der Achterhütte weggeschossen hatten. Allerdings sind die Griechen keine guten Schützen, und außerdem konnten unsere Hakenbüchsen nicht viel ausrichten, da die Türken nicht versucht hatten, unser Schiff zu entern. Dennoch dankten wir dem Herrn für unsere Rettung, sobald wir sicher an Land waren. Dann begruben wir die getöteten Christen auf einem griechischen Friedhof und die Juden am Strand. Da unser Schiff voller Wasser stand, heuerte ich zwei Fischer an, die mich mit ihrem kleinen Boot hinüber zur fünfundzwanzig Meilen entfernten Nachbarinsel Zakynthos brachten.

Dort ging ich zu einem griechischen Wundarzt, der meinen verletzten Arm untersuchte und verband. Die Insel Zakynthos besitzt eine Stadt gleichen Namens, die sich an der Küste entlangzieht. Auf einem Hügel oberhalb der Stadt erhebt sich eine mächtige Festung, in der der *Provveditore,* der Gouverneur der Insel, wohnt. Die Stadt wird jedes Jahr von Erdbeben heimgesucht, besonders in den Monaten Oktober und November, durch die viele Häuser zerstört werden und zahlreiche Menschen den Tod finden. Die Insel produziert große Mengen *Rasini di Corintho* – auch »Korinthen« genannt –, außerdem Oliven, Granatäpfel, Zitronen, Orangen, Limonen und Melonen. Die Bewohner sind Griechen, ein sehr schlaues und durchtriebenes Volk, doch steht die Insel unter venezianischer Herrschaft. Und wenn nicht täglich große Getreidelieferungen vom peloponnesischen Festland einträfen, würde die Bevölkerung in kurzer Zeit verhungern.

Wie ich von vertrauenswürdigen Leuten erfuhr, bringt allein der Verkauf von Korinthen (neben Öl und Wein) der kleinen Insel einen jährlichen Gewinn von 160 000 Zechinen, und während die Bewohner vor nicht einmal sechzig Jahren noch bettelarm waren, können sie jetzt eine hohe Steuersumme an Venedig abführen. Und das nur, weil es in England so viele Leckermäuler gibt, die weder Brot noch Pasteten, weder Gebratenes noch Gebackenes ohne Korinthen essen können. Der Reichtum hat dieses gemeine Volk so stolz gemacht, dass sie die Genusssucht der Engländer zu Recht beargwöhnen. Oft genug habe ich sie voller Verachtung sagen hören, dass sie ein so minderwertiges Nahrungsmittel allenfalls an ihre Schweine verfüttern, was mir in der Tat die beste Verwendung zu sein scheint und woraus zu schließen ist, dass keine andere Nation sich so sehr wie wir von diesem elenden Eiland abhängig gemacht hat.

3. Kapitel

Griechenland

Nach meiner Ankunft in Patras, der Hauptstadt des Peloponnes, ließ ich die gefährlichen Inseln des Ionischen und Adriatischen Meers hinter mir und machte mich mit einer griechischen Karawane auf dem Landweg auf nach Athen.

Patras ist eine große, weitläufige Stadt und ein lebendiges Handelszentrum. Angeboten werden vor allem Rohseide, Tuche aus Gold und Silber, grobe Seidenstoffe, schwerer Damast sowie alle Arten von Samt, Satin und Taft. Händler aus Venedig, Ragusa und Marseille kaufen hier ihre Stoffe. Als ich wenig später die Wintermonate in Konstantinopel verbrachte, hörte ich vom Tod eines englischen Handelsagenten, den der türkische Gouverneur von Patras heimtückisch hatte vergiften lassen. Mein Gastgeber, der englische Botschafter Sir Thomas Glover, geriet darüber so sehr in Zorn, dass er ein Dekret vom Sultan erwirkte, sich in Begleitung zweier Janitscharen nach Patras begab und den Gouverneur auf dem Marktplatz enthaupten ließ. Mit ihm wurden noch einige weitere Männer hingerichtet, die ihm bei der Ausführung der schändlichen Tat geholfen hatten. Bei seiner Rückkehr nach Konstantinopel zollten selbst die Türken dem Botschafter größten Respekt, weil er so unnachgiebig gewesen war und ohne Rücksicht auf sein Ansehen für die Durchsetzung des Rechts gesorgt hatte.

Bevor ich mich in Patras der oben erwähnten Karawane anschließen durfte, wollte ihr Anführer wissen, aus welchem Land ich stammte und warum ich allein reiste. Meine Antworten konnten zwar seine Neugier stillen, nicht aber seine Habsucht, da er mir unter dem Vorwand, mich beschützen zu müssen, den größten Teil meines Geldes abnahm, und das ohne jedes schlechte Gewissen.

Die ersten drei Tage unserer Reise verliefen sehr angenehm. Die Unterkünfte waren spartanisch, aber ich wurde für mein Geld gut bewirtet und freundlich umsorgt. Am vierten Tag kamen wir in die gebirgige und karge Landschaft Arkadiens. Unterwegs sah ich zahlreiche großartige Denkmäler und Ruinen, doch war unser Führer nicht in der Lage, mir deren Namen zu nennen. Noch gut in Erinnerung ist mir allerdings, dass ich mir an den Felsen die Hände aufschürfte und vom vielen Bergsteigen ganz müde und erschöpft wurde. Zum Trost sagte ich mir die lieblichen Hirtenlieder der großen Dichter auf, die mir neue Kraft und Zuversicht gaben. Nachdem wir das kahle Gebirge hinter uns hatten, kamen wir in die östliche Ebene von Morea, dem antiken Sparta, mit der einst blühenden Stadt Lakedämon, von der nur noch Ruinen und die Erinnerung geblieben sind. In der sechsten Nacht schlugen wir unsere Zelte nahe den verlassenen Dörfern Argos und Mykene auf, von wo die unselige Helena geraubt wurde. In Argos war der harte Boden mein Kissen, das weite Feld meine Kammer, der raue Winterhimmel mein Dach, und die feuchte Kälte der Nacht drang durch mein unliebsames Lager. Doch was soll ich sagen: Der Starke und Entschlossene lässt sich vom Auf und Ab des Schicksals nicht beirren, ebenso wenig von den Launen der Mächtigen oder der Unbeständigkeit der Menge, und selbst wenn er sich über sein eigenes Los oder die Tollheiten der anderen seine Gedanken macht, so verrät er sie doch nicht, er leidet und schweigt. Dem Schwachen hingegen ist jede Regung vom Gesicht abzulesen, alles, was ihm unangenehm ist und nicht nach seinem Geschmack, verzerrt seine Züge, und seine Miene wechselt so häufig wie die Gestalt des Mondes.

In ganz Griechenland fand ich nichts von der Größe wieder, von der die antiken Autoren berichten, bis auf die bloßen Namen, so sehr hat die Zeit und die barbarische Herrschaft der Türken die Denkmäler des Altertums zerstört. Die Menschen kennen weder anständige Häuser noch ein geordnetes Gemeinwesen, sondern leben wie Gefangene in kahlen Zellen oder wie Sklaven, die einem grausamen und tyrannischen Herrn unterworfen sind.

An der Spitze der Regierung steht der Beylerbey oder Pascha. Beylerbey bedeutet »Herr der Herren«, womit die ihm unterstellten Sandschakbeys oder Provinzgouverneure gemeint sind. Auch sie bezeichnen sich als »Herren«, was ihre lächerliche Titelsucht verrät. Der Beylerbey von Griechenland residiert in Sofia, der Hauptstadt Bulgariens. Er ist zugleich der oberste Herr über die Beylerbeys in den anderen türkischen Provinzen in ganz Europa. Die anderen Beylerbeys werden alle drei Jahre ausgetauscht oder in ihrem Amt bestätigt, je nach Laune ihres Herrn. Auch können sie während dieser Zeit nicht von ihrem Amt zurücktreten. Der Pascha von Griechenland aber wird auf Lebenszeit ernannt und verbringt die meiste Zeit am Hof. Er hat das Oberkommando über vierzigtausend Timarioten oder Reitersoldaten, angeführt von zweiundzwanzig Sandschakbeys.

Nach unserem Aufbruch von Argos erreichten wir am siebten Tag Athen. Die Stadt ist noch bewohnt und liegt im

Osten des Peloponnes unmittelbar am Meer, nahe der makedonischen oder thessalischen Grenze. Einst war sie Ursprung und Quelle aller Künste und Wissenschaften, der Brunnen, der die Kanäle des Wissens in ganz Europa speiste, doch ist davon nichts mehr geblieben. Nach den noch existierenden Mauerresten zu schließen, maß das antike Athen im Umfang etwa sechs italienische Meilen. Die heutige Stadt ist viel kleiner und besteht aus kaum mehr als zweihundert Wohnhäusern und einer Burg, dem ehemaligen Tempel der Minerva. Die Versorgung mit Lebensmitteln ist ausgezeichnet, wovon ich mich selbst überzeugen konnte, da die Athener, oder Griechen, mich vier Tage lang großzügig bewirteten und mir Proviant für meine Reise nach Kreta mitgaben. Außerdem brachten sie mich kostenlos zur vierundvierzig Meilen entfernten Insel Kythera.

Kythera hat einen Umfang von drei Dutzend Meilen und besitzt lediglich eine Festung, Capsalo mit Namen, unter einem venezianischen Kommandanten. Die Göttin Venus soll dereinst hier geweilt haben, und ich sah an einem Berghang die Überreste ihres ehemaligen Tempels. Die Inselbewohner erzählten mir von wilden Eseln, in deren Kopf sich ein Stein befindet, mit dem sich die Fallsucht kurieren lässt und der Frauen zu einer schnellen Entbindung verhilft. Alle meine Bemühungen, einen dieser Steine zu sehen oder zu kaufen, blieben allerdings fruchtlos.

Während meines Aufenthalts im Dorf Capsalo, einem kleinen Hafen unterhalb der Festung, wurde ein Priester vom Festungskommandanten getötet, nachdem er ihn nachts bei einer Hure im Bordell erwischt hatte. Der Gouverneur der Insel befahl daraufhin die Absetzung des Kommandanten und seine Verbannung auf die Insel Kreta. O wenn doch alle Priester, die Inzest, Ehebruch und Unzucht begehen (oder, noch schlimmer, *il peccato carnale contra natura*), auf die gleiche strenge Weise bestraft würden, welche Ströme gottlosen Blutes würden sich über halb Europa ergießen und den Deckmantel der römischen Kirche mit sich reißen! Zusammen mit dem verbannten Kommandanten schiffte ich mich nach Kreta ein. Mit viel Glück gelangten wir heil nach Grabusa, nachdem wir unterwegs von drei türkischen Galeeren verfolgt wurden. Außerdem herrschte zwischen Kythera und Grabusa einhundertfünfzig Meilen lang raue und stürmische See.

4. Kapitel

Kreta und die Ägäischen Inseln

Kreta ist die Hauptinsel der Ägäis und befindet sich unter venezianischer Herrschaft. Die Venezianer unterhalten in den Städten und Festungen der Insel eine mehr als zwölftausend Mann starke Truppe, nicht nur zum Schutz gegen die Türken, sondern auch aus Furcht vor den griechischen Bewohnern, die sich, wenn sie könnten, viel lieber unter die Herrschaft der Türken als der Venezianer begäben, weil sie sich davon eine größere Freiheit und geringere Steuern versprechen.

So viel zur allgemeinen Situation der Insel. Was meine eigenen Reisen auf der Insel angeht, die ich als erster Christenmensch zweimal in ihrer ganzen Länge durchquerte, möchte ich so kurz es eben geht von den Missgeschicken berichten, die mir dort widerfuhren, sowie etwas zur Natur und zum Charakter ihrer Bewohner sagen.

Die bereits erwähnte Garnison Grabusa ist die Hauptfestung Kretas und ganz und gar uneinnehmbar, ähnlich wie Dumbarton Castle an der Mündung des Clyde. Als ich von den vielen Straßenräubern auf dem Weg nach Chania hörte, beschloss ich, mein Geld beim Garnisonskommandanten zu hinterlegen. Er kam meiner Bitte freundlich nach, versuchte zwar, mir mein Vorhaben auszureden, ich ließ mich aber nicht erweichen. Dann brach ich ohne Begleitung auf. Ich war gerade zwölf Meilen gelaufen, als mir am Saum eines Gebirges von drei griechischen Straßenräubern und einem italienischen *bandido* aufgelauert wurde. Sie schlugen mich übel zusammen, raubten mir sämtliche Kleider und überschütteten mich mit Drohungen und Verwünschungen.

Als der Italiener schließlich begriff, dass ich ein Fremder war und kein Kretisch verstand, fragte er mich in seiner Sprache, wo mein Geld sei. Ich antwortete wahrheitsgemäß, dass ich nicht mehr habe, als sie mir bereits abgenommen hatten, was knapp zwei englischen Silbermünzen entsprach. Er glaubte mir aber nicht und durchsuchte meine Kleider und meinen Lederbeutel, fand darin aber nichts außer meiner Wäsche und den Empfehlungsschreiben, die ich von verschiedenen christlichen Herrschern bekommen hatte, unter anderem das des Herzogs von Venedig, dessen Untertanen sie als rechtschaffene Bürger gewesen wären. Als er das Schreiben sah, stutzte er und drängte die drei anderen, mich zu verschonen und mir mein Leben zu lassen. Nach langer Unterredung gaben sie mir meine Kleider und Briefe zurück, behielten aber meinen blauen Umhang und mein Geld. Ihre diebische Höflichkeit ging sogar so weit, dass sie mir eine mit einem Siegelabdruck versehene Tonscherbe gaben, die ich zu meinem Schutz vorzeigen sollte, falls ich einem ihrer Kumpane in die Hände fiele, da in dem Wüstenstreifen eine befreundete zwanzigköpfige Bande ihr Unwesen treibe.

Nachdem ich sie unter geheuchelten Dankesbezeugungen verlassen hatte, ging ich weiter und erreichte gegen Abend das siebenunddreißig Meilen entfernte Apockichorio, ein unseliges Dorf, wo es weder etwas zu essen, zu trinken, ein Bett für die Nacht noch sonst eine Erfrischung für meinen geschundenen Leib gab. Ich wurde von einer Horde zerlumpter Kreter umringt, die mich verwundert anstarrten, weil ich ganz allein unterwegs war und ihre Sprache nicht verstand. Ihren finsteren Blicken nach schien es sich um ein barbarisches und unzivilisiertes Volk zu handeln, wie überhaupt die Bergstämme auf der Insel als grausam, blutrünstig und verschlagen gelten. Eine Frau, die offenbar Mitleid mit mir hatte, machte mir versteckte Zeichen, dass mein Leben in Gefahr sei, sodass ich mich im Schutz der Dunkelheit davonstahl und mir einen sicheren Schlafplatz in einer Höhle am Meer suchte, wo ich die Nacht mit bangem Herzen, erschöpften Gliedern und von Hunger und Durst gequältem Magen verbrachte.

Bei Sonnenaufgang machte ich mich auf den Weg und gelangte gegen Mittag nach Chania, der zweitgrößten, dicht besiedelten Stadt Kretas, die mit einer Stadtmauer und Bollwerken gesichert ist. Sie besitzt ein großes Schloss mit neunundsiebzig Gemächern, in denen der Gouverneur und die übrigen venezianischen Herren wohnen. Es sind ständig sieben Kompanien Soldaten in der Stadt, die die Stadtmauern, Tore und Marktplätze bewachen. Wie in Heraklion darf niemand mit Waffen die Stadt betreten (ganz besonders nicht mit Hakenbüchsen), aus Furcht vor Aufständen.

Während meines ersten Aufenthalts in Chania, der zwei Wochen dauerte, kamen sechs Schiffe aus Venedig an. Auf einem war ein junger französischer Gentleman, ein Protestant, der aus Montpellier im Languedoc stammte. In Venedig war er zufällig in die Gesellschaft vierer Landsleute geraten, von denen einer im Streit um eine Kurtisane einen jungen venezianischen Adligen getötet hatte. Daraufhin hatten sich alle in die französische Botschaft geflüchtet, doch war er unterwegs gestürzt und als Einziger festgenommen worden und von den Senatoren zu lebenslangem Galeerendienst verurteilt worden. Während ihres sechstägigen Aufenthalts im Hafen hatte er vom Kapitän die Erlaubnis bekommen, in Begleitung eines Aufsehers und mit eisernen Fußfesseln versehen an Land zu gehen. Auf einem dieser Landgänge kamen wir ins Gespräch und er beklagte bitterlich sein hartes Los und dass er, abgesehen von seinem Sklavendasein, an Bord übelste Misshandlungen erdulden müsse, weil er Protestant sei. Unter Tränen rief er aus: »Der Herr erbarme sich meiner und schenke mir Geduld, da weder Freunde noch Geld mich erlösen können!« Ich empfand bei diesem Stoßgebet sowohl Freude als auch Schmerz, Ersteres, weil sein fester Glaube meine Seele rührte, Letzteres aus Anteilnahme an seinem Schicksal, das mir besonders zu Herzen ging, weil ich zur gleichen Zeit, als sich das Unglück ereignete, in Venedig war, was ich ihm aber nicht sagte. Nachdem ich eine Weile über sein bedauernswertes Los nachgedacht hatte, erklärte ich ihm heimlich, wie er flüchten könne und wie ich meine eigene Freiheit aufs Spiel setzen wolle, um ihm zu helfen, und wies ihn an, früh am nächsten Morgen an Land zu kommen.

Unterdessen ging ich zu einem alten griechischen Mütterchen, dem ich vertraute, weil es mir meine Wäsche gewaschen hatte. Ich erzählte der Frau die ganze Geschichte, und sie willigte ein, mir ein altes Kleid und ein schwarzes Tuch zu seiner Verkleidung zu leihen. Als wir uns am nächsten Morgen trafen, mussten wir als Erstes seinen Aufpasser loswerden, was ich dadurch bewerkstelligte, dass ich ihn zum Wein einlud und ihn so lange zum Trinken ermunterte, bis er betrunken einschlief. Anschließend brachte ich meinen Freund zu dem vereinbarten Ort, nahm ihm die Fußfesseln ab, steckte ihn in die Frauenkleider und schickte ihn in Begleitung des alten Mütterchens voraus. Sobald er an den Wachen vorbei aus der Stadt war, folgte ich mit seinen Kleidern im Gepäck. Ich traf ihn bei einem Olivenhain, schickte die alte Frau zurück und durchquerte mit ihm eilig das Tal von Suda. Dann tauschte er seine Kleidung, und ich zeigte ihm den Weg über die Berge zu einem griechischen Kloster auf der Südseite der Insel, genannt das »Kloster der Zuflucht«. Dort würde er freundliche Aufnahme finden, bis ein Kriegs- oder Handelsschiff aus Malta käme, die auf dem Weg ins östliche Mittelmeer dort gewöhnlich haltmachten und in Not geratene Männer mitnähmen. Darüber hinaus sei es aber auch eine Zufluchtsstätte für Straßenräuber, Diebe oder Mörder.

Nachdem mir der Mann vielfach gedankt hatte, machte ich mich auf den Rückweg und begegnete auf der Landstraße sogleich zwei englischen Soldaten, John Smith und Thomas Hargrave mit Namen, die mich vor einer neuen Gefahr warnten und mir berichteten, die Offiziere der venezianischen Schiffe und zahlreiche Soldaten würden in der Stadt und in den umliegenden Feldern nach mir suchen. Davon in Kenntnis gesetzt, überlegten wir, wie ich ins italienische Kloster San Salvatore gelangen könnte, wo ich mein Quartier hatte, da es in der ganzen Stadt keine anderen Unterkünfte gab. Sie erklärten, mich unter Einsatz ihres Lebens schützen zu wollen, und sagten, ich solle die Stadt durch das Osttor betreten, das am wenigsten benutzt wurde und wo drei ihrer Landsleute an diesem Tag Wache hätten. Als wir an das Stadttor kamen, schlossen sich uns die drei Engländer sowie acht weitere mit ihnen befreundete französische Soldaten an, um mich auf dem Weg ins Kloster zu begleiten. Gleich hinter dem Marktplatz stürzten vier Offiziere und sechs ihrer Soldaten auf mich zu und wollten mich festnehmen. Sogleich zogen die Engländer und Franzosen ihre Schwerter, drängten sie tapfer zurück und verletzten zwei der Offiziere schwer. Inzwischen rückte Verstärkung von den Schiffen an, und John Smith rannte mit mir zum Kloster, während die anderen sich unseren Verfolgern in den Weg stellten. Zuletzt kamen die Garnisonsoffiziere hinzu, befreiten ihre eigenen Soldaten aus dem Kampfgetümmel und trieben die anderen zurück auf ihre Schiffe.

Kurz darauf erschien der venezianische Kommandant des Schiffskonvois im Kloster und befragte mich zu dem Geflohenen. Ich stand ihm Rede und Antwort, wies aber sämtliche Anschuldigungen zurück. Zudem schien er mir auch gewogen, weil ich einen Passierschein des Herzogs von Venedig bei mir trug und weil ich unterwegs nach Jerusalem war. Außerdem war er ein großer Freund der Franzosen, und schließlich konnte er mir in meiner Zufluchtsstätte nichts anhaben, ohne es sich mit dem Gouverneur zu verscherzen. Dennoch blieb ich im Schutz der Klostermauern, bis die Schiffe den Hafen verlassen hatten.

Da ich zunächst kein Schiff zu den Ägäischen Inseln finden konnte, beschloss ich, Heraklion zu besuchen. Auf dem Weg dorthin kam ich am großen Hafen von Suda vorbei, wo es weder eine Stadt noch ein Dorf gibt, sondern nur eine Festung, die vor der Bucht auf einem Felsen im Meer liegt. Der Hafen ist so groß, dass zweihundert Schiffe gleichzeitig darin Platz finden, und es ist der einzige strategische Ort, für den der spanische König den Venezianern wiederholt eine große Summe Geld geboten hat, um hier mit seiner Kriegsflotte bei Fahrten ins östliche Mittelmeer anlegen zu dürfen. Die Venezianer jedoch haben diese Bitte stets zurückgewiesen, weil sie einen Angriff der Spanier auf ihr Königreich fürchten.

Südwestlich des berühmten Hafens liegt das fruchtbare

Tal von Suda. Es ist zwanzig italienische Meilen tief und zwei Meilen breit, und ich erinnere mich, dass mir die Ebene wie ein dunkelgrüner See vorkam, weil dort unzählige Olivenbäume wuchsen, deren Zweige und Blätter alle anderen Obstbäume überragten. Die Dörfer sind aus Platzmangel alle auf Felsvorsprüngen an der Südseite des Tals gebaut. Der Aufstieg ist so halsbrecherisch und die Lage der Häuser so gefährlich, dass ich mir vorstellte, die Menschen müssten in beständiger Angst leben, wie jener, der unter dem zweihändigen Schwert sitzen musste, das nur an einem Pferdehaar an der Decke hing.

Tatsächlich zählte ich nicht weniger als siebenundsechzig Dörfer entlang des Gebirgssaums, doch als ich ins Tal hinabstieg, konnte ich bis auf einen schmalen Weg keinen Fußbreit unbeackerten Bodens finden. Überall standen Bäume mit Oliven, Granatäpfeln, Datteln, Feigen, Orangen, Zitronen und Limetten, und dazwischen wuchsen Weizen, Malvasier-, Muskateller- und Liatikotrauben sowie Melonen und alle anderen Sorten Früchte und Gemüse, die die Erde nur hervorbringen kann, sodass das Tal wegen seiner Schönheit, Lieblichkeit und seines Reichtums der Garten der Welt genannt zu werden verdiente und gewiss die Perle Kretas ist. Nirgends sonst herrscht ein so mildes Klima und gibt es zweimal im Jahr einen Frühling, nirgends gibt es einen fruchtbareren Boden, weshalb man auch vom »Wettstreit zwischen Bacchus und Ceres« spricht, und kein Landstrich oder Tal befindet sich in so angenehmer Nähe zum Meer, das hier die wahre Heimat Neptuns ist.

Auf meiner Weiterreise kam ich am Fuß des Bergs Ida vorbei, wo mir einige Griechen, die Italienisch sprachen, die Höhle des Königs Minos zeigten. Andere hingegen meinten, es sei die Grabstätte Jupiters. Ich sah auch den Eingang zum Labyrinth des Dädalus, das ich mir gerne genauer angeschaut hätte, aber weil wir keine Lampen dabeihatten, wagten wir nicht hineinzugehen, denn im Inneren gibt es viele Löcher, und wenn man stolpert und hineinfällt, kann man nicht mehr geborgen werden. Es wurde auf einem kleinen Hügel neben dem Berg Ida angelegt und besteht aus vielen verwinkelten Gängen, die mit zahlreichen Eingängen und Säulen versehen sind. Mithilfe von Ariadne, der Tochter des Königs Minos, drang Theseus in das Labyrinth ein, indem er das Ende eines Garnknäuels am Eingang festband, und tötete den Minotaurus.

Der Berg Ida ist der höchste Berg Kretas. Schafhirten geben seine Höhe mit sechs Meilen an. Er ist bis zum Gipfel mit Zypressen und zahlreichen Heilkräutern bewachsen. Die Tiere, die sie fressen, bekommen davon Zähne wie Gold. Einige Geschichtsschreiber behaupten, es gebe auf der Insel keine giftigen Tiere, doch kann ich dies widerlegen, denn ich tötete an einem Sonntagmorgen zwei Schlangen und eine Viper. Eine der Schlangen war fast anderthalb Ellen lang, und da alle drei zusammengerollt unter der staubigen Erde lagen, wäre ich beinahe mit dem rechten Fuß darauf getreten, bevor ich die Gefahr im letzten Moment entdeckte. Was beweist, dass man viele unwahre Dinge hört und einen nur die eigene Erfahrung die Wahrheit lehrt.

Andere Überlieferungen berichten, dass, wenn eine Frau auf der Insel einen Mann beißt, er nie wieder gesund wird, und dass es ein Kraut gibt, das man kauen muss, worauf man vierundzwanzig Stunden keinen Hunger verspürt – das eine wie das andere Ausgeburten blühender Fantasie.

Beim Abstieg vom Berg kamen wir in eine fruchtbare

Ebene mit zahlreichen hübschen Dörfern. In einem traf ich einen griechischen Bischof, der mir Malvasiertrauben und andere Dinge als Wegzehrung gab, weil gerade Weinlese war. Zum Transport überließ er mir einen Esel und einen Diener, der mich ins fünfzehn Meilen entfernte Heraklion begleitete. Tatsächlich ist es unter den besseren Griechen Sitte, dass man, wenn man jemanden besucht, niemals mit leeren Händen kommt und keinen Fremden ohne Geschenke und Begleitung gehen lässt.

Ich erinnere mich, dass ich unterwegs auf drei Quellen stieß, die im Abstand von einer Elle aus einem Felsen sprangen, und aus jeder schmeckte das Wasser anders: das der ersten war weich und süß, das der zweiten sauer und schwer und das der dritten bitter und sehr salzig, ein Unterschied, den ich auf so knappem Raum weder vorher noch nachher wieder gefunden habe.

Heraklion ist eine große und berühmte Stadt, gelegen in einer Ebene am Meer und mit einem großen Hafen und einer Flotte von sechsunddreißig Kriegsschiffen ausgestattet. Die Stadt ist gut befestigt, besitzt eine Stadtmauer mit einem Umfang von etwa drei Meilen und wird von zweitausend Soldaten bewacht.

Zur Zeit meines Besuchs gab es keinen Statthalter. Der vorherige war kurz zuvor gestorben und sein Nachfolger noch nicht ernannt, sodass die Soldaten sich untereinander und gegen jeden, der ihnen in die Quere kam, blutig befehdeten und in den zehn Tagen meines Aufenthalts täglich vier bis fünf Männer in den Straßen getötet wurden. Weder der Stadtverwalter noch die Offiziere konnten dem Tumult Einhalt gebieten, und ständig kam es zu neuen Scharmützeln und Racheakten. Die Soldaten suchten jede Gelegenheit zum Streit, was sie unter normalen Umständen niemals gewagt hätten. Nirgends sonst auf der Welt habe ich eine schlechter regierte Stadt gesehen, zumal ich mich selbst nur mit Mühe schützen konnte und zweimal mitten unter die Kämpfenden geriet.

Auf meiner Reise durch dieses Gebiet sah ich nie einen Griechen unbewaffnet sein Haus verlassen; und zwar sind sie auf eine solch martialische Weise gerüstet, dass sie auf dem Kopf einen Stahlhelm tragen, einen Bogen in der Hand halten, ein Langschwert an der Seite sowie einen breiten Dolch quer über dem Bauch und einen Schild am Gürtel tragen. Ihre Kleidung ist schlicht und besteht aus einfachem Leinenstoff. Sie tragen auch keine Schuhe, sondern Stiefel aus weißem Leder, um ihre Beine vor einer besonderen Art Distelstrauch zu schützen, der überall auf der Insel wächst und dessen Blätter ungemein spitz und scharfkantig sind, wie ich selbst an so manchen Tagen schmerzhaft erfahren musste. Die Frauen tragen gewöhnlich die gleichen Leinenhosen und Stiefel wie die Männer. Ihre Leinenjacken sind so kurz, dass sie gerade bis zur Hälfte über die Hüften reichen, und ihr Geschlechtstrieb ist unersättlich, bedingt durch das Klima und den Boden.

Die Kreter sind ausgezeichnete Bogenschützen und übertreffen darin alle anderen orientalischen Völker. Außerdem sind sie kühne Seefahrer, wie schon im Altertum, und besitzen ein natürliches Gesangstalent. Nach dem Essen sitzen Mann, Frau und Kind eine ganze Stunde beieinander und singen so wunderbar, dass es eine Freude ist zuzuhören, und sie legen sehr großen Wert auf diese Tradition.

Entgegen meiner ursprünglichen Absicht musste ich von Heraklion auf dem gleichen Weg zurück nach Chania gehen. Dort wurde ich von meinen englischen Freunden mit großer

Freude empfangen. Kurz nach meiner Rückkehr traf ein zum Islam übergelaufener Engländer namens Wolson aus Tunis ein, der auf dem Weg nach Rhodos war. Nachdem er sich mit seinen Landsleuten bekannt gemacht und von ihnen erfahren hatte, wer ich war, sagte er zu ihnen: »Ich hatte einen älteren Bruder, der Kapitän auf einem Schiff war und auf Burnt Island in Schottland von einem gewissen Kear erschlagen wurde. Obwohl der Täter hingerichtet wurde, habe ich mir damals geschworen, den ersten Schotten, der mir über den Weg läuft, aus Rache zu töten, und noch heute Nacht werde ich ihn mit dem Messer erstechen.« Smith, Hargrave und Horsfield weigerten sich, ihn zu mir zu führen, aber Cook und Rolands gaben nach.

In der Zwischenzeit war Smith, der wusste, dass ich manchmal im Haus eines Soldaten zu Abend aß, zu mir gekommen und hatte mir von dem Plan berichtet. Daraufhin begleiteten er, mein Gastgeber und drei italienische Soldaten mich zu meiner Herberge. Auf dem Weg kamen wir auch bei dem Schurken und seinen Helfershelfern vorbei, die auf ihre Stunde warteten. Als er aber sah, dass sein finsterer Plan verraten war, floh er und ward nie wieder gesehen.

Für die Treue und Redlichkeit, die Smith mir zweimal erwiesen hatte, indem er mich zuerst vor dem Schicksal als Galeerensklave bewahrt und mir dann das Leben gerettet hatte, wollte ich mich ihm gegenüber dankbar zeigen. Vor vielen Jahren hatte er sich in Venedig für fünf Jahre als Söldner zum Dienst in Heraklion verdingt, doch hatte er sich dort bei dem Garnisonskommandanten so hoch verschuldet, dass er sich Geld leihen musste. Nachdem die fünf Jahre vorüber waren und neue Truppen aus Venedig eintrafen, konnte Smith seine Schulden nicht begleichen und musste sich für weitere fünf Jahre beim neuen Kommandanten verpflichten, der ihn bei seinem Vorgänger auslöste. Auch nach weiteren fünf Jahren hatte sich nichts geändert, und er wurde an den nächsten Kommandanten weitergereicht.

So hatte er fünfzehn Jahre lang unter drei Kommandanten gedient und nie die vergleichsweise bescheidene Summe aufbringen können, um sich freizukaufen. Zuerst bezahlte ich beim Kommandanten seine Schulden und holte dann beim Stadtverwalter seinen Passierschein ein sowie die ihm für die Überfahrt zustehende Ration Wein und Zwieback. Danach verfrachtete ich ihn an Bord eines flämischen Schiffs, das nach Venedig fuhr. Der Kapitän des Schiffs war ein Landsmann von mir, der sich in Middelburg in Seeland niedergelassen hatte. Smiths Schulden betrugen ganze achtundvierzig Shilling.

Ich blieb fünfundzwanzig Tage in Chania, bis ich ein Schiff fand, das mich zu den Ägäischen Inseln bringen konnte. Von dort wollte ich weiter nach Konstantinopel. Trotzdem fiel mir der Abschied von den Klosterbrüdern schwer, die ich wegen ihrer Geselligkeit und des vielen Malvasierweins, den ich oft gegen meinen Willen mit ihnen trinken musste, schätzen gelernt hatte. Jeden Abend nach dem Essen musste ich mit den Brüdern tanzen. Zu guter Letzt waren alle sturztrunken, spuckten den ganzen Wein wieder aus und schliefen auf der Tischplatte oder dem harten Boden, weil sie so voll waren, dass sie den Weg in ihre Kammern nicht mehr fanden und an Ort und Stelle ihren Rausch ausschliefen. In den zwanzig Tagen meines Aufenthalts sah ich nie einen von ihnen ganz nüchtern. Ich könnte von zahllosen Späßen und Streichen der Brüder berichten, doch fehlt mir dazu die Zeit.

Nachdem ich achtundfünfzig Tage auf Kreta verbracht und

insgesamt vierhundert Meilen zu Fuß zurückgelegt hatte, bestieg ich ein Fischerboot, das von der einhundert Meilen entfernten Insel Milos stammte und durch einen Sturm hierher getrieben worden war. Auf der Überfahrt wurden wir zweimal von riesigen Wellen überrollt, die das ganze Boot unter Wasser setzten. Mit viel Glück erreichten wir Ende November die Insel Milos und legten in einer Bucht an der Ostspitze an. Die armen griechischen Fischer nahmen mich mit in ihr zwei Meilen entferntes Dorf, wo ich vier Tage bei ihnen wohnte.

Milos hieß ursprünglich Melos und hat seinen Namen von den Mühlsteinen, die hier gewonnen und nach Konstantinopel, ans griechische Festland und nach Anatolien gebracht wurden. Die Insel gehört zum Herzogtum Archipelagos und liegt am Eingang zum Ägäischen Meer. Die Bewohner sind Griechen, die aber unter türkischer Herrschaft stehen, bis auf die Insel Tinos, die zu Venedig gehört.

Von Milos gelangte ich in einem kleinen Boot nach Sifnos, einer Insel von zwanzig Meilen Umfang, die zehn Meilen entfernt von Milos liegt. Die Bewohner sind arm, aber freundlich. Auf der Insel leben unzählige Rebhühner, die ein rostbraunes Gefieder haben und etwas größer als bei uns in Großbritannien sind. Sie leben wild und werden mit Schrot geschossen. Auf anderen Inseln habe ich aber auch Rebhuhnschwärme gesehen, die von Kindern auf dem Feld gehütet wurden. Anderswo liefen sie frei auf der Dorfstraße herum wie bei uns die Hühner. Ich sah auch Quellen, aus denen Öl hervorsprudelte, der größte Reichtum der Insel.

Sifnos war einst berühmt für seine ergiebigen Gold- und Silbervorkommen, die mittlerweile aber alle erschöpft sind.

Daneben gibt es größere Schwefelvorkommen und hochwertigen Marmor, den Lucullus als Erster nach Rom schaffen ließ. Es soll auch eine Stelle auf der Insel geben, an der man graben und tiefe Löcher ausheben kann und der Boden schon nach kurzer Zeit wieder seine ursprüngliche Form annimmt, ohne jedes menschliche Zutun.

Von Sifnos aus fuhr ich weiter nach Naoussa auf Paros. Dort blieb ich sechzehn Tage, da ich von starken Nordwinden festgehalten wurde. In der ganzen Zeit sah ich kein Bett. Meine Herberge war eine kleine Kapelle eine Meile außerhalb des Dorfes, in der ich auf dem harten Steinboden schlief. Oft hatte ich Besuch von Griechen, die mich vor allem mahnten, mich vom Allerheiligsten fernzuhalten, weil ich einer anderen Religion angehörte. Wegen der langen und kalten Nächte blieb mir aber gar nichts anderes übrig, als mich dort zu verkriechen, um mich warm zu halten. Tatsächlich war das Allerheiligste nicht mehr als ein kleiner Raum mit einem Altar, der durch eine etwa mannshohe Mauer vom Innenraum der Kapelle abgetrennt war.

Die elenden Bewohner der Insel waren arme, einfältige Menschen, aus deren Verhalten mehr die Mühsal des Alltags als irgendeine Form von Lebensfreude sprach.

In Paros bestieg ich ein kleines Handelsschiff von zehn Tonnen, das von Sitia auf Kreta kam und Öl geladen hatte. Gegen Mittag erreichten wir die Insel Mykonos, wo wir etwas aßen und dann weitersegelten. Mykonos hieß früher Delos und war berühmt für seinen Apollontempel. Es ist die Hauptinsel der Kykladen. Bis heute existiert dort der Brauch, dass auf der Insel nicht gestorben und auch keine Kinder geboren werden dürfen. Schwerkranke und schwangere Frauen werden auf eine kleine, zwei Meilen entfernte Insel geschickt.

Die nächste größere Insel auf unserem Weg war Tinos. Sie steht unter venezianischer Herrschaft und besaß einst einen Neptuntempel. Auf einem hohen Felsen am Ostzipfel der Insel steht eine uneinnehmbare Festung, in der sich stets zweihundert Soldaten und Proviant für drei Jahre befinden, damit die Türken sie nicht einnehmen können. Die Insel selbst ist zwanzig Meilen lang und ein bedeutender Zufluchtsort für alle christlichen Seefahrer im östlichen Mittelmeer.

Als Nächstes gelangten wir nach Patmos, einer gebirgigen und unfruchtbaren Insel. Der heilige Johannes schrieb hier die Apokalypse, nachdem Kaiser Domitian ihn hierher verbannt hatte. Von dort ging es weiter nach Ikaria.

Als wir bereits in Sichtweite der Insel waren, sahen wir zwei türkische Galeeren, die uns bis in eine zwischen zwei Bergen gelegene Bucht verfolgten, wo wir das Schiff mitsamt seiner Fracht zurückließen, zwischen den Felsen Schutz suchten und unsere Verfolger mit großen herabrollenden Felsbrocken zurückdrängten. Zuvor jedoch hatten die Türken den Kapitän und zwei alte Männer ergriffen und zu ihren Sklaven gemacht, und auch das Schiff mit seiner ganzen Fracht ging verloren. Die übrigen neun Personen konnten sich retten.

Die Insel Ikaria ist größtenteils karg und besitzt keinen eigenen Hafen. Der Legende nach soll hier Ikarus, der Sohn des Dädalus, auf der Flucht mit seinen selbst gefertigten Flügeln abgestürzt sein. Nachdem ich mich bereits darauf eingestellt hatte, mehrere Tage auf der Insel verbringen zu müssen, fand ich schließlich ein Schiff, das von Limnos kam und weiter nach Chios fuhr.

Die Inseln der Kykladen liegen so nahe beieinander, dass sie immer wieder von Seeräubern und türkischen Galeeren überfallen werden und ihre Bewohner gezwungen sind, von den höheren Bergen aus Tag und Nacht nach Piraten Ausschau zu halten, die sie aufgrund ihrer Segel und Ruder leicht von den Handelsschiffen unterscheiden können. Sobald sie Piraten entdecken, zünden sie für jedes feindliche Schiff ein Feuer an und warnen so alle Häfen in der Umgebung. Sehen vorbeifahrende Schiffe kein Anzeichen von Feuer oder Rauch, wissen sie, dass ihnen keine Gefahr von dieser verteufelten Plage droht.

Als wir in die Meerenge zwischen Chios und dem türkischen Festland einfuhren, gerieten wir in einen furchtbaren Sturm, in dem unser Mast brach und sämtliche Segel fortgerissen wurden. Die Männer an Bord waren bleich vor Todesangst. Da unser Schiff den Wellen hilflos ausgeliefert war, suchten wir Schutz in einer Felsenbucht, doch brachte auch das nicht die Rettung, weil der Meeresgrund steil abfiel und unsere Anker keinen Halt fanden.

Dem armen Kapitän blieb nichts anderes übrig, als sein Schiff aufzugeben und es auf einen flachen Felsen zu setzen, gegen den die Wellen mit furchtbarer Wucht anbrandeten. Als das Schiff aufsetzte, wurden einige Matrosen, die sich darum stritten, wer als Erster springen dürfe, über Bord geschleudert, und die, die an Land kamen, wurden von den zurückflutenden Wellen fortgerissen. Ich wagte mich nicht zu rühren, da die anderen geschworen hatten, mich kopfüber ins Meer zu stürzen, sollte ich versuchen mich vorzudrängen. Dieser zweifachen Todesgefahr ausgesetzt, richtete ich geduldig meine Gebete zum Himmel.

Beim Aufschlagen auf dem Felsen zerbrachen das Vorderdeck und der Laufgang unseres Schiffes, und eine große Menge Wasser drang ein. Der Sog der Wellen zog uns ein gutes Stück von der Felsplatte fort, und als der Kapitän sah, dass sieben seiner Leute über Bord gegangen waren, rief er den verbliebenen elf Männern laut zu: »An die Ruder. Vielleicht können wir die Höhle dort drüben erreichen, bevor das Schiff sinkt!« Jeder kämpfte um sein Leben (mit Gottes Hilfe), und mit viel Glück erreichten wir die Höhle. Kaum war ich als Letzter von Bord gegangen, versank das Schiff in den Wellen. Von aller Fracht an Bord war nur meine große Kiste geblieben, an die ich mich festgeklammert hatte, um entweder darin begraben zu werden, sollte ich mit ihr tot an Land gespült werden, oder aber im Fall meiner Rettung auch mein Hab und Gut gerettet zu haben. Sie war aus geflochtenem Schilfrohr und trieb auf dem Wasser, obwohl sie mit meinen Papieren und meiner Wäsche beladen war, wofür die Griechen mich sehr bewunderten.

Drei Tage lang harrten wir ohne Wasser und Nahrung in der Höhle aus, die dreißig Schritte tief in den Berg hineinging. Als der Sturm am Morgen des vierten Tages nachließ, wurden wir von Fischern in ihren Booten gerettet. Die zehn Griechen waren beinahe verhungert, während mir die bloße Hoffnung auf Rettung Kraft verliehen hatte. Tatsächlich ist es eine undankbare Aufgabe für einen Mann, anderen in Zeiten der Not ein leuchtendes Beispiel zu sein. Dennoch muss es solche Männer geben, zumal es Gottes weiser Ratschluss war, mich größter Gefahr auszusetzen, um mich durch unsere wundersame Rettung zu lehren, sowohl seiner ewigen Güte zu vertrauen als auch die Nichtigkeit meines Wesens und meiner ehrgeizigen Pläne zu erkennen, die mich immer wieder in solche Zwangslagen führten.

Die angeschwemmten Leichen der Matrosen wurden von uns am Strand vergraben. Ich erfuhr, dass insgesamt siebzehn Schiffe vor der Küste der Insel Schiffbruch erlitten hatten und nicht ein Mann gerettet worden war. Die Griechen richteten am Strand ein Steinkreuz zur Erinnerung an das furchtbare Unglück auf und fasteten und beteten als Zeichen ihrer Trauer. Auch ich dankte Gott aus tiefstem Herzen für meine Rettung. Dann ließ ich die Griechen in ihrer Trauer um ihre Gefährten und den Verlust ihrer Waren allein und machte mich zu Fuß auf den Weg ins dreißig Meilen entfernte Chios, den Hauptort der Insel. Unterwegs kamen wir an einer alten Festung auf einem Hügel vorbei und meine zwei griechischen Begleiter erklärten mir, es handle sich um das Grab Homers, denn Chios ist eine der sieben Inseln, die Anspruch darauf erheben, der Geburtsort des Dichters zu sein. Ich bat sie, mich dorthin zu begleiten. Bei unserer Ankunft mussten wir zuerst sechzehn Stufen hinab in ein dunkles Verlies steigen. Daran schloss sich ein quadratischer Raum an, in dem ich ein antikes Grabmal mit eingemeißelten griechischen Buchstaben sah, die aber keiner von uns lesen konnte. Ob es tatsächlich das Grabmal Homers war, kann ich nicht sagen, jedenfalls beschworen sie es, und es mag durchaus so sein.

Die flacheren Teile der Insel sind so reich an Orangen und Zitronen, dass ihr Saft in Fässer und Schläuche gefüllt und nach Konstantinopel verschifft wird, wo die Türken ihn bei Tisch trinken. Chios hat einen Umfang von einhundert Meilen und ist berühmt für den Anbau von Mastix, der an Sträuchern wächst und als Heilmittel dient. Ich sah viele üppige Gärten, in denen Orangen, Zitronen, Äpfel, Birnen, Pflaumen, Feigen, Oliven, Aprikosen, Datteln, Limetten, alle Arten von Gemüse und prächtige Blumen wuchsen und süßer Honig gewonnen wurde. Dazwischen standen Zypressen und Maulbeerbäume, in denen Seidenraupen gezüchtet werden und ganz ausgezeichnete Seide liefern.

Zuletzt gelangte ich in die Stadt Chios und wurde acht Tage lang von einem alten Mann genuesischer Abstammung beherbergt und freundlich bewirtet. In der Stadt gibt es drei Klöster: eins gehört den Jesuiten, eins den Franziskanern und eins den Dominikanern, und alle stammen aus Genua. Und weil die Mehrheit der Bevölkerung genuesischer Abstammung ist und der römischen Kirche angehört, genießen die Mönche in den Klöstern ein so sinnenfrohes und trinkfreudiges Leben wie sonst nirgends auf der Welt.

Die Frauen der Stadt sind von engelhafter Schönheit und eifrige Liebesdienerinnen:

Auch in der Venus' Feinde eiskalter Brust
Entzünden die Frauen von Chios die Flamme der Lust.

Die meisten von ihnen sind reich und prächtig gekleidet. Selbst die einfachen Handwerkerfrauen tragen Kleider aus Seide oder Taft, manchmal sogar aus Stoffen, die mit Gold und Silber durchwirkt sind. Um den Hals und an den Händen tragen sie kostbare Ketten, Ringe und Armreifen. Ihre Männer sind ihre Kuppler, und wenn ein Fremder in die Stadt kommt, wollen sie ihm sogleich eine Mätresse aufdrängen. Für ein Geringes machen sie ihre Frauen zu Huren und lassen sich bereitwillig Hörner aufsetzen, so gemein ist ihre Gesinnung. Sucht ein Fremder eine Frau für eine Nacht, muss er eine venezianische Goldzechine oder neun englische Shilling bezahlen, wovon der andere sein Abendessen bezahlt und sich auf diese sündhafte Weise den Bauch vollschlägt.

Die Stadt besitzt eine große und mächtige Festung, die einst von den Genuesen erbaut wurde und jetzt von einer

Garnison türkischer Soldaten besetzt ist. In den eintausend Häusern wohnen Griechen, Genuesen und Türken. Die Stadt selbst besitzt keine Mauern und zieht sich weitläufig an der Küste hin. Außerdem verfügt sie über einen gut ausgebauten Hafen für Handels- und Kriegsschiffe. Der Hauptanteil der Bevölkerung ist genuesischer Abstammung und bekennt sich zum Aberglauben Roms. Einst waren die Bewohner die Herren der Ägäis und besaßen eine Flotte von achtzig Schiffen. Zuletzt gerieten sie mehr und mehr unter den Einfluss römischer und griechischer Herrscher, bis Andronicos Paläologos die Insel und ihre Bewohner den Giustiniani, einer genuesischen Adelsfamilie, übergab, aus deren Händen sie am Ostersonntag 1566 von Süleyman dem Prächtigen geraubt wurde, im selben Jahr, da unser dahingegangener großer und gesegneter König Jakob I. geboren wurde.

Die Zitadelle oder Festung von Chios steht genau zwischen dem offenen Meer und dem Hafen und wurde am 7. August 1600 von achthundert Florentinern erstürmt, die der Großherzog Ferdinand de Medici, der Bruder der Königinmutter von Frankreich und der Onkel unserer Königin Maria, geschickt hatte. Die Eroberung geschah folgendermaßen: Die Genuesen hatten die Festung an den Herzog von Florenz verkauft, der daraufhin seine Soldaten dorthin geschickt hatte. Sie erreichten die Insel bei Nacht, erklommen die Mauern, überwältigten die Wachen und verstopften unseligerweise die einzige Kanone. Dann drangen sie in die Festung ein und erschlugen alle Türken und auch zahlreiche Christen. Ihre Schiffe hatten, unsicher über den Ausgang des Unternehmens, auf dem Meer vor Anker gelegen, doch als in der Nacht ein Sturm aufzog, suchten sie Schutz in einer drei Meilen entfernten Bucht. Am nächsten Morgen waren der türkische Pascha, die Bewohner der Stadt und alle Insulaner bewaffnet aufmarschiert. Als die Florentiner sahen, dass ihre Schiffe fort waren, verließ sie der Mut. Vergeblich versuchten sie die Kanone freizubekommen. Mittlerweile verhandelte der Pascha mit ihnen und versprach ihnen freies Geleit zu den Schiffen, sollten sie sich ergeben. Am dritten Tag willigten sie ein, doch als sie über die Zugbrücke kamen und in das Zelt gingen, in dem der Pascha sie erwartete, ließ er einen nach dem anderen ergreifen und enthaupten. Die abgeschlagenen Köpfe wurden auf der Mauer der Festung zu einer Pyramide aufgetürmt, die noch heute zu sehen ist.

Allerdings konnte Ferdinand sich im folgenden Jahr für die grausame und feige Tat rächen, als er eine türkische Stadt mitsamt Festung eroberte und zweitausend Türken tötete, wobei weder Alte noch Kinder verschont wurden. Danach ließ er die Stadt plündern und nahm die Köpfe der Erschlagenen als finsteres Denkmal seines Sieges mit nach Livorno.

Nachdem ich einige Tage auf der Insel verbracht hatte, nahm ich ein Schiff nach Euböa, was zwar abseits von meinem Weg nach Konstantinopel lag, doch war mir ein Abstecher nach Makedonien und Thessalien nur recht. Unterwegs kamen wir an Mytilini vorbei, das früher Lesbos genannt wurde. Die Ägäischen Inseln sind, wie die Orkney-Inseln im Norden Schottlands, im Meer verstreut, besitzen aber ein ganz anderes Klima und sind weit weniger fruchtbar. Die Inseln im Südosten sind im Sommer extrem heiß, und mit Ausnahme von Euböa werden nur geringe Mengen Wein, Früchte und Weizen angebaut, die kaum zur Ernährung der Bevölkerung reichen. Auf den Orkney-Inseln hingegen herrscht im Sommer ein gemäßigtes Klima und jährlich wird so viel Weizen geerntet, dass der Überschuss auf dem Festland verkauft werden kann. Außerdem gibt es ausreichend Vieh und Schafe und nirgends reichere Fischbestände als vor den Küsten der Orkney- und Shetland-Inseln.

Überall auf diesen Inseln, die von alters her ein eigenes kleines Königreich bilden, bekommt man ein starkes Märzenbier, das jeden Branntwein übertrifft. Es finden sich große Mengen Gänse, Hühner, Tauben, Rebhühner, Moorhühner, Hammel, Rinder, Schneehühner und unzählige Wildkaninchen, die man ganz nach Belieben mit einer Armbrust oder Hakenbüchse morgens von seinem Fenster aus schießen kann, wie ich es selbst schon gemacht und auch bei anderen gesehen habe. Sie vermehren sich so stark, dass sie sogar die Fundamente der Häuser untergraben. So ist der Wille Gottes, seine Gaben über die Welt zu verteilen, um den Menschen die unendliche Fülle seiner Schöpfung zu zeigen, wofür ihm ewig Dank sei. Auf meinen vielen Reisen bin ich nur selten freundlicheren und umgänglicheren Hausherren und klüger wirtschaftenden Hausfrauen begegnet als auf den Orkney- und Shetland-Inseln, die ich in der Blüte meiner jungen Jahre zweimal bereiste und es somit aus eigener Erfahrung bezeugen kann.

Als wir auf der Weiterfahrt die Südspitze von Euböa umsegelten, sahen wir zwei türkische Galeeren, die uns verfolgten. Mithilfe der Segel und Ruder gelang es uns, Zuflucht in einer Bucht auf der Westseite des Kaps zu finden, wohin sich auch neun Fischerboote geflüchtet hatten. Die Galeeren gingen an einem Felsen vor der Bucht vor Anker, um uns im Schutz der Nacht zu überfallen. Wir waren zwei Meilen vom nächsten Dorf entfernt, doch zündeten wir in dieser wie auch in den fünf folgenden Nächten große Feuer an, sodass sie keinen Angriff wagten. Nur musste ich als Fremder jede Nacht für die anderen auf einem erhöhten Felsvorsprung bei Schnee und Eiseskälte Wache stehen.

Am siebten Tag bekamen wir Besuch von zwei venezianischen Gentlemen, die wegen Totschlags für zehn Jahre aus ihrer Heimatstadt verbannt worden waren und türkische Tracht trugen. Jeder hatte zwei Diener und trug zwei Pistolen. Als ich bemerkte, dass es Italiener waren, sprach ich sie an und beklagte mich, dass die Griechen mein Geld festhielten und mich zwangen, für sie mein Leben zu riskieren. Daraufhin wandten sie sich an den Kapitän, fanden meine Anschuldigungen bestätigt und verpassten ihm eine ordentliche Tracht Prügel. Dann ließen sie sich meine Sachen herausgeben und nahmen mich in ihr fünf Meilen entferntes Dorf mit, wo ich zehn Tage lang aufs Freundlichste bewirtet wurde. Bei meiner Abreise gaben sie mir sogar noch vierzig Zechinen mit auf den Weg, das erste Geschenk, das ich auf meiner Reise erhielt. Wenn auch die Gefahren für Leib und Leben weit zahlreicher waren als großzügige Geschenke, so hätte ich meine kostspielige und anstrengende Reise ohne sie nicht machen können.

Euböa wird heute die Königin von Archipelagos genannt. Sie wurde einst durch ein Erdbeben vom Festland getrennt und ist noch heute mit diesem durch eine Brücke verbunden, unter der das Wasser ungewöhnlich rasch dahinfließt und sechsmal am Tag mit den Gezeiten die Richtung wechselt. Etwa eine halbe Meile von der Brücke entfernt sah ich eine Marmorsäule auf einem kleinen Felsen, von dem, wie mir die Bewohner berichteten, Aristoteles sich ins Meer gestürzt haben soll, weil er den Grund für die häufig wechselnde Strömung in der Meerenge nicht herausfinden konnte.

Ich blieb zweiundzwanzig Tage auf der Insel und reiste

dann weiter nach Thessaloniki in Makedonien, wo ich fünf Tage blieb und von der jüdischen Bevölkerung mit großer Freundlichkeit aufgenommen wurde.

Thessaloniki ist eine angenehme, große und prachtvolle Stadt, in der Waren aller Art gehandelt werden und die dem italienischen Neapel in nichts nachsteht. Eine Zeit lang war die Stadt unter venezianischer Herrschaft, bis Murad II., der Sohn Mehmeds I., sie der Republik entriss. Heute ist sie ein wichtiges Gelehrtenzentrum der Juden, die mit Duldung des Sultans auch die Herrschaft über die Stadt und weite Gebiete ringsum haben. Die Schenkung geht zurück auf das Jahr 1516, als Süleyman der Prächtige das ungarische Buda eroberte und die Juden seinen Feldzug mit zwei Millionen Dukaten unterstützten. Männer, Frauen und Kinder sprechen Hebräisch, und alle jüdischen Priester werden hier ausgebildet und danach in die ganze Welt entsandt.

Wie kein zweites Königreich in Europa wurde Griechenland gerühmt für seine edlen und herausragenden Errungenschaften, und doch war es mehr als alle anderen den Wechselfällen des Schicksals unterworfen. Indem sie ihre Fürsten verachteten und Gold gegen Messing eintauschten, gerieten sie unter die Herrschaft zahlreicher Tyrannen und zahlten für ihre Dummheit mit ihrem Niedergang. Und als wollten sie die schwärende Wunde mit einem Giftpflaster heilen, hielten sie an diesem unseligen Zustand fest, bis ihr einst blühendes Reich ganz und gar zerfallen war.

Die Griechen waren unter den heidnischen Völkern die Ersten, die zum Christentum bekehrt wurden, und sind daher sehr streng in der Ausübung ihrer religiösen Pflichten. Die Priester tragen ihr Haar schulterlang und essen weder Fisch noch Fleisch, sondern begnügen sich mit Wasser, Gemüse und Brot. In ihren Grundsätzen und den religiösen Gebräuchen unterscheiden sie sich stark von den Papisten, doch entspricht ihr Kirchenkalender dem unseren. Sie haben vier Patriarchen, die über alle geistlichen und auch weltlichen Belange entscheiden und ihren Sitz in Konstantinopel, Antiochia, Alexandria und Jerusalem haben.

Ich möchte nicht näher auf die Beschreibung des griechischen Volkes eingehen, weil dies nicht Gegenstand meiner Abhandlung ist. Sie stehen, kurz gesagt, an Tapferkeit, Tugend und Gelehrsamkeit weit hinter ihren Vorfahren zurück. Sie besitzen keine Universitäten und auch ihre bürgerlichen Tugenden sind ganz und gar verloren gegangen. Einst nannten sie alle übrigen Völker abfällig Barbaren, ein Name, der nun bestens auf sie selbst passt, da sie die übelsten Lügner und gemeinsten Menschen in der ganzen christlichen Welt sind.

An dieser Stelle möchte ich alle meine Landsleute vor herumstreunenden Griechen und ihren falschen Zeugnissen warnen. Nichts ist wahr an der Behauptung dieser verlogenen Schurken, ihre Väter, Frauen und Kinder seien von den Türken verschleppt worden. Welch infame Lüge! Wie käme der Sultan dazu, so mit seinen Untertanen zu verfahren, denen er mit Ausnahme des Glockengeläuts die gleichen Freiheiten gewährt wie unsere Herrscher und nachdem bereits Murads Vater Ahmed die Einberufung des zehnten Teils der männlichen christlichen Bevölkerung genauso abgeschafft hat wie den Anspruch auf die Hälfte der Mitgift bei christlichen Hochzeiten? Noch weniger kann es stimmen, dass sie ihrer religiösen Überzeugungen wegen aus ihren Pfarreien vertrieben wurden, wie einige dieser durchtriebenen Heuchler, die sich als Bischöfe ausgeben, uns glauben machen möchten, da im ganzen Osmanischen Reich Religionsfreiheit herrscht, für uns aus dem Abendland genauso wie für sie. Darum hütet euch und glaubt ihnen nicht, damit ihr zuletzt nicht noch größere Esel seid, als sie Schurken sind.

In Thessaloniki fand ich ein Schiff, das nach Tenedos fuhr. Auf der Fahrt entlang der Küste sah ich die zwei Gipfel des Parnass, die bis in die Wolken reichen, was ein wundersamer Anblick ist. Der Sage nach soll hier die Heimat der Musen gewesen sein. Was die Quelle Hippokrene angeht, so will ich die Suche nach ihr der Einbildungskraft der Dichter überlassen. Hätte ich sie mit eigenen Augen gesehen, hätte ich die Ströme ihrer Poesie wie ein Verdurstender aufgesogen, um meine versiegte und von der Sonne vertrocknete poetische Ader zu beleben.

Der Berg ist recht steil und karg, besonders die beiden Spitzen. Die eine ist trocken und staubig, als Zeichen, dass alle Dichter arm und bedürftig sind. Die andere ist kahl und steinig und gemahnt an den Undank geiziger Mäzene. Das Tal in der Mitte ist angenehm und üppig bewachsen und verrät die Fruchtbarkeit des Bodens, den die Dichter, die Diener der Musen, so fleißig pflügen und beackern.

Etwas weiter östlich an der Küste von Achaia wies der Kapitän des Schiffs auf die Ruinen eines Dorfes und einer Festung und sagte, dort habe einst das berühmte Theben gestanden. Doch wer kann heute noch von seiner einstigen Größe berichten? So wie die Erde ohne ihre Bäume und Pflanzen zu einer öden Fläche wird, so hat Theben ohne die Schar seiner munteren Götter all seinen Reiz verloren. Und wie könnte ich die Gründe dafür nennen? Sie sind so geheim und rätselhaft und reichen so weit in die Vergangenheit zurück, dass wir leicht falschen Erklärungen aufsitzen können, die wir für die

Wahrheit halten. Dinge zu beschreiben, die sich vor unseren Augen vollziehen, ist einfach, aber um deren Ursache zu entdecken und darzulegen, braucht man Verstand, Einfühlungsvermögen und eine gute Kombinationsgabe.

5. Kapitel

Die Dardanellen und Konstantinopel

Auf Tenedos begegnete ich zufällig zwei französischen Kaufleuten aus Marseille, die nach Konstantinopel wollten, aber in Chios ihr Schiff verloren hatten, während sie sich mit ihren Mätressen vergnügten, und so waren sie froh, ihre Reise auf einem türkischen Schiff fortsetzen zu können. Ich bin unterwegs so manchem Seemann, Händler oder Reisenden begegnet, denen Gleiches widerfahren war und die für ihre Dummheit teuer bezahlen mussten. Die beiden Kaufleute und ich wollten Troja besichtigen und heuerten zu diesem Zweck einen Janitscharen als Führer und einen griechischen Dolmetscher an. Als wir an Land gingen, sahen wir ein riesiges Trümmerfeld. Unser griechischer Begleiter zeigte uns die Gräber von Hektor, Ajax, Achill, Troilus und vielen anderen Helden der griechischen Sage. Ich sah weiß Gott unzählige Grabmäler, ohne sagen zu können, zu wem sie im Einzelnen gehörten, und ich glaube auch nicht, dass unser Übersetzer dies wusste, da Troja vor mehr als dreitausend Jahren zerstört wurde.

Wo einst der Stolz Phrygiens stand, erstreckt sich heute eine fruchtbare Ebene, in der Weizen, Obst und köstlicher Wein angebaut werden, doch gibt es auf der ganzen weiten

Fläche nur fünf verstreut liegende Dörfer. Die Bewohner sind größtenteils Griechen, der Rest Juden und Türken.

Und hier sieht man mich in meiner türkischen Tracht inmitten der Ruinen von Troja, den Wanderstab in der Hand und einen Turban auf dem Kopf, so wie ich anschließend auch die ganze Türkei bereiste. Rechts hinter mir ist das einzig erhaltene Tor im Osten der einst mächtigen Stadt und ein Stück der Stadtmauer zu sehen. Außerhalb des Tors fließt der Fluss Simois, der das alte griechische Lager umschloss und in die Propontis mündet. Etwas darunter sind Weinreben zu sehen, als Zeichen für die vielen Weinfelder in dieser fruchtbaren Ebene. Unmittelbar davor sieht man die Ruinen des Palasts des Priamos, auch Ilium genannt, und daneben einen Adler, die in diesem Teil Phrygiens weit verbreitet sind. Zu meinen Füßen liegen die Grabsteine des Priamos und seiner Gattin Hekuba, und im Vordergrund sieht man die Hügelketten des Berges Ida. Zu meiner Linken schließlich sind einige Oliven- und Feigenbäume zu sehen, die in dieser ruhmreichen Ebene wachsen, und damit wären sämtliche Details des Bildes beschrieben.

Nachdem wir die Felder des ehrwürdigen Ilium verlassen hatten, überquerten wir den Fluss Simois und aßen in dem Dorf Extetasch zu Mittag. Als wir den Janitscharen entließen, war er unzufrieden, weil die beiden Franzosen nicht den vereinbarten Teil zahlen wollten, und schlug wütend mit einem Stock auf sie ein, bis sie am Kopf bluteten und seinen Lohn verdoppelten. Ich kann jedem Reisenden aus eigener Erfahrung nur den Rat geben, diese Schurken sofort zu besänftigen, wenn es zu Streitigkeiten kommt. Anderenfalls wird man mit Schlägen gezwungen, das Doppelte zu zahlen, da sie weder ein Gewissen haben noch Mitleid kennen und einen Christen nicht anders behandeln als einen Hund. Welches Unrecht er auch immer erdulden muss, jeder Reisende tut gut daran, freundlich einzuwilligen und sich unter Verbeugungen und geheucheltem Dank zurückzuziehen, und kann froh sein, wenn er heil davonkommt.

Von Troja aus fuhren wir mit einem kleinen Schiff zu den nur wenige Meilen entfernt liegenden Festungen Sestos und Abydos, die sich in knapp einer Meile Abstand gegenüberliegen: Sestos auf europäischem und Abydos auf asiatischem Boden. Sie liegen genau an der Einfahrt zum Hellespont und wurden auch die Festungen von Hero und Leander genannt, zum Andenken an die Treue dieses berühmten Paars. Heute heißen sie meist die Festungen von Gallipoli oder auch »die Feste Konstantinopels«, da kein Schiff die Einfahrt ohne Anmeldung beim Kommandanten passieren darf und sie streng nach Männern, Waffen und Munition durchsucht werden, um einen Angriff von christlicher Seite auf die Stadt zu verhindern. Auf der Rückfahrt müssen die Schiffe drei Tage lang warten, bis sie durchgelassen werden, damit keine christlichen Sklaven außer Landes geschafft werden können oder mögliche Missetäter, die in Konstantinopel gesucht werden.

Während meines Aufenthalts in Abydos hatten achtzig Christen, die sich als Sklaven auf einer türkischen Galeere befanden, den Kapitän und die ganze übrige Mannschaft getötet und waren mit dem Schiff aus Konstantinopel geflohen. Als sie zwei Tage später gegen Mitternacht Gallipoli passierten, wurden sie von den Wachen auf beiden Seiten entdeckt und zwei Stunden lang mit Kanonen beschossen. Dennoch gelang ihn nahezu unbeschadet die Durchfahrt, und sie gelangten schließlich nach Zakynthos. Hier wollten sie an Land gehen und ihre Vorräte auffüllen, doch verweigerte der

Gouverneur der Insel dies und ließ ihnen die Lebensmittel aufs Schiff bringen. Zuletzt nutzten sie die Gelegenheit eines leichten Sturms, um die Ankertaue zu kappen und ihr Schiff auf den Strand treiben zu lassen. Daraufhin ließ man sie an Land, doch befahl der Gouverneur, das Schiff zu verbrennen, damit es nicht zu einem Streit mit den Türken komme. Im darauffolgenden Jahr versuchten die Sklaven eines anderen Schiffes das Gleiche, doch wurden sie in Gallipoli so heftig beschossen, dass ihr Schiff zu sinken drohte und sie die Küste ansteuern mussten, wo sie am nächsten Morgen aufgegriffen und grausam hingerichtet wurden.

Die Strecke zwischen den Festungen und Konstantinopel beträgt etwa vierzig Meilen. Ich ließ die beiden Franzosen in Gallipoli zurück und schiffte mich allein auf einer türkischen Fregatte nach Konstantinopel ein. Nachdem wir zu unserer Rechten die berühmte Hafenstadt Chalcedon passiert hatten, tauchte zur Linken die Stadt Konstantinopel auf, die den staunenden Betrachter mit prächtigen Kirchenkuppeln, mächtigen Türmen, kunstvollen Minaretten und anderen Sehenswürdigkeiten empfängt, wie es sie auf der ganzen Welt kein zweites Mal gibt. Das einzigartige Panorama genießend, fuhren wir in den Bosporus ein, der den Stadtteil Pera von Istanbul trennt.

Bei meiner Ankunft erwartete mich eine böse Überraschung, denn als ich mich von den Türken verabschiedete, die mich auf der dreitägigen Überfahrt gut behandelt hatten, sagte der Kapitän zu mir: »*Addio, Christiano*«, woraufhin vier französische Renegaten, die auf dem Kai standen und dies gehört hatten, über mich herfielen, mich zu Boden warfen und unter gotteslästerlichen Flüchen auf mich einschlugen. Wenn nicht die Türken vom Schiff sofort an Land gesprungen wären und mich befreit hätten, wäre es um mich geschehen gewesen. Die umstehenden Ungläubigen sagten zu mir: »Da sieht man, welchen Herrn du hast, wenn diese zum Islam übergetretenen Christen es nicht vermögen, den Namen deines Gottes zu achten und seinen Gesetzen zu folgen.« Nachdem ich mich in meinem üblen Zustand davongemacht hatte, suchte ich eine griechische Unterkunft, wo ich freundlich aufgenommen und meine Verletzungen mit verschiedenen Ölen behandelt wurden. Außerdem setzte man mir kostenlos die besten Speisen vor, weil ich für den Namen Christi so gelitten und keine Wiedergutmachung erhalten hatte.

Am nächsten Tag ging ich dem englischen Botschafter Sir Thomas Glover meine Aufwartung machen, der mich freundlich empfing und mich drei Monate lang in seinem Haus aufnahm, wofür ich ihm zu großem Dank verpflichtet bin.

Der römische Kaiser Konstantin, der Sohn der heiligen Helena, der nachher vom Papst aus Rom vertrieben wurde, trug den Beinamen der Große. Ursprünglich wollte er die Stadt das neue Rom nennen, doch als er das muntere Leben in ihr und ihre so angenehme Lage sah, nannte er sie nach seinem eigenen Namen Konstantinopel. Der Kaiser verbrachte hier viele glückliche Jahre, und so auch zahlreiche seiner Nachfolger, bis der türkische Sultan Mehmed II. neidvoll auf das große, blühende christliche Reich sah, besonders auf das prachtvolle Konstantinopel, und die Stadt mit einer großen Streitmacht zu Land und zu Wasser belagerte.

Nach zahllosen Angriffen durchbrachen die Ungläubigen zuletzt die Stadtmauer und drangen in die Stadt ein. Noch heute kann man die etwa zwanzig Fuß breite Bresche leicht an der helleren Farbe der wieder aufgebauten Mauer erkennen. Die eindringenden Soldaten richteten unter den armen

Christen ein grausames Massaker an und schonten niemanden aus der kaiserlichen Familie. Die rasenden Teufel töteten Kaiser Konstantin und trugen sein abgeschlagenes Haupt
auf einer Lanze durch die ganze Stadt und ihr Feldlager,
zur Schmach und Schande der gesamten Christenheit. Die
Kaiserin, ihre Töchter und die anderen Hofdamen wurden
geschändet und danach auf bestialische Weise abgeschlachtet.

Mit der Eroberung Konstantinopels durch Mehmed II.
verlor die christliche Welt zwölf Königreiche und zweihundert Städte, ein bitterer Verlust für ein so ruhmvolles Reich.
Der Tag der Niederlage war der 29. Mai 1453, nachdem Konstantinopel 1198 Jahre lang unter christlicher Herrschaft gestanden hatte. Zur Zeit meines Aufenthalts regierte Ahmed I.,
der fünfzehnte Sultan aus der Dynastie der Osmanen, der damals dreiundzwanzig Jahre alt war. Nach seinem Tod folgte
ihm sein vierzehnjähriger Sohn Osman II. auf den Thron,
doch wurde er vier Jahre später nach seiner Rückkehr aus Podolien in Polen von den Janitscharen ermordet. Sein Nachfolger war Mustafa I., der als Herrscher ungeeignet war und
durch Murad IV., den Bruder Osmans, ersetzt wurde. Er
herrscht noch heute, wenn auch in ständiger Furcht vor den
Janitscharen und Timarioten, die sich allein in den letzten
drei Jahren zweimal gegen ihn erhoben haben. Sultan Ahmed I., der während meines Aufenthalts regierte, hatte mehr
Interesse an seinen Konkubinen als am Krieg, was den gegen
ihn Krieg führenden Persern nur recht war.

Die geografische Lage der Stadt gleicht einem Dreieck.
Der Umfang der Stadtmauern wird auf achtzehn Meilen
geschätzt. An der südöstlichen Spitze des Dreiecks, wo der
Bosporus und das Marmarameer zusammentreffen, steht der

Palast des Sultans, Seraglio genannt, umgeben von einem zwei Meilen großen Wald, in dem er zur Jagd geht.

Ein besonderes antikes Bauwerk, das ich in der Stadt besuchte, war die unvergleichliche Sankt-Sophia-Kirche mit ihren unzähligen Ornamenten und Kuppeln, die einst von Kaiser Justinian erbaut wurde, inzwischen aber schändlicherweise in eine Moschee umgewandelt und Mohammed geweiht wurde. Ich sah auch das berühmte Hippodrom und die Tribüne, auf der die Zuschauer standen, wenn die Kaiser Pferderennen veranstalteten oder an Festtagen in großem Prunk auftraten, doch sind davon nur Ruinen geblieben. Es steht aber noch eine große Säule, in deren Stein die bedeutenden Ereignisse, die hier stattgefunden haben, eingemeißelt sind.

An der Westspitze der Stadt befindet sich eine mächtige Festung mit sieben Türmen und zahlreichen Geschützen, die bei den Türken Yedikule heißt. Es ist ein Gefängnis für hohe türkische Offiziere und Beamte, aber es sind auch viele Christen inhaftiert, die sich eines Vergehens schuldig gemacht haben. Ihre Börse heißt Besestan. Hier werden Stoffe aller Art gehandelt, darunter Satin, Seide und Samt in Silber und Gold, und die feinsten Taschentücher der Welt sowie zahlreiche andere Dinge, die ich nicht alle aufzählen kann.

Ich habe mit eigenen Augen gesehen, wie Männer und Frauen auf dem Markt verkauft wurden wie bei uns Pferde oder Vieh. Die meisten stammten aus Ungarn, Siebenbürgen, Kärnten, Istrien, Dalmatien und anderen von den Türken besetzten Gebieten. Wenn kein mitfühlender Christ sie kauft und ihnen die Freiheit schenkt, müssen sie entweder Muslime werden oder ihr Leben als Sklaven fristen.

Ich selbst wurde Zeuge einer solchen barmherzigen Tat,

die allerdings in sündhafter Absicht begangen wurde und die sich wie folgt zutrug: Ein Schiff aus Marseille mit Namen *Großer Delfin* lag vierzig Tage in Galata vor Anker. Ich hatte mich mit dem ersten Kanonier angefreundet, der Monsieur Nerac hieß, und nach einiger Zeit erzählte er mir hinter vorgehaltener Hand, dass er aus Gewissensgründen und zu seinem eigenen Verdienst einen Christenmenschen aus der türkischen Gefangenschaft freikaufen wolle. Ich lobte sein Vorhaben und versprach, ihm am kommenden Freitag bei seiner großherzigen Tat zu helfen. Am Freitag gingen wir zusammen nach Konstantinopel auf den Sklavenmarkt und sahen uns zwei Stunden lang unter den fünfhundert feilgebotenen männlichen und weiblichen Sklaven um. Zuletzt schlug ich vor, einen alten Mann oder eine alte Frau zu kaufen, aber er hatte anderes im Sinn und sagte mir, er wolle eine Jungfrau oder eine junge Witwe kaufen, um sie vor der Schändung durch die Ungläubigen zu bewahren. Der Preis für eine Jungfrau lag bei einhundert Dukaten, was ihm zu hoch war, doch Witwen gab es deutlich darunter. Wenn man Interesse an einer Sklavin zeigte, wurde sie vor den Augen des Käufers entkleidet, und diejenigen, die jung waren, ein hübsches Gesicht und eine weiße Haut hatten, waren die teuersten und begehrtesten. Sie wurden von Juden angeboten, die sie von den Türken gekauft hatten. Zuletzt entschieden wir uns für eine dalmatische Witwe, die uns kläglich ansah und so bitterlich weinte, dass es mir fast das Herz brach. Ich drängte meinen Freund, sie zu kaufen, und er, ein Mann von sechzig Jahren, erstand sie für sechsunddreißig Dukaten.

Danach verließen wir den Markt und gingen zurück nach Galata, wo wir für sie ein Zimmer nahmen und ich mich verabschiedete. Früh am nächsten Morgen kehrte ich mit der schlimmen Befürchtung zurück, die Großherzigkeit des Kanoniers sei in Wahrheit nichts anderes als gemeine Lust gewesen, und genauso war es. Als ich an die Tür klopfte, fand ich sie verschlossen. Den Schlüssel hatte mein Freund mit aufs Schiff genommen, nachdem er die ganze Nacht über bei ihr gewesen war. Unter Tränen erzählte sie mir, was er ihr angetan hatte, und wünschte sich zurück in Gefangenschaft. Ich eilte sofort zum Schiff und schwor ihm, sollte er sich noch einmal an ihr vergehen und ihr nicht die versprochene Freiheit schenken, würde ich zuerst seinen Kapitän und anschließend den französischen Botschafter davon unterrichten und nicht verschweigen, dass er sie an einen anderen verkaufen wolle, sobald er seine Lust gestillt habe. Vor Angst wurde er ganz bleich und willigte in alles ein, und als das Schiff sechs Tage später weiterfuhr, übergab er sie meinen Händen. Sobald er fort war, unterzeichnete ich in Anwesenheit mehrerer griechischer Zeugen die Urkunde ihrer Freilassung und verschaffte ihr eine Anstellung in einer griechischen Taverne, ohne etwas dafür zu verlangen, da sie nichts weiter hatte als ihre Dankbarkeit und Segenswünsche. Der französische Kanonier war ein Katholik, und man mag an ihm die ganze Schändlichkeit seines Glaubens erkennen und an den sechsunddreißig Dukaten ausrechnen, was ihn sieben Nächte Wollust gekostet haben.

In Konstantinopel hat es oft große Brände gegeben, denen zahllose Denkmäler und prächtige Paläste zum Opfer gefallen sind. Zuletzt wurden am 14. Oktober 1607 über dreitausend Häuser ein Raub der Flammen, und von einigen waren während meines Aufenthalts noch die Ruinen zu sehen. Es hat auch wiederholt schwere Erdbeben gegeben, besonders im Jahr 1509 unter Sultan Bayezid II., dem neunten osmanischen Herrscher, als über 13 000 Menschen starben und man, anstatt sie zu begraben, große Leichenhaufen errichtete. Gewöhnlich wird die Stadt alle drei Jahre von der Pest heimgesucht, und zwar auf solch perfide Weise, dass den Erkrankten, bevor sie sterben, eine ganze Körperhälfte wegfault und man ihre bloßen Eingeweide sehen kann.

Wie überall in der Türkei darf ein Christ ihre Moscheen und Gotteshäuser nur in Begleitung eines Janitscharen betreten. Auch mir blieb dies nicht erspart, als ich die prächtige St. Sophia besuchte, einst der Schmuck und die Perle Europas und jetzt der Ort, an den der Sultan zum Freitagsgebet geht, begleitet von dreitausend Janitscharen, Paschas und anderen türkischen Regierungsbeamten.

Von Konstantinopel kann ich wohl sagen:

Eine bemalte Hure, mit der Maske der Sünde bedeckt,
Von außen verlockend, von innen verfault und verdreckt.

Denn tatsächlich bietet die Stadt von außen betrachtet ein eindrucksvolles Bild, doch im Innern findet man nur enge, dunkle Gassen und die schäbigsten Behausungen weltweit. Der Grund für ihre Schönheit liegt darin, dass die Stadt auf sanft geschwungenen Hügeln erbaut ist, und die Dächer der Häuser, mit ihren roten Ziegeln, sind so verschachtelt, wie man es aus Italien kennt, was von Weitem sehr hübsch aussieht. Aus der Nähe betrachtet sind es jedoch unförmige, abstoßende Behausungen ohne Mobiliar und ohne jede Verzierung an den Fassaden. Dennoch mag die Stadt wegen ihrer besonderen Lage, der köstlichen Weine und Früchte, des milden Klimas, der fruchtbaren Landschaft ringsum und wegen des Marmarameers und der unmittelbaren Nähe zu Asien zu Recht das Paradies auf Erden genannt werden.

Pera liegt eine Viertelmeile von Konstantinopel entfernt auf der gegenüberliegenden Seite des Bosporus. Dort wohnen die Botschafter der christlichen Welt. Zur Zeit meines Aufenthalts waren dies die Botschafter Roms, Frankreichs, Englands, Venedigs und Hollands. Ich wohnte zwölf Wochen lang im Haus des englischen Botschafters Sir Thomas Glover, dessen Sekretär, Master James Rollock, ein Landsmann von mir war. Er war der letzte Schotte, dem ich bis zu meinem Besuch auf Malta auf meiner Rückreise begegnete.

Die Türken haben keine Glocken in ihren Gotteshäusern und kennen weder Uhren noch die Einteilung des Tages in Stunden. Ihre Kirchtürme sind hoch und schmal, so wie sich die Türken in allen Formen streng von den Christen unterscheiden. Wenn sie sich zum Gebet versammeln, werden sie von Männern gerufen, die mit schriller Stimme von der Brüstung der Kirchtürme rufen: »La ilaha illa Allah Muhammed Resulallah«, was bedeutet: »Gott ist groß, und Mohammed ist sein Prophet«, oder anders gesagt: Es gibt nur einen Gott.

In Konstantinopel und überall in der Türkei gibt es drei heilige Tage in der Woche: der Freitag für die Türken, der Samstag für die Juden und der Sonntag für die Christen. Der Feiertag der Türken wird allerdings am wenigsten eingehalten, weil sie auch an diesem Tag nicht von ihrer Arbeit lassen wollen. Fünfmal am Tag kommen sie zum Gebet zusammen: das erste Mal vor Sonnenaufgang, das zweite Mal kurz vor Mittag, das dritte Mal um drei Uhr nachmittags, das vierte Mal bei Sonnenuntergang, sommers wie winters, und das fünfte Mal immer zwei oder drei Stunden nach Anbruch der Dämmerung. Viele bleiben bis dahin auf, andere legen sich schlafen und lassen sich vom Ausrufer wecken.

Als Zeichen der Ehrfurcht wie auch aus bloßem Aberglauben waschen sie sich vor dem Betreten der Moschee, zuerst das Geschlecht und danach Mund, Gesicht, Füße und Hände. Nach dem Eintreten neigen sie den Kopf zu Boden, fallen auf die Knie und küssen dreimal den Boden. Danach stellt sich der Talasumani, ihr Vorbeter, auf einen hohen Stein und betet zu Mohammed, während die anderen die ganze Zeit wie von Sinnen die Köpfe hin und her werfen und ein ums andere Mal »hailamo, hailamo« murmeln. Dann seufzen sie laut und sagen: »Hupek.« Manchmal beginnen sie auch ganz unvermittelt die Psalmen Davids auf Arabisch zu singen, allerdings ohne auf den korrekten Wortlaut oder den Sinn zu achten. Bei den Gebeten sind keine Frauen zugelassen, damit ihre Andacht nicht gestört wird. Männer und Frauen gehen gleichzeitig, aber getrennt zu ihren Tagesgebeten. Die gleiche Sitte, wenn auch in etwas anderer Form, habe ich bei den Protestanten in Siebenbürgen, Ungarn, Mähren, Böhmen und Schlesien beobachtet, in deren Gottesdiensten ein Taffetvorhang vom Rednerpult bis zur rückseitigen Kirchenwand gezogen wird und die Männer rechts und die Frauen links vom Priester sitzen, sodass sie sich während der Messe nicht sehen können, was ich für eine sehr fromme und nützliche Einrichtung halte.

Die Türken werden nach Art der Juden beschnitten, allerdings nicht nach acht Tagen, sondern erst nach acht Jahren. Ihre Mönche werden Derwische genannt. Sie tragen grüne Turbane auf dem Kopf, damit man sie von den anderen unterscheiden kann, da sie die Nachfahren der ersten Anhänger Mohammeds sind.

Geistig Verwirrte genießen bei den Türken das Ansehen von Propheten oder Heiligen, und bevor sie eine weite Reise machen oder wichtige Entscheidungen treffen, gehen sie zu ihnen und bitten um Rat. Die Antworten dieser wirren Propheten werden strengstens befolgt, als hätte das Orakel selbst gesprochen.

Die Türken verachten die Farbe Schwarz und glauben, dass man mit schwarzer Kleidung nicht ins Paradies gelangt. Ihre Lieblingsfarbe ist Grün, und wenn ein Christ sie trägt, muss er mit Schlägen auf die Fußsohlen oder einer anderen Bestrafung rechnen. Genauso wenig darf er den Namen ihres Propheten Mohammed, den sie über alles verehren, in den Mund nehmen und wird dafür hart bestraft.

Mohammed wurde 591 in Itraripia, einem armen arabischen Dorf, geboren. Sein Vater war Abdullah, ein Ismaelit, seine Mutter Amina Jüdin. Beide gehörten also einer unterschiedlichen Religion an und stammten aus verschiedenen Ländern. In seiner Jugend wurde er zum Teil nach jüdischem Gesetz und zum Teil nach heidnischen Gebräuchen erzogen. Viele behaupten, seine Herkunft sei unbekannt, weil er aus so niedrigen Verhältnissen stammt, doch zeigte sich gerade in seinen späteren Jahren seine Herkunft. Ich erfuhr außerdem, dass seine Eltern starben, als er noch ein Kind war, und er bei seinem Onkel aufwuchs, der ihn an einen gewissen Abdeminoples, einen Händler aus Palästina, verkaufte. Als dieser seinen wachen Verstand bemerkte, sandte er ihn als seinen Handelsagenten nach Ägypten, wo er mit List und Verstellung das Vertrauen von Christen, Juden und Heiden erschlich. Er war vergleichsweise klein, hatte lebhafte Gesichtszüge, einen großen Kopf, war redegewandt, besaß ein sanguinisches Temperament und einen kräftigen Magen und war sehr verbissen in seinen Unternehmungen. Außerdem war er hinterlistig, unehrlich und betrügerisch, wie man aus seinen satanischen Geschichten erfährt, die er im Koran aufgeschrieben hat und wo so oft die Worte im Widerspruch stehen zu den Taten.

Ungefähr zu dieser Zeit wurde ein gewisser Sergius, ein jüdischer Mönch, aus Konstantinopel verbannt, weil er der Sekte der Arianer wohlgesinnt war. Wenig später kam er nach Palästina und lernte im Haus des Abdeminoples den jungen Mohammed kennen. Der Mönch bemerkte sofort seine rasche Auffassungsgabe und war angetan von seinem Wesen.

Als kurz darauf Mohammeds Herr ohne Nachkommen starb und seine Witwe große Reichtümer erbte, erhob sie ihn seiner großen Talente wegen vom Sklaven zu ihrem Ehemann.

Schon bald jedoch bereute sie ihre Tat unter Tränen, da ihr Gatte unter Epilepsie litt und oft vor ihr auf den Boden fiel, starren Blicks, nach Luft schnappend und mit Schaum vor dem Mund, sodass seine Gegenwart ihr zuwider wurde und sie ihn ihre Verachtung deutlich spüren ließ. Daraufhin versuchte er, ihren Zorn zu besänftigen, und erzählte, seine Anfälle rührten daher, dass Gott zu ihm spreche und er zu Boden stürze, weil der Herr ihn so eindringlich ermahne, mit Feuer und Schwert gegen die verderbte Menschheit zu ziehen, die selbst Moses und Christus (trotz ihrer Wunder) zurückgewiesen habe. Die alte Vettel glaubte seinen großspurigen Reden und zeigte sich nicht nur versöhnt, sondern liebte ihn nur noch inniger und verehrte ihn als von Gott gesandten Propheten und erzählte auch allen Nachbarn und Freunden davon. Nachdem sie zwei Jahre zusammengelebt hatten, verstarb die verblendete Matrone und vermachte Mohammed ihren ganzen Besitz, nicht nur, weil sie ihn für einen Propheten hielt, sondern auch, weil sie seinen zarten Leib mochte, der gerade einmal dreißig Jahre alt war. Der plötzliche große Reichtum weckte seinen Stolz und seinen Ehrgeiz und er machte sich entschlossen an die Verwirklichung des Plans, den er ersonnen hatte. Dazu suchte er die Unterstützung seines Freundes Sergius, des jüdischen Mönchs, und eines gewissen Atodala, ebenfalls ein Talmudist und abtrünniger Jude. Zusammen schmiedeten diese beiden Höllenhunde und der verwirrte Prophet eine wahrhaft monströse und teuflische Religion, ein Gemisch aus Judentum, Arianismus und Einsprengseln aus dem Christentum und anderen Hirngespinsten, die sein überspannter Geist ihm eingab.

Kaum hatte er die neu geschaffene Lehre im Koran niedergelegt, begann er mit der Verbreitung seiner abscheulichen Blasphemien, behauptete, Christus sei weder der Sohn des Allmächtigen noch der erwartete Messias, leugnete die Dreifaltigkeit, und dergleichen Gotteslästerungen mehr. Zur besseren Verbreitung seiner Lehre heiratete er die Tochter seines Stammesfürsten, womit er nicht nur den Schwiegervater gewann, sondern gleich die ganze Sippe. Unermüdlich vergrößerte er seinen Einfluss und gewann täglich neue Anhänger, die er dazu aufforderte, mit ihm gegen Mekka zu ziehen, dessen Bevölkerung seine Lehre abgelehnt und sich über seine prophetischen Eingebungen lustig gemacht hatte. Als Belohnung versprach er ihnen ewige Glückseligkeit wie auch einen Teil der eroberten Beute und redete ihnen ein, Gott werde ihm alle Feinde des Korans in die Hände treiben. Durch diese falschen Versprechungen geblendet, meldeten sich dreitausend Mann und zogen mit ihm gegen Mekka. Dreimal schlugen ihn die Bewohner in die Flucht, aber zuletzt konnte er die Stadt doch erobern. Nach seinem Tod wurde er hier in einem Eisensarg beerdigt, der bis auf den heutigen Tag von zwei Magneten gehalten über dem Erdboden schwebt (wie mir mehrere Türken berichteten, die ihn gesehen haben), was unter seinen Anhängern den Glauben an die schändliche Irrlehre nur noch verstärkte.

In jüngster Zeit jedoch sind die Türken misstrauischer geworden und zeigen Verständnis für den Spott der Christen über den schwebenden Sarg. Und weil so viele türkische Pilger auf dem Weg nach Mekka in einer gefürchteten Wüste den Tod fanden, hat man Mohammeds Sarg nach Medina verlegt, was viel näher an Damaskus und an der Grenze zu Arabia Felix liegt. Das Grabmal befindet sich jetzt in einer prachtvollen Moschee zu ebener Erde unter einem goldenen Baldachin. Christen ist es bei Todesstrafe verboten, sich weniger als vierundzwanzig Meilen dem Grab zu nähern, eine Vorschrift, die strenger beachtet wird als irgendein Dekret unserer Fürsten.

Ich selbst habe einmal zweitausend Türken auf einer Pilgerreise nach Mekka gesehen, das in Arabia Felix liegt. In ihrem frommen Wahn wollen viele, nachdem sie das Grab Mohammeds gesehen haben, nichts mehr vom eitlen Treiben dieser Welt sehen und lassen sich von einem Schmied blenden. Diese Männer werden *hadschis* genannt, was »heilige Männer« bedeutet. Sie werden von den Türken verehrt, an der Hand herumgeführt, mit Essen versorgt und genießen ein Ansehen wie Prinzen oder wie jene Kapuzinermönche, die sich am Karfreitag geißeln, und werden an jeder Straßenecke mit Anbetungsritualen und Geschenken bedacht.

Mohammed verbot in seinem Koran ausdrücklich den Verzehr von Schweinefleisch und den Genuss von Wein, woran sich die Frommen unter ihnen auch halten, doch die gewöhnlichen Leute sind allesamt große Zecher. Zumeist trinken sie Scherbett, ein Gemisch aus Wasser, Honig und Zucker, was sehr wohlschmeckend ist. Gästen wird zumeist eine Tasse mit Caffee angeboten, der aus einem fast schwarzen Mehl aufgebrüht und so heiß wie nur eben möglich getrunken wird, zur besseren Verdauung des vielen rohen Fleisches und Gemüses, von dem sie sich hauptsächlich ernähren. Wer sich keinen Kaffee leisten kann, muss sich mit einem Glas kaltem Wasser begnügen.

Eine besondere Eigenart der Türken ist ihr Mangel an Selbstbescheidung, was dazu führt, dass sie in guten Zeiten Güter im Überfluss anhäufen. Genauso wenig kennen sie Geduld und Ausdauer, um Zeiten des Mangels zu überstehen, und fremd ist ihnen jede Hoffnung. Widerfährt ihnen ein Unglück, zwingen sie aus niederer Gesinnung die versklavten Christen dazu, ihren ganzen oder zumindest einen Teil ihres Besitzes an sie abzutreten. Dabei bedrohen, schlagen und töten sie manchmal sogar ihre Opfer, was ihren grausamen Charakter ebenso deutlich macht wie das empörende Elend der Christen. Dennoch droht ihnen eine strenge Bestrafung oder gar der Tod, wenn ihre Taten angezeigt werden, da es ausdrücklich gegen das osmanische Gesetz ist, das den Christen ihre Freiheit und Unversehrtheit garantiert.

Ich habe Türken oft auf gemeinste Art miteinander streiten hören, doch habe ich weder in privaten noch öffentlichen Streitereien gesehen, dass sie einander schlagen, weil darauf schwere Strafen stehen. Einen Christenmenschen hingegen schlagen sie, weil er es nicht wagt, sich zu beschweren oder zurückzuschlagen. Es ist durchaus üblich, dass sie einen Diener schon wegen eines kleinen Vergehens töten und ihn wie einen Hund in den Straßengraben werfen. Oder sie legen ihn auf den Rücken, binden ihm die Füße zusammen und machen sie an einem Pfahl fest. Anschließend geben sie dem Missetäter mit einem Stock dreihundert oder vierhundert Schläge auf die Fußsohlen, was nicht selten dazu führt, dass er für den Rest seines Lebens humpelt. Ihre Diener werden auf dem Markt wie Vieh gehandelt. Ihre Freiheit erlangen diese Elenden nur dann wieder, wenn sie sich auf irgendeine Weise freikaufen können. Den türkischen Frauen ergeht es kaum besser, da der Koran den Männern erlaubt, so viele Frauen zu heiraten, wie sie möchten oder unterhalten können. Sollte es aber passieren, dass sich eine ihrer Ehefrauen oder Konkubinen mit einem anderen Mann einlässt, besitzt der Ehemann das Recht, ihre Hände und Füße zu binden, ihr einen Stein um den Hals zu hängen und sie in den Fluss zu stürzen, was gewöhnlich nachts geschieht.

Vergreift sich aber einer dieser Heiden an einer verheirateten Christin, kümmert sie der Verstoß gegen christliches Gebot nicht, so wie sie auch die Töchter ihrer christlichen Sklaven entjungfern, als wären es ihre Frauen. Fromme Muslime allerdings lassen sich nicht mit christlichen Frauen ein, da sie glauben, verdammt zu sein, wenn sie mit Hündinnen kopulieren. Nach jeder Kopulation mit einer Christin (oder mit einem Mann) waschen sich die Türken vor Sonnenaufgang in einem nach Süden zeigenden Brunnen, um sich damit von ihren Sünden reinzuwaschen.

Bei Totschlag erwartet einen Türken folgende Bestrafung: Nachdem das Todesurteil über ihn gesprochen ist, wird er zum Marktplatz geführt, entkleidet und bäuchlings auf einen vier Fuß hohen Richtblock gelegt. Dann wird sein Leib mit Schnüren so eng zusammengezogen, dass der Henker ihn mit einem Hieb durchtrennen kann. Der untere Teil wird Hunden zum Fraß vorgeworfen, die extra zu diesem Zweck gehalten werden. Rumpf und Kopf werden an Ort und Stelle verbrannt.

Auf Mord und Hochverrat steht eine noch viel grausamere Strafe. Der Verurteilte wird vor der versammelten Menge zu einem hohen Mast geführt, ähnlich unserem Maibaum, der von oben bis unten mit langen Nägeln besetzt ist, deren Spitzen nach oben zeigen. Nachdem der Übeltäter entkleidet und die Hände hinter seinem Rücken gebunden sind, wird ein kräftiges Seil um seine Schultern und Achseln gelegt und er wird daran bis zur Spitze des Masts hochgezogen. Anschließend wird das Seil losgelassen und der Verurteilte fällt mit einem reißenden Geräusch in die Nagelspitzen und wird am Gesäß, an der Brust, den Seiten oder den Schultern aufgespießt. Dort bleibt er hängen, bis seine Knochen verrotten und zu Boden fallen und sein Fleisch von hungrigen Adlern zerstückelt wird, die nur aus dem einen Grund gehalten werden, sich an den Kadavern zu weiden.

Jetzt komme ich zu ihren Hochzeitsriten. Begehrt ein Mann eine junge Frau, kauft er sie ihren Eltern gegen eine hübsche Summe Geldes ab. Anschließend lässt er ihren Namen in das Register des Kadis eintragen, zur Bestätigung, dass er sie rechtens erworben hat und sie ihm gehört. Damit ist die Ehe beschlossen. Der Vater der Braut schickt nun den Hausrat auf den Rücken von Eseln oder Kamelen zum Haus des Ehemanns. Die Frischvermählten gehen vorneweg, gefolgt von Freunden, Bekannten und einem Zug Musiker.

Ist ein Mann seiner Frau überdrüssig, verkauft er sie entweder auf dem Markt oder tritt sie an einen seiner Diener ab. Selbst wenn Mann und Frau sich gut verstehen, nehmen sie ihre Mahlzeiten niemals gemeinsam ein, da die Frau gewöhnlich dem Mann die Speisen aufträgt und erst anschließend gemeinsam mit allen Frauen des Hauses, die über vierzehn Jahre alt sind, zu Tisch sitzt. Sie gehen auch nur selten aus dem Haus, bis auf Donnerstagabend, wenn sie die Gräber ihrer Toten aufsuchen, wobei sie ihre Gesichter streng unter weißen oder schwarzen Tüchern verhüllen, die sie erst nach der Rückkehr wieder abnehmen. Es gibt noch zahlreiche weitere Bräuche, die ich nicht alle aufzählen kann. Ungeachtet der zur Schau gestellten Sittenstrenge der Männer gibt es in Konstantinopel mehr als 40 000 Freudenhäuser. Wird ein Christ, vor allem aus dem Abendland, darin aufgegriffen, muss er entweder zum Islam konvertieren oder den Rest seines Lebens als Sklave dienen. Die Frauen jedoch sind listig genug, diese strengen Gesetze zu umgehen, indem sie die Wohnungen ihrer Wohltäter aufsuchen oder sich an geheimen Orten mit ihnen treffen.

Der türkische Sultan besitzt einen Harem von achthundert Konkubinen, die meisten davon Töchter von Emiren, Paschas oder Timarioten. Sie wohnen im innersten Bereich des Seraglio und werden rund um die Uhr von einer Schar Eunuchen und kastrierten Hofdienern bewacht. Jeden Morgen werden sie der Reihe nach in einen großen Saal geführt und müssen auf erhöhten Sitzen Platz nehmen. Wenn der Sultan kommt, sucht er sich die Jüngste und Schönste aus und berührt sie mit einem Stab, woraufhin sie ihm sofort in sein Lustgemach folgt. Kommt es zu irgendwelchen Handlungen, wird ihr vom ersten Sekretär eine entsprechende Bescheinigung ausgestellt, die ihr eine spätere Mitgift zusichert und obendrein mit viel Ruhm und Ehre verbunden ist. Bringt sie ein Kind des Sultans zur Welt, wird es sofort nach der Geburt getötet. Die einhundert ältesten Frauen werden jeweils am ersten Freitag des Monats durch einhundert neue ausgewechselt. Der Austausch findet stets an einem der hinteren Tore zum Park statt, die direkt ans Meer grenzen. Die neuen und die alten Konkubinen werden am gleichen Tag mit einem Schiff über den Bosporus gebracht, was ich selbst dreimal beobachtet habe. Die entlassenen Frauen machen sich von Galata aus auf den Heimweg zu ihren Eltern in die verschiedensten Länder, voller Freude darüber, dass sie für wert befunden wurden, dem Sultan als Konkubine zu dienen.

Am Freitag, dem türkischen Sabbat, trifft sich der Sultan nach dem Abendgebet gewöhnlich mit einer Schar junger Männer zum Pall-Mall-Spiel auf einem großen Platz. Der Ball wird dabei nicht durch einen Reifen geschlagen, sondern muss einen Handschuh treffen, der aber genauso hoch an einem Stock hängt wie bei uns der Reifen. Überhaupt war keiner der türkischen Herrscher den Christen so freundlich gesinnt wie Ahmed I., der mit seiner Großzügigkeit und Güte das Amt eines christlichen Kaisers wohl besser bekleidet hätte als das eines Königs der Gottlosen.

Ihrer verqueren Vorstellung nach werden am Tag des Jüngsten Gerichts, wenn Mohammed erscheint, alle guten Menschen unter drei Bannern ins Paradies geführt: das erste ist das Banner Mose, unter dem sich die Kinder Israels versammeln, das zweite das Banner Jesu, unter dem die Christen stehen, und das dritte das Banner Mohammeds, unter dem sich die Araber, Türken und Muslime sammeln. Jedem, der ins Paradies gelangt, werden verschiedene Ehrungen zuteil, und die am höchsten stehen, bekommen von Gott Gemächer aus strahlendem Licht zugewiesen, in denen sie große Bankette veranstalten und zu schöner Musik tanzen. Zur Unterhaltung stehen liebreizende Jungfrauen bereit, die ihre Gemächer gleich in der Nähe haben. Kein Mann ist älter als dreißig und keine Jungfrau älter als fünfzehn, und nach ihrer Vereinigung sind beide wieder so rein und jungfräulich wie zuvor.

Die Hölle stellen sie sich als eine tiefe Schlucht zwischen zwei Bergen vor, die von Feuer speienden Drachen bewacht wird. Sie ist acht Meilen tief und hat einen dunklen Eingang, an dem die schrecklichen Ungeheuer die Sünder erwarten und sie zu einer Brücke geleiten, die so schmal ist wie die Schneide eines Rasiermessers. Wer frei von schweren Sünden ist, darf darübergehen, wer aber Unzucht getrieben hat (wie die meisten von ihnen) oder Totschlag begangen, stürzt hinab in den tiefen Höllenschlund, wo er abwechselnd im Feuer gebraten und zur Erfrischung in siedendes Wasser gesteckt wird. Für die Bestrafung der ärgsten Sünder hat Gott in der Hölle einen Baum gepflanzt, der Teufelskopf heißt und von dessen Früchten die Verdammten essen müssen. In einem Kapitel des Korans heißt der Baum auch der Baum der Verwünschung.

Sie glauben auch, dass die gequälten Seelen eines Tages erlöst werden können, vorausgesetzt, dass sie die Feuer der Hölle geduldig ertragen. Damit habe ich in aller Kürze die islamische Vorstellung von Himmel und Hölle für alle diejenigen erläutert, die von diesen widersinnigen Lehren noch nie gehört haben.

Die aus Kleinasien und Osteuropa stammenden Türken sind gewöhnlich von heller Hautfarbe und gedrungener Statur, wortkarg, unterwürfige Diener, der Geschlechtslust ergeben und fanatisch in ihrem Glauben. Ihre Köpfe sind stets kahl geschoren, bis auf einen schmalen Schopf in der Mitte, an dem Mohammed sie eines Tages hinauf in den Himmel ziehen soll. Ihr Kopf ist immer bedeckt, da es als schändlich gilt, sein Haupt zu entblößen. Die Männer tragen lange Bärte, die bei ihnen als ein Zeichen von Weisheit gelten. Die Frauen sind klein und dick. Außer Haus sind sie ängstlich und schüchtern, drinnen hingegen lüstern und zügellos. Als die Schönsten gelten die mit den dunkelsten Brauen, den breitesten Mündern und den größten Augen.

Die im Fernen Osten und in Ägypten geborenen Türken (ich rede nicht von den nordafrikanischen Berbern) sind größer, dunkler und grausamer und barbarischer in ihrer Art. Die gebildeten Türken sprechen Polnisch, das einfache Volk Türkisch, ursprünglich die Sprache der Tataren. Ihre Ausdrücke für die Verwaltung entstammen dem Persischen, für die Religion dem Arabischen, für das Kriegswesen dem Griechischen und für die Seefahrt dem Italienischen.

Die Ausdehnung des Osmanischen Reichs ist beeindruckend, allerdings ist ein Großteil des asiatischen Gebiets nur dünn besiedelt. Die an die christliche Welt stoßenden Grenzen sind gut mit Festungsanlagen, Soldaten und Waffen gesichert. Wenn sich allerdings die christlichen Herrscher nur einigen könnten, wäre es ihnen ein Leichtes, die Türken binnen eines Jahres zu unterwerfen und ihren Namen von der Erde zu tilgen. Und ich bin sogar überzeugt, dass im Osmanischen Reich selbst genügend Christen leben, die Sklaven und Untertanen des Sultans mit eingeschlossen, um die Ungläubigen zu besiegen, auch ohne die Unterstützung ihrer christlichen Brüder aus dem Abendland, wenn sie nur fähige Kommandanten, Gouverneure und ausreichend Waffen hätten.

Es scheint mir gleichwohl nicht verfehlt, noch einige weitere Anmerkungen zu den türkischen Sitten und Gebräuchen, ihren Reichtümern, ihrer militärischen Stärke und der Art ihrer Kriegführung zu machen.

Die Türken sind Nachfahren der Skythen oder Tataren und sind wie sie von kräftiger, nicht sehr großer Statur, besonnen und tapfer in ihrem Handeln, ansonsten aber faul und in Gelddingen die geizigste Nation weltweit. Vereinbarungen halten sie nur, wenn es zu ihrem Vorteil ist, und betrügen mit Vorliebe Fremde, indem sie Abmachungen ganz nach Belieben auslegen. Im Umgang miteinander sind sie bescheiden, besonders gegenüber Vorgesetzten, die sie mit großem Respekt behandeln und denen gegenüber sie sich auffällig unterwürfig zeigen. Sie besitzen einen natürlichen Hang zu jeder Form geschlechtlicher Ausschweifung und sind neben dem Inzest vor allem der Sodomie verfallen, die für sie die höchste der sinnlichen Freuden ist.

Sie glauben fest daran, dass jeder die Stunde seines Todes unauslöschlich auf der Stirn geschrieben trägt. Diese unsinnige Vorstellung macht sie rücksichtslos und verzweifelt, sodass sie sich kopfüber in die größte Gefahr stürzen. Zu Hause zeigen sie nur wenig Interesse an gesellschaftlichen Vergnügungen wie Schach, Karten- oder Würfelspielen, doch außer Haus und auf Reisen teilen sie Essen und Trinken bereitwillig mit jedem Fremden. Ihre vornehmeren Frauen tragen edle Gewänder und schmücken sich mit Ketten und Edelsteinen. Einige färben ihre Hände und Haare rot, vor allem die Finger- und Fußnägel, und gehen zweimal in der Woche ins Dampfbad, genau wie die Männer.

Die echten Türken tragen einen weißen Turban auf dem Kopf, bis auf einige wenige, die unmittelbare Nachfahren der ersten Anhänger Mohammeds sind und grüne Turbane tragen. Bei ihnen handelt es sich zumeist um Mönche. Die Türken in Asien mögen keinen Fisch, die europäischen Türken hingegen essen lieber Fisch als Fleisch, ganz besonders in

Konstantinopel (oder Stambul), wo der beste und meiste Fisch auf der ganzen Welt gefangen wird, und das im Schwarzen Meer. Sie versuchen in jeder Situation, ihren Nächsten zu übertrumpfen, und wo ihnen dies nicht mit Gewalt gelingt, greifen sie zur List. Geht ihr Plan schief, ergreifen sie ohne jede Scham die Flucht. Dennoch sind sie in der Regel gute und disziplinierte Soldaten. Auf dem Marsch und im Feldlager herrschen trotz der Menschenmassen Ruhe und Ordnung, und sie gehorchen ihren Kommandanten und Offizieren aufs Wort. Wenn der Sultan mit der Armee in den Krieg zieht, beten und fasten die Menschen zu Hause für sie. Die Siege der Vergangenheit werden in Erzählungen reich ausgeschmückt und in Versen und Liedern besungen, weil sie glauben, nur die Tapferkeit der Vorfahren könne ihre Soldaten mutig und zu allem entschlossen machen. Für Gelehrsamkeit und das Studium der Künste haben sie wenig übrig. Dennoch gibt es einige ordentliche Schulen, an denen Jurisprudenz und die Lehren Mohammeds unterrichtet werden, damit für Nachwuchs zur Auslegung des Korans und zur Besetzung der Richterämter gesorgt ist. Nur selten sieht man auf der Straße einen Mann mit einer Frau sprechen, und auch in den Moscheen sind Männer und Frauen strikt voneinander getrennt. Gleichwohl sind die Männer die Gebieter über ihre Frauen und Konkubinen und werden von ihnen mit der gleichen Ehrerbietung und Dienstbarkeit behandelt wie von ihren leibeigenen Sklaven.

Die drei reichsten Städte des Osmanischen Reichs, sowohl was die Menge der angebotenen Waren als auch die Fülle von Gold und Silber angeht, sind Konstantinopel, Aleppo in Syrien und Kairo. Der gesamte Handel, Reichtum und Verkehr der Provinzen fließt an diesen drei Orten zusammen.

Der jährliche Etat des Sultans wird auf sechzehn Millionen Golddukaten geschätzt, auch wenn einige von einem geringeren Betrag sprechen, weil sich die Einkünfte von Monarchen nie genau beziffern lassen.

Dennoch können die Ausgaben des Sultans nicht durch die Provinzen seines Reiches gedeckt werden. Die Gründe dafür sind vielfältig, und ich will nur die drei oder vier wichtigsten nennen. Zunächst einmal verstehen sich die Türken mehr darauf, fremde Gebiete zu erobern, zu zerstören und die Bevölkerung auszuplündern, als ihnen Möglichkeiten zum Handel zu geben, was wiederum zu höheren Einnahmen führen würde. Stattdessen halten sie die Bevölkerung der eroberten Gebiete arm und bringen sich selbst um große Gewinne, nur damit sie keine Aufstände fürchten müssen. Die Griechen ihrerseits sehen keinen Grund, sich in den Bereichen der Kunst, des Handels und des Ackerbaus zu betätigen, da ihnen aller Besitz durch Tyrannei und Unterdrückung genommen wird. Was gewinnt der Sämann, wenn ein anderer die Ernte einfährt? Gleichzeitig gibt es im Osmanischen Reich große Waldflächen und kahle, fast unbewonte Landstriche, weil die Menschen aus dem asiatischen Raum umgesiedelt werden, um die europäischen Grenzen zu sichern.

Ein anderer Grund für die entvölkerten Gebiete liegt darin, dass, wenn die Armee des Sultans in entfernten Regionen Krieg führt, zwanzig- bis dreißigtausend einfache Bauern von den Feldern geholt und als Lastenträger verpflichtet werden. Die Hälfte von ihnen kehrt nicht wieder zurück, weil sie den Wechsel des Klimas und der Nahrung oder die Strapazen der Reise nicht überleben. Zu den genannten Gründen kommt noch hinzu, dass der gesamte Handel in der Türkei in den Händen von Juden und Christen liegt, die vorwiegend aus

Ragusa, Venedig, England, Frankreich und Flandern stammen und ihre Geschäfte so geschickt betreiben, dass beinahe der gesamte Gewinn ihnen zufällt und die türkischen Händler leer ausgehen.

Ein dritter und letzter Hauptgrund liegt in der großen Zahl der Timare oder Lehen, in die der türkische Sultan das eroberte Land aufteilt, das er an verdiente Soldaten vergibt, sodass für die ursprüngliche Bevölkerung kaum noch etwas bleibt. An das Lehen ist nur eine einzige Bedingung geknüpft, nämlich dass sein Inhaber Pferde für den Krieg zur Verfügung stellt, was ein geschicktes Mittel zur Sicherung der Macht ist. Denn indem das Lehen sie selbst, ihre Pferde und ihre Familie ernährt, ist der Timariot umso eher bereit, seinem Herrscher diesen nützlichen Dienst zu erweisen. Insgesamt verfügt das Heer des Sultans über 250 000 Reitersoldaten, die jederzeit bereitstehen und keinerlei zusätzliche Kosten verursachen, da sie sich in Kriegszeiten selber versorgen müssen. Dennoch verschlingt der jährliche Unterhalt der Timarioten und ihrer Pferde eine Summe von zehn Millionen Golddukaten, weshalb man sich über die Berechnungen einiger unredlicher Schreiber nur wundern kann, die die Ausgaben des Sultans mit denen unserer kleinen Duodezfürsten zu vergleichen wagen.

Die Einrichtung der Timare und die noch ältere Auslese der *acemi* – der Knaben, die zu Janitscharen erzogen werden – sind die beiden Grundpfeiler des Osmanischen Reiches. Der Reiterarmee fallen dabei zwei wichtige Aufgaben zu. Zum einen sollen sie die Bevölkerung einschüchtern und unterdrücken, die sich sonst gegen den Sultan erheben würde, zum anderen sind sie das Rückgrat und die Speerspitze der Armee. Die Ernennung des Sultans wiederum liegt maßgeblich in den Händen der Janitscharen, die ihn auf dem Thron bestätigen müssen.

Die türkische Armee ist gefürchtet wegen der großen Zahl ihrer Soldaten, ihrer Disziplin und der Stärke ihrer Waffen. Tatsächlich brauchen sie im Feld keine lauten Kommandos, sondern lassen sich schon durch bloße Blicke lenken. Aufgrund ihrer Fügsamkeit werden sie zu großen Abteilungen zusammengefasst, die sich im Kampf oft als schwerfällig erweisen, sodass schon kleinere Armeen ihre Linien durchbrechen, ohne ihnen wirklich eine Niederlage beibringen zu können, da sie auf der Flucht wie auch beim Angriff keine Furcht kennen.

Es ist bei den Türken Brauch, in neu eroberten Provinzen den gesamten Adel auszulöschen, vor allem die Mitglieder der Herrscherdynastie. Andererseits erlauben sie allen ihren Untertanen, ihre Religion frei auszuüben.

Unter den Türken gibt es weder hohen noch niederen Adel, sondern nur einfache Untertanen des Sultans, der aus der Dynastie der Osmanen stammt und dessen Größe, Erhabenheit und Macht mit Worten kaum zu beschreiben ist. Die Tausende Janitscharen, Verwaltungsbeamte und andere Diener, die das Herzstück seines kriegerischen und auf Expansion bedachten Königreichs bilden; die Hunderte Konkubinen (neben der Königin), die von ihm ausgehalten und monatlich ausgetauscht werden; seine Armeen, Paschas, Emire, Vize-Paschas, Provinzgouverneure und über sein Herrschaftsgebiet verteilten Garnisonen und Festungsanlagen – all das genauer beschreiben zu wollen, würde hier zu weit führen.

Um Thronstreitigkeiten zu vermeiden, folgen die Türken dem barbarischen Brauch, alle männlichen Nachkommen des Sultans bis auf einen zu töten, sodass gilt, was Kaiser Augustus von Herodes sagte, dass es besser ist, der Hund als der Sohn des Sultans zu sein. Den weiblichen Nachkommen bleibt dieses Schicksal erspart, denn sie dürfen einen Pascha ihrer Wahl heiraten – allerdings unter einer Bedingung. Der König sagt zu seiner Tochter oder Schwester: »Ich gebe dir diesen Mann zu deinem Sklaven; sollte er dich in irgendeiner Form kränken oder ungehorsam gegen dich sein, sollst du ihm mit diesem Dolch das Haupt abschneiden«, weshalb sie stets einen Dolch bei sich tragen.

Die Perser sind sehr viel edler, zivilisierter und fleißiger als die Türken. Obwohl sich beide Völker zum Islam bekennen, unterscheiden sie sich auch in ihrer Religion und halten sich gegenseitig für verflucht. Die Söhne des persischen Königs werden anders als die des Sultans nicht getötet, sondern lediglich geblendet und anschließend großzügig versorgt. Tatsächlich ist es schon mehrfach vorgekommen, dass, wenn ein König ohne männlichen Nachkommen geblieben ist, einer der geblendeten Brüder Thronfolger wurde und so die Dynastie fortgesetzt hat. Die große Überlegenheit der Türken über die Perser resultiert einzig aus ihrer Infanterie, gegen die sie machtlos sind, da die Perser nur zu Pferde kämpfen. Obwohl sie nur leichte Waffen kennen, werfen sie sich unerschrocken ins Gefecht, was ihnen kaum Aussicht auf einen Sieg gibt. Dennoch sind ihr Mut und ihre Tapferkeit einzigartig unter den Völkern des Ostens, wofür die Geschichte Babylons hinreichend Zeugnis liefert.

* * * * * * * * *

6. Kapitel

Reise nach Syrien

N achdem Winter und Frühling vergangen waren und
ich mich drei Monate lang ausgeruht hatte, war es Zeit
für mich aufzubrechen. Ich verabschiedete mich also von
meinen zahlreichen geschätzten Freunden, allen voran von
dem bereits erwähnten englischen Botschafter, Sir Thomas
Glover, und auch seinem Nachfolger, Sir Paul Pindar, der
kurz vor meiner Abreise eingetroffen und zuvor fünf Jahre
britischer Konsul in Aleppo gewesen war, und verließ Konstantinopel mit einem aus London kommenden Schiff, der
Alathea. Der Kapitän, ein gewisser Wilds aus Ratcliff, und
seine Mannschaft behandelten mich auf der zwölftägigen
Überfahrt nach Smyrna höchst zuvorkommend und respektvoll.

Nach zwölf Tagen erreichten wir das vierhundert Meilen
entfernte Smyrna, eine sehr schöne Stadt mit einem gut ausgebauten Hafen. Die Bewohner besitzen Handelsbeziehungen
in alle Welt und verkaufen vornehmlich feine Seide, Baumwolle, Barchent und andere Tuche, die sie von der Landbe-
völkerung beziehen und an fremde Händler weiterverkaufen.
Unweit der Stadt sah ich eine weite Ebene, üppig bewachsen
mit Weizen, Wein und Gemüse aller Art und so dicht bevölkert, dass es den Eindruck machte, als würde die Natur mit
dem Fleiß der Menschen wetteifern, indem die einen so viele

Nachkommen produzierten und die andere eine so fruchtbare Landwirtschaft ermöglichte.

In Smyrna verließ ich meine freundlichen Landsleute und ihr stattliches Schiff, das einundzwanzig Kanonen an Bord hatte, und fuhr mit einem türkischen Handelsschiff, das nichts als seine Ladung trug, weiter nach Rhodos. Das Erste, was wir auf der Fahrt entlang der ionischen Küste sahen, waren die Ruinen der Stadt Ephesus, wo heute nur noch wenige Griechen, Juden und Türken wohnen, die aber nichts mehr von ihrer alten Größe und ihrem Glanz besitzt. Dennoch ist sie reich mit Gärten, gelben Feldern und grünen Olivenhainen geschmückt, was vom Meer aus sehr hübsch aussieht.

Der Stadt gegenüber liegt die Insel Kos, der Geburtsort des großen Hippokrates und auch des berühmten Malers Apelles. Die Insel ist fruchtbar und dicht besiedelt und misst im Umfang etwa achtzig Meilen. Angeblich gibt es dort eine Schlangenart, die so harmlos ist, dass sich die Tiere Männern um den Hals oder Bauch legen, wenn sie im Schatten eines Baumes schlafen, ohne sie zu beißen, und auch keine Scheu zeigen, wenn die Schläfer erwachen.

Auf unserer Weiterfahrt sah ich die kleine Insel Opidusa, deren Bewohner nach Aussage der Türken an Bord ganz ausgezeichnete Schwimmer sein sollen. Sie zahlen dem Sultan keine Steuern, doch werden jedes Jahr eine Reihe Männer und Frauen von einem seiner Bevollmächtigten bestimmt, die eine Meile auf See hinausschwimmen und verschiedene Gegenstände vom Meeresgrund holen müssen. Schaffen sie dies nicht, müssen die Insulaner wieder jährlich Steuern entrichten. Ich selbst konnte mich mit eigenen Augen von ihren Schwimmkünsten überzeugen. Als wir wegen einer Flaute im Wasser trieben, kamen ein Mann und zwei Frauen zu uns geschwommen, über eine Meile vom Ufer entfernt. Sie hielten Körbe mit Obst über ihren Köpfen, das sie uns zum Verkauf anboten, worüber ich nicht wenig erstaunt war. Denn als sie unser Schiff erreicht hatten, machten sie keine Anstalten, an Bord zu kommen, sondern legten sich seitwärts ins Wasser, als würde sie das Meer tragen, verkauften ihre Früchte und plauderten und scherzten über eine Stunde lang mit uns. Nachdem wir ihnen ihre Waren abgekauft hatten und eine frische Brise aufkam, segelten wir weiter und erreichten nach neun Tagen den Hafen von Rhodos auf der gleichnamigen Insel.

Nicht weit von der Stadt sah ich an der Hafeneinfahrt die Überreste des einst riesigen und berühmten Kolosses von Rhodos, einer Statue zu Ehren des Gottes Helios, nach der der Apostel Paulus den Bewohnern den Namen Kolosser gab. Die Statue war so imposant, dass man sie zu den sieben Weltwundern zählte, und noch heute versetzen die Überreste den Betrachter in Erstaunen. Sie zeigte einen Mann, der einhundertundzwanzig Fuß hoch war, so groß, dass der kleine Finger der Größe eines ausgewachsenen Mannes entsprach und die Schiffe zwischen seinen über der Hafeneinfahrt gespreizten Beinen hindurchfuhren. Als Muawiya, der Feldherr des Kalifen Osman, die Insel dem muslimischen Reich einverleibte und den größten Teil der Statue zerstören ließ, soll das Metall auf neunhundert Kamelen abtransportiert worden sein.

Die Insel gehörte einst den Malteserrittern, die damals Ritter von Rhodos genannt wurden. Zweihundert Jahre lang widersetzten sie sich den Türken, bis Süleyman der Prächtige die Insel zuletzt eroberte und unterwarf.

Innerhalb der letzten fünfundzwanzig Jahre wurde die Insel dreimal von gewaltigen Regenfällen und Unwettern heimgesucht. Bei der letzten Überschwemmung, die im Frühjahr begann und bis zum Sommer anhielt, kam ein Großteil der Bevölkerung ums Leben. Die Wassermassen rissen die Häuser mit sich fort und überraschten die Menschen nachts im Schlaf oder töteten am Tag diejenigen, die sich in ihre Häuser geflüchtet hatten. Seit den Tagen der Sintflut hat man von keiner solchen Überschwemmung gehört. Die Festung von Rhodos gehört mit der von Famagusta auf Zypern zu den mächtigsten Verteidigungsanlagen des gesamten Osmanischen Reiches.

Nachdem ich den Kapitän für die Überfahrt und Verpflegung entlohnt hatte (was er sich, als Ungläubiger, teuer bezahlen ließ), fand ich ein Schiff, das mich zur vierhundert Meilen entfernten Insel Zypern mitnahm. Wir segelten nahe an der Küste entlang und mussten zahlreiche Gefahren überstehen, sowohl durch heftige Stürme als auch durch Piraten, die uns wiederholt angriffen, allerdings stets das Nachsehen hatten, weil unser Schiff schneller war. Nach zwölf Tagen erreichten wir Limassol auf Zypern, wo ich mit Ehren geradezu überhäuft wurde, was ich weder erwartet noch verdient hatte.

Die Bewohner sind in der Regel kräftig und flink, von großer Gastfreundschaft zu ihren Nachbarn und ausgesprochen zuvorkommend gegenüber Fremden. Am zweiten Tag nach meiner Ankunft nahm ich einen Dolmetscher und besuchte mit ihm die Stadt Nikosia, die im Innern des Königreichs liegt. Doch litt ich auf dem Weg dorthin unter furchtbarer Hitze und Durst, sowohl wegen der Jahreszeit als auch wegen des Mangels an Wasser. Ich hatte zwar ausreichend Wein dabei, doch wollte ich davon nicht trinken, weil er zu stark war und obendrein nach Pech schmeckte, da sie keine Fässer kennen, sondern ihren Wein in großen Tonkrügen lagern, die bis zum Hals in der Erde stecken und oben offen sind, wie ein Brunnen oder eine Quelle. Von innen sind sie mit Pech bestrichen, damit der Wein nicht durch Risse im Ton ausläuft, doch bekommt er so einen für feine Gaumen unangenehmen Geschmack und steigt mächtig zu Kopfe, sodass ein Fremder ganz krank davon wird, während er die Einheimischen vor Krankheiten schützt.

Zypern besitzt einen unermesslichen Reichtum an Zuckerrohr, Baumwolle, Öl, Honig, Weizen, Terpentin, Alaun, Grünspan, Erzen und Salz sowie Obst aller Art und andere Handelswaren. Außer Erz finden sich auf der Insel auch verschiedene Edelsteine wie zum Beispiel Smaragde, Diamanten, Bergkristalle, rote und weiße Korallen und das ungewöhnliche Mineral Amiant, das zur Herstellung von Leinwand benutzt wird, die im Feuer nicht verbrennt, sondern ganz rein und weiß wird.

Der größte Nachteil der Insel ist die Wasserknappheit und die sengende Hitze. Die Bewohner sind ausgesprochen höflich, liebenswürdig und umgänglich. Trotz ihrer reichhaltigen und köstlichen Ernährung werden sie oft von Trübsinn heimgesucht, doch sind sie von robuster Statur und im Ernstfall ausgezeichnete Krieger. Chroniken zufolge wurde die Insel zur Zeit Konstantins des Großen von ihren Bewohnern aufgegeben, weil es sechsunddreißig Jahre lang keinen Regen gab, und anschließend von Menschen aus Ägypten, Judäa, Syrien, Zilizien, Pamphilien, Thrakien und einigen Teilen Griechenlands neu besiedelt. Außerdem sollen sich im Jahre 1163, nachdem Guido von Lusignan, der letzte christliche König Jerusalems, das Heilige Land verlassen hatte,

Franzosen hier niedergelassen haben, denen die berühmten Adelsgeschlechter Zyperns entstammen.

Auf dem Rückweg von Nikosia nach Famagusta wurden mein Begleiter und ich von vier Türken aufgehalten, die mein Maultier haben wollten, was mein Dolmetscher ihnen verwehrte. Daraufhin zogen sie mich an den Füßen von dem Tier herunter, schlugen auf mich ein und ließen mich halb tot am Boden liegen. Mein Begleiter hatte unterdessen die Flucht ergriffen, und wenn nicht einige Griechen zufällig vorbeigekommen wären und sich meiner erbarmt hätten, wäre ich zweifellos an Ort und Stelle gestorben.

Im Sommer des gleichen Jahres trafen zwischen Zypern und Sidon fünfzig Schiffe des Herzogs von Florenz zufällig auf die türkische Kriegsflotte mit über einhundert Galeoten und zwei Galeassen. Der Admiral des Herzogs fuhr mit seinem Schiff ganz allein den Türken entgegen, um sich dem Kampf zu stellen, doch nahm die türkische Flotte Reißaus und der Admiral konnte noch zwei ihrer Galeeren versenken. Beinahe hätte er sogar noch eine der mächtigen Galeassen erobert, wenn nicht zwanzig kleinere Schiffe ihr zu Hilfe geeilt und sie gegen den Wind abgeschleppt und so die Flucht ermöglicht hätten. Tatsächlich haben sich die Türken nie in Seeschlachten hervorgetan und besitzen weder erfahrene Kapitäne noch fähige Kanoniere. Hätten nicht christliche Renegaten, Franzosen, Engländer und Flamen, mutig und entschlossen wie sie sind, den Türken die Kunst der Navigation und vor allem den Gebrauch von Kanonen beigebracht, die sie für sie gossen und nachher auf ihren Schiffen auch bedienten, wüssten die Türken auf See genauso wenig mit Waffen umzugehen wie die törichten Äthiopier an Land. Denn die Gesinnung solcher Renegaten ist stets eine Gefahr für das öffentliche Wohl, wenn sie aus der Gemeinschaft der Rechtgläubigen in den Dienst der Ungläubigen gezwungen werden und statt der Zügel der christlichen Gebote das doppelte Joch von Verzweiflung und lebenslanger Verdammung spüren. Ihre innere Gewissensqual oder, besser gesagt, das Höllenfeuer ihrer gepeinigten Seelen, da sie ihren Glauben verraten und sich von Christus, dem Erlöser, abgewandt haben, treibt sie entweder in tiefe Schwermut oder in den hellen Wahn, ein Verhängnis, das selbst robuste Naturen überfällt, ehe sie sich dessen versehen, und vor dem einen nur der selig machende feste Glaube schützt.

Von der Stadt Famagusta und ihrer Festung begab ich mich ins achtundzwanzig Meilen entfernte Tripolis. Dort traf ich auf ein englisches Schiff, die *Royal Exchange* aus London, die in der gefährlichen Straße von Tripolis vor Anker lag. Die Gastfreundlichkeit an Bord war groß, und am letzten Abend wurde ich nach einem fröhlichen Gelage mit drei Kanonenschüssen verabschiedet.

Die syrische Stadt Tripolis liegt eine Meile landeinwärts am Fuße des Libanongebirges. Seit ihrer Gründung wurde sie bereits dreimal zerstört und an anderer Stelle wieder aufgebaut: das erste Mal nach einer Überschwemmung, das zweite Mal nach der Plünderung durch Freibeuter und Piraten und das dritte Mal, nachdem sie unter Sand verschüttet wurde, so wie es ihr auch jetzt wieder droht. Es gibt keinen festen Hafen in der Nähe, sondern nur eine gefährliche Wasserstraße, in der viele Schiffe bei Nordwind Schiffbruch erleiden.

Der ursprüngliche Handelshafen war Alexandretta, etwas weiter östlich, doch herrschte in der Stadt ein für Fremde äußerst schädliches Klima, bedingt durch zwei Berge, die zum

Kaukasusgebirge gehören und die Stadt vormittags fast völlig von der Sonne abschirmen. Meines Wissens sind auf einem Handelsschiff innerhalb eines Monats zwanzig Matrosen gestorben, weshalb die christliche Seefahrt froh war, als der Umschlagplatz nach Tripolis verlegt wurde, wo ein sehr viel gesünderes und angenehmeres Klima herrscht.

Zu meinem großen Verdruss fragte ich tagelang vergeblich nach einer Karawane nach Aleppo, von wo aus ich weiter nach Bagdad wollte. In der Zwischenzeit schloss ich mich drei venezianischen Kaufleuten zu einem Ausflug zu den Zedern des Libanon an, die eine Tagesreise entfernt lagen. Beim Aufstieg auf den Berg verlor unser unfähiger Führer die Orientierung und brachte uns in gefährliches, unwegsames Gelände, wo zwei unserer Esel von den Felsen stürzten und sich das Genick brachen. Wären wir nicht zufällig einem christlichen Maroniten begegnet, wären wir elendig zugrunde gegangen, sowohl wegen der Felsen und Schneehügel entlang des Wegs als auch wegen der reißenden Sturzbäche, die von den steilen Hängen herabstürzten und in denen einer der Kaufleute zweimal beinahe ertrunken wäre. Als wir an unserem Ziel ankamen, sahen wir gerade einmal vierundzwanzig Zedern, die wie Eichen emporragten, nur sehr viel höher, der Stamm gerader und die Äste ausladender. Die Äste der Bäume sind so ebenmäßig und glatt, dass sie aussehen wie geschält. Der Stamm wächst von der Wurzel bis zur Spitze gerade und ohne Zweige empor, wie bei einer Palme. Oben ragt der Kranz ihrer Äste wie die Spitze eines Maibaums in den Himmel und stößt bis an die unteren Wolken. Aus dieser luftigen Höhe blicken sie majestätisch auf die übrigen Bäume herab und können zu Recht als die Herrscher des Waldes gelten, ganz so wie die Löwen im Tierreich.

Von dem dichten Zedernwald, der das Gebirge zur Zeit Salomons bedeckte, sind nur noch diese wenigen Bäume geblieben sowie neun Meilen weiter westwärts noch einmal siebzehn weitere Exemplare. Der Baum ist immer grün, verbreitet einen angenehmen Duft und hat sehr wohlschmeckende Früchte, ähnlich wie Äpfel, aber süßer und bekömmlicher. Die Wurzeln einiger Zedern sind durch Schafhirten fast völlig zerstört, die Feuer an die Bäume gelegt und sich Schlafhöhlen in ihren Stämmen eingerichtet haben, und dennoch sind ihre Kronen und Zweige noch grün.

Der Gebirgszug erstreckt sich über eine Länge von etwa vierzig Meilen von Westen nach Osten und hat auf seinen Gipfeln ganzjährig Schnee. Seine Hänge schmückt der ganze Reichtum der Natur, Busch-, Acker- und Weideland, glasklare Quellen, dichtes Korn und der mit Abstand beste Wein auf Erden. Der Gouverneur der Provinz, ein geborener Muslim, der keinen Herrn über sich anerkennt, ist der jüngste Sohn des Emirs oder Fürsten von Sidon. In den bewohnten Dörfern leben größtenteils Christen, die sich Maroniten nennen und von ihren eigenen Patriarchen regiert werden. Syrisch wird heute nur noch von den Bewohnern des Libanongebirges gesprochen, dabei ist es die Sprache, in der Mohammed den Koran geschrieben hat.

Der hilfsbereite Maronit, der uns den Weg gewiesen hatte, zeigte uns beim Abstieg zahlreiche Höhlen und Vertiefungen im Fels, in denen fromme Syrer und Maroniten ihre Wohnungen haben. In der Nähe dieser spartanischen Behausungen sah ich eine siebzehn Fuß lange Grabplatte, geschlagen aus einem einzigen Stein. Wie unser Führer erklärte, handelte es sich um die Grabstätte des tapferen Josua, der das Volk der Israeliten ins verheißene Land geführt habe.

Für die Mohammedaner ist dies eine viel besuchte Pilger-stätte, an der sie ihre satanischen Gebete zu Mohammed sprechen.

Ich sah auf dem Berg auch eine Frucht, die *amazza franchi* heißt, was übersetzt »Tod der Christen« bedeutet, weil, wenn Italiener oder andere Europäer davon essen, sie sofort die Rote Ruhr oder eine andere gefährliche Krankheit bekom-men und daran sterben.

Der Patriarch empfing uns sehr freundlich in seinem Haus. Auch in allen anderen Dörfern kamen uns die Maroniten stets auf dem Weg entgegen und beschenkten uns mit Brot, Wein, Feigen, Oliven, Salat, Kapaunen, Eiern oder was im-mer sie gerade vorrätig hatten.

Das Haus des Bischofs oder Patriarchen war an drei Sei-ten in den rohen Fels gehauen und nur die vordere Front war Mauerwerk. Gleich neben dem Haus stürzte ein Bach aus großer Höhe herab und verursachte Tag und Nacht einen in-fernalischen Lärm, weshalb ich den Bischof fragte, ob er da-von nicht taub werde. Doch der einfache und bescheidene Mann, der rein gar nichts von dem stolzen und aufschneide-rischen Gehabe unserer Kirchenfürsten hatte, sagte nur, das stetige Rauschen des Wassers wirke am Tag beruhigend auf ihn und lasse ihn nachts desto besser schlafen.

Der fruchtbarste Teil des Libanon ist die Landschaft um das Dorf Eden, wo jedwede Art köstlichen Obstes wächst. Wegen der üppigen Fülle glauben die einfältigen Bewohner, an dieser Stelle sei der Garten Eden gewesen. Allerdings gibt es noch ein oder zwei weitere Orte, an denen angeblich das ir-dische Paradies gewesen sein soll: Einer davon ist nach Über-zeugung der Türken und einiger törichter Georgier die Um-gebung von Damaskus, wegen der Schönheit seiner Felder,

Gärten und seiner exzellenten Früchte, vor allem aber wegen eines Baums, der Muslee heißt und seit Beginn der Welt dort wachsen soll. Tatsächlich handelt es sich um einen höchst eigenartigen Baum, den ich selbst in Damaskus und später auch am Nilufer in Ägypten gesehen habe. Jedes Jahr im September wird der Stamm fast bis zur Wurzel abgeschlagen und wächst in den nächsten fünf Monaten wieder nach und treibt Blätter, Blüten und Früchte. Die Blätter sind so breit, dass drei Männer darunter Schatten finden, und die Frucht des Baums ist größer als ein Fußball und wird jedes Jahr zum Sultan nach Konstantinopel gebracht und dort als Frucht vom Verbotenen Baum verehrt, weshalb er sich auch »Wächter des irdischen Paradieses« nennt.

Der dritte Ort liegt im östlichen Mesopotamien, nahe der Stelle, wo die Flüsse Tigris und Euphrat aufeinandertreffen. Bei den dort lebenden Armeniern gilt er als der einstige Garten Eden. Ich habe verschiedene Armenier gefragt, wie sie zu der Überzeugung kämen, und bekam zur Antwort, dass es ihnen seit Urzeiten überliefert worden sei und dass der Euphrat und andere Flüsse bereits in der Heiligen Schrift erwähnt seien und bis heute ihre Namen behalten hätten. Was auch immer daran sein mag, niemand wird je mit Sicherheit den Ort nennen können, über den nach dem Sündenfall des Menschen Gottes Fluch kam, und mit ihm über die ganze Erde.

Doch zurück zum Bericht meiner Reise. Nach meiner Rückkehr nach Tripolis machte ich mich mit einer türkischen Karawane nach Osten auf ins zehn Tagesreisen entfernte Aleppo. Auf der ganzen Strecke gab es nichts zu sehen bis auf ein paar verstreute Dörfer der Turkmanen, eines armen Volks, das in Zelten lebt und seinen Viehherden folgt und von uns Wegegeld verlangte. Auf der Suche nach Wasser und Weideland ziehen sie mit Frauen, Kindern und ihrem Vieh umher wie einst das Volk Israel, dessen Wanderschaft der Not geschuldet war und nicht etwa, weil sie Freude daran gefunden hätten.

Bei meiner Ankunft in Aleppo erfuhr ich zu meinem großen Kummer, dass die Karawane nach Bagdad bereits aufgebrochen war. Der venezianische Konsul, für den mir die drei Kaufleute in Tripolis ein Empfehlungsschreiben gegeben hatten, erklärte mir, dass die Karawane in Biredschik am Ufer des Euphrat aufgehalten werde, da offenbar einige arabische Räuber in der Wüste ihr Unwesen trieben, und machte den Vorschlag, ihnen mit einem Janitscharen und drei Soldaten zu folgen. Dies tat ich, doch wurde auch dieser Plan vereitelt. Denn als ich an dem gottverlassenen Ort ankam, war die Karawane bereits vor drei Tagen weitergezogen. Bagdad, oder Babylon, war nur noch sechs kurze Tagesmärsche entfernt, doch konnte ich nicht hingelangen, und obendrein wurde ich auch noch von meinem Janitscharen betrogen.

Nichts konnte meine Begleiter dazu bringen, die Reise fortzusetzen. Zuletzt musste ich selbst den verwegenen Plan aufgeben, ganz allein mit zwei Sklaven in einem Boot nach Bagdad zu fahren, da der Preis dafür zu hoch war und auf dem Fluss tausend Gefahren lauerten. In der Zwischenzeit vertröstete mich mein Führer immer wieder damit, schon bald werde eine Karawane aus Aleppo oder Damaskus eintreffen, der wir uns anschließen könnten. So wartete ich geschlagene fünf Wochen und vier Tage und musste zusehen, wie der Führer das Geld für die Reise durchbrachte. Schließlich kam ein Dschulfanier, oder armenischer Christ, zu mir und sagte, der Janitschar führe mich bloß an der Nase herum.

Er riet mir, die Sache vor den Sandschakbey zu bringen, und bot sich als Dolmetscher an. Nachdem er meine Beschwerde vorgetragen hatte, ließ dieser den Janitscharen holen, fand unsere Vorwürfe bestätigt und befahl ihm, mich umgehend zurück nach Aleppo zu bringen. Dort berichtete ich dem venezianischen Konsul, wie übel mir der Schurke mitgespielt hatte. Sogleich brachte er mein Anliegen vor den Pascha, der mir mehr Gerechtigkeit widerfahren ließ, als ich erwarten durfte, indem er den Janitscharen ins Gefängnis warf und mein gesamtes Geld von ihm zurückforderte. Danach war ich vierzig Tage lang Gast im Haus des Konsuls.*

Während meiner elftägigen Reise von Aleppo nach Bired-schik, die mich durch Teile Syriens und Mesopotamiens bis zum Zusammenfluss von Tigris und Euphrat und auf dem gleichen Weg wieder zurück führte, sah ich nichts Bemer-kenswertes außer dem besonders fruchtbaren Boden in Meso-potamien, der zwei Ernten im Jahr hervorbringt und an man-chen Stellen auf einen Scheffel Saatgut bis zu hundertfachen Ertrag bringt. Zahlreiche Dörfer liegen über das Land ver-streut, aber es gibt keine eigentliche Hauptstadt, außer viel-leicht Diyarbakir, Sitz eines Beylerbeys, der vierzehn San-dschakbeys und sechsundzwanzigtausend Timarioten un-ter sich hat. Die Bevölkerung bekennt sich größtenteils zum Christentum, allerdings auf eine sehr einfältige Art und ohne tieferes religiöses Verständnis. Dennoch sind sie eifrig in ih-rem Glauben und auch bereit, für ihn Opfer zu bringen.

Die elende Stadt Biredschik liegt am Ufer des Euphrat

---

* Im Original ist der vorangehende Absatz in Versform, denn: »*the deceit of my janissary made my muse to express what my prose cannot perform*«.

und wird allgemein als das biblische Paddan-Aram betrachtet, wo Jakob Labans Schafe hütete, obwohl einige behaupten, ganz Mesopotamien habe damals Paddan-Aram geheißen. In nordöstlicher Richtung nicht weit davon entfernt liegen die Überreste der Stadt Ninive am Tigris, von der kaum mehr als eine Handvoll Trümmer erhalten ist.

Die Stadt Aleppo liegt in Syrien und ist von den Türken so oft umbenannt worden, dass man über ihre Ursprünge nur wenig weiß. Heute ist Aleppo ein großes, dicht besiedeltes Handelszentrum, vor allem für Indigo und Gewürze, die auf dem Landweg von Goa und anderen Orten in Indien hierher gebracht werden und Händler aus aller Welt anlocken.

Bemerkenswert ist das Beispiel des früheren Paschas von Aleppo, der zugleich Emir oder Erbprinz war und dem Sultan auf sonderbare Weise Gehorsam erwies. Im Jahr vor meiner Ankunft hatte er sich gegen den Sultan gestellt und die Paschas von Damaskus und Diyarbakir unterworfen. Im folgenden Jahr, in der Zeit meines Aufenthalts, schickte der Sultan einen Gesandten und zwei Janitscharen von Konstantinopel nach Aleppo, doch war der Pascha bei ihrer Ankunft gerade in Mesopotamien unterwegs. Eilig ritten sie ihm entgegen und begegneten ihm, begleitet von seinen zwei Söhnen und sechshundert Reitern, auf dem Rückweg nach Aleppo. An Ort und Stelle überbrachten sie ihm die Botschaft des Sultans, dass, sollte er seine Untreue eingestehen und dem Gesandten sein abgeschlagenes Haupt mit auf den Weg geben, sein Amt auf seinen ältesten Sohn übergehen und dieser neuer Pascha von Aleppo werde. Wenn nicht, werde er, der Sultan, sich mit einer großen Streitmacht aufmachen und ihn, den Pascha, und seine ganze Familie mit eigener Hand vom Erdboden tilgen.

Da der Pascha wusste, dass er gegen den Sultan und sein Heer machtlos war, stieg er vom Pferd und beriet sich mit seinen Söhnen und engsten Freunden. Zuletzt kamen sie überein, dass es das Beste für ihn wäre, freiwillig in den Tod zu gehen, denn er sei bereits ein alter Mann und nur so könne er seine Dynastie retten und seine Herrschaft an seinen Sohn weitergeben. Nachdem der Pascha gebetet und sich von seinen Leuten verabschiedet hatte, kniete er nieder, und der Gesandte des Sultans schlug ihm das Haupt ab, legte es in einen Korb und brachte es nach Konstantinopel. Der übrige Leichnam wurde nach Aleppo gebracht und mit großen Ehren bestattet, wie ich mit eigenen Augen gesehen habe. Unmittelbar danach übertrug der Gesandte im Auftrag des Sultans alle Ämter des Vaters auf den Sohn und ernannte ihn zum Herrscher des östlichen Syrien, eines Teils von Mesopotamien und Assyrien. Denn der Pascha von Aleppo ist der mächtigste Herrscher aller türkischen Provinzen, ausgenommen der Beylerbey von Damaskus, obwohl er als Emir eine größere erbliche Macht besitzt und ein Prinz von Geburt ist. Er gebietet über achtzehn Sandschakbeys und dreißigtausend Timarioten sowie eine ebenso große Zahl Janitscharen und einfache Soldaten.

Aleppo leitet sich von dem arabischen Wort *halab* ab, was Milch bedeutet, die hier reichlich vorhanden ist. Außerdem werden in der Stadt außergewöhnliche Tauben gezüchtet, die Briefe innerhalb von achtundvierzig Stunden von hier nach Bagdad bringen, eine Strecke, für die man auf dem Landweg dreißig Tage braucht. Die Briefe, mit denen sich die Kaufleute Nachrichten übermitteln, werden den Tauben um den Hals gebunden. Es ist bewundernswert, wie sie sich über diese weite Entfernung zurechtfinden, und ich habe sie oft aufsteigen oder ankommen sehen, als ich im zweiten Jahr meiner Reise in Aleppo überwinterte.

Nachdem ich mein Vorhaben, Bagdad zu besuchen, hatte aufgeben müssen und nach Aleppo zurückgekehrt war, beschloss ich im Frühling, meine Reise nach Jerusalem fortzusetzen. Dazu schloss ich mich einer Karawane von Armeniern und Muslimen an, die von Janitscharen und Soldaten begleitet wurden und von denen der eine Teil nur bis Damaskus, der andere aber bis Jerusalem reiste. Da ich wie immer ganz allein unterwegs war, was mir große Bewunderung einbrachte, ließ sich der venezianische Konsul vom Karawanenführer das Versprechen geben, mich unterwegs vor Dieben und Halsabschneidern zu schützen, die mir zu hohe Wegezölle abtrotzen wollten, und mich wohlbehalten dem Guardian des Franziskanerklosters in Jerusalem zu übergeben. Nachdem dies geschehen war, mietete ich mir von einem Muslim ein Maultier zum Transport meines Gepäcks und machte mich mit den anderen auf den Weg. Zur Karawane gehörten etwa neunhundert armenische Christen, Männer und Frauen, sechshundert muslimische Kaufleute sowie als Geleitschutz einhundert Soldaten, drei Gesandte des Sultans und sechs Janitscharen.

Für die Strecke von Aleppo nach Damaskus brauchten wir neun Tage. In den ersten fünf Tagen kamen wir gut voran und übernachteten in komfortablen Herbergen. Doch nachdem wir auf etwas mehr als der Hälfte des Wegs Homs passiert hatten, wurde die Reise gefährlicher und wir wurden mehrfach von Arabern angegriffen. Zudem führte der Weg durch zerklüftetes Bergland und wir litten unter Wassermangel. Doch nicht nur die extreme Hitze, die mangelnde Verpflegung in den armseligen Dörfern und der Durst mach-

ten unserem großen Zug zu schaffen; wenn wir uns hintereinander durch schmale und steinige Felsdurchgänge zwängten,
kam es oft zu Abstürzen, bei denen einer auf den anderen fiel,
und man lief Gefahr, erdrückt zu werden. Obendrein wurden wir Christen oft von den muslimischen Anführern geschlagen.

Während der ersten Tage war der muslimische Besitzer
meines Maultiers so freundlich zu mir, dass ich an seiner Aufrichtigkeit zweifelte, getreu dem italienischen Sprichwort:

Chi mi famiglior, che non ci suole,
Ingannato mi ha, o ingannar mi vuole.

Wer zu schmeicheln pflegt,
Ist ein Schelm, der Schlingen legt.

Dann ging mir auf, dass er mich nur deshalb so zuvorkommend behandelte, weil er etwas von meinem Tabak haben
wollte. Ich gab ihm großzügig ein Pfund davon ab, das er und
seine Freunde so dankbar annahmen, als wäre es ein Pfund
Gold, da die Türken den Tabak so lieben wie die Holländer den Bierkrug. Danach hatte ich immer ausreichend Tabak dabei, um mir über den vereinbarten Lohn hinaus ihre
Gunst zu sichern, und zwar mehr, als ich je für meinen eigenen Bedarf bei mir trug, zumal ich zu jener Zeit selbst gar
nicht rauchte. Doch ändert die Zeit die Gewohnheiten, und
inzwischen weiß ich eine gepflegte Pfeife zu genießen, wenn
auch mehr aus Mode denn aus Leidenschaft. Die türkischen
Pfeifen sind gewöhnlich aus Holz oder Rohr und eine Elle
lang. Sie bestehen aus drei Teilen, die durch Verbindungs-
stücke aus Blei oder Eisen zusammengesteckt werden. Vorne
haben sie mehrere Köpfe, in die eine Unze Tabak passt, der

eine ganze Weile vorhält, aber weil die Pfeifen so lang sind, ist der eingezogene Rauch sehr kalt.

Wenn wir unterwegs Rast machten und absaßen, vertrat ich mir zunächst erst einmal die Beine, um meine vom Ritt steifen Glieder wiederzubeleben, worüber sich die Muslime sehr belustigten und mich verspotteten. Sie können weder verstehen, dass ein Mann im Kreis herumgeht, noch, dass er im Stehen speist, da sie sich sofort nach dem Absitzen im Schneidersitz auf den Boden hocken, um sich auszuruhen oder zu essen. Auch ihre Handwerker und alle Muslime auf der ganzen Welt sitzen stets im Schneidersitz. In ihren Häusern gibt es weder Betten noch Stühle und Tische, sondern nur mit Teppich bedeckte Holzbänke, die einen Fuß über dem Boden an den Wänden angebracht sind und die sie zum Essen, Trinken, Schlafen, Ausruhen und zum Ausführen kleiner Handarbeiten benutzen. Die besseren Mohammedaner nennen sich auch nicht Türken, was im Hebräischen »Verbannte« bedeutet, sondern Muselmanen, also »Rechtgläubige«. Sie legen zum Schlafen nie ihre Kleider ab und haben auch kein Bettzeug, sondern bedecken sich nur mit einer groben Decke. Ich habe schon Hunderte nebeneinander auf diese Art liegen gesehen, wie verdreckte Schweine in einem Koben oder Schindmähren in einem schmutzigen Stall.

Bei unserer Ankunft in Damaskus wurden wir alle in einer großen Herberge namens Heramnen untergebracht, einige in Zimmern ohne Betten, andere im Hof auf dem harten Steinboden. Während unseres dreitägigen Aufenthalts bekamen wir zwei kostenlose Mahlzeiten am Tag sowie Futter für unsere Tiere, die der Sultan allen Fremden gewährt, die mit einer Karawane nach Damaskus kommen, ein großer Segen für alle erschöpften Reisenden.

Damaskus ist die Hauptstadt Syriens und liegt in einer weiten Ebene. Die Stadt ist ringsum von Flüssen, Obstgärten und anderen Naturschönheiten umgeben und gilt wegen ihrer Lage, der Vielfalt des Handwerks und ihres Reichtums an Obst und anderen Handelsgütern als einzigartig innerhalb der asiatischen Provinzen. Die Türken nennen sie den »Garten der Türkei« oder auch ihr irdisches Paradies, weil es in der Stadt einen umfriedeten Garten gibt, der ständig von einer Garnison türkischer Soldaten bewacht wird und in dem der Musleebaum steht, an dem angeblich die verbotene Frucht wuchs, mit der die Schlange Eva und diese Adam verführte und nach dem sich der Sultan auch »Wächter des irdischen Paradieses« nennt.

Manche glauben, die Stadt wurde von Elieser, dem Diener Abrahams, gebaut, andere halten sie für den Ort, an dem Kain seinen Bruder Abel erschlug, was sehr gut sein kann, denn ganz in der Nähe von Damaskus sah ich eine Bronzesäule zur Erinnerung an den heimtückischen Brudermord. Was auch immer zutreffen mag, ich kann mit Fug und Recht behaupten, dass es eine angenehme und prächtige Stadt ist, geschützt durch eine Stadtmauer und eine mächtige Festung, in der der Pascha residiert. Ein Großteil der Straßen ist überdacht, sodass die Bewohner im Sommer vor der Hitze und im Winter vor Regen geschützt sind. Ihr Basar oder Marktplatz ist ebenfalls überdacht, wie die meisten türkischen Basare. Hier gibt es das beste Johannisbrot sowie die besten Limetten und Granatäpfel, und ich sah auch große Mengen Rosenwasser, das hier in Fässern verkauft wird wie bei uns Bier oder Wein.

Damaskus ist die Mutter aller Städte und der schönste Ort in ganz Asien und besitzt abgesehen von den flachen Häusern große Ähnlichkeit mit der Stadt Antwerpen. Von hier kommen die besten Krummschwerter und auch alle anderen Arten von Waffen wie Kurzspieße, Pfeil und Bogen und die stählernen Stoßlanzen der Reitersoldaten. Ihr Schaft ist drei Fuß lang, und vorne sitzt eine runde, mit Spitzen versehene Kugel, mit der sie dem Gegner im Gefecht den Schädel einschlagen oder ihn vom Pferd stoßen.

Der Beylerbey von Damaskus ist der mächtigste Pascha in ganz Asien und Herr über zweiundzwanzig Sandschakbeys, vierzigtausend Timarioten oder Reitersoldaten und zweitausend Janitscharen, die zu seinem und zum Schutz der Stadt abgestellt sind. Sein Herrschaftsgebiet erstreckt sich über große Teile Syriens, Palästinas und den gesamten Norden der Arabischen Halbinsel bis zur ägyptischen Grenze.

Ein solch großes Gebiet kann nur mithilfe der Timarioten gesichert werden, die deshalb in Friedens- wie in Kriegszeiten ihren Lohn und sonstige Zuwendungen erhalten, damit sie die Provinzen vor den Überfällen umherziehender Beduinen schützen, die den Türken und anderen Fremden ein ständiges Ärgernis sind und sich wohl niemals zu einer gesitteten Lebensweise bekehren lassen. Die Übergriffe nehmen eher noch zu, als dass eine Verbesserung erkennbar wäre. Indem sie sich ein Beispiel an den ungebildeten Muslimen nehmen, wächst ihre Rohheit noch. Sie kennen keine andere Art des Umgangs, als ihre Nachbarn auf grausame und barbarische Weise zu behandeln, wie wilde Bestien im Tierreich. Sie leben allein von Raub und Plünderung und zeigen keinerlei Menschlichkeit, sondern versetzen die gesamte Bevölkerung zwischen dem Roten Meer und Bagdad nur in Angst und Schrecken. Aus Furcht, sie könnten ihre Überfälle auch auf Afrika ausdehnen, hat man in der Provinz Kairo dreißigtausend Timarioten angesiedelt, die die ägyptische Grenze schützen sollen.

Nachdem wir die Muslime bis auf die Janitscharen und Soldaten in Damaskus zurückgelassen hatten und zwei Stunden gelaufen waren, warfen sich die Armenier plötzlich auf den Boden, küssten ihn oder bekundeten auf andere Weise ihre Verehrung. Als ich meinen Dolmetscher voller Erstaunen nach dem Grund fragte, erklärte er, dies sei die Stelle, an der der heilige Paulus bekehrt worden sei und die bei ihnen ein hohes Ansehen genieße (und bei allen Christen genießen sollte). An dem Ort befand sich auch eine alte Kapelle.

Drei Tage nach unserem Aufbruch aus Damaskus erreichten wir das östliche Galiläa, das Land Kanaan. An zwei Tagen mussten wir durch sumpfiges und morastiges Gelände und kamen nur mühsam voran. Zudem ist diese Gegend sehr unsicher, sodass viele von uns bei Nacht brennende Fackeln in der Hand halten mussten und die Soldaten ihre Hakenbüchsen stets schussbereit hatten, um blutrünstige arabische Beduinen abzuschrecken, die in Erdlöchern, Höhlen oder hinter Büschen versteckt lauerten und auf eine Gelegenheit warteten, über uns herzufallen.

Der sehr vorsichtige und auf unsere Sicherheit bedachte Karawanenführer hatte die besondere Angewohnheit, immer, wenn wir an eine gefährliche Stelle kamen, die Parole »Heilige Johanna« weitersagen zu lassen, was bedeutete, dass keiner mehr laut sprechen oder auch nur flüstern durfte und wir erst wieder reden durften, wenn er mit der ausgestreckten Hand Entwarnung gab, damit wir durch unseren Lärm in der Nacht unseren Feinden nicht schon von Weitem unser Kommen verrieten und weil eine so große Menschenmenge bei einem Überfall nur schwer zu führen ist. Wer seinen Anweisungen nicht folgte, musste eine schwere Bestrafung fürchten. Er selbst ritt auf seinem prächtigen Wallach zusammen mit zwei Janitscharen und vierzig Soldaten voraus, die anderen vier Janitscharen und sechzig Soldaten bildeten die Nachhut. So führte er sein Amt nicht mit Überheblichkeit, sondern mit Voraussicht und bewundernswerter Kühnheit. Und ich für meinen Teil kann nur sagen, dass ich ihm für die Sorgfalt, mit der er sich während der Reise um mich kümmerte, gar nicht genug danken kann. Gewiss wurde er für seine Mühen durch mich großzügig entlohnt und betrog mich trotz seiner Aufrichtigkeit in einigen Fällen um kleinere Summen, doch sah ich großzügig darüber hinweg, da ich sein Vorgehen durchschaute und wusste, dass mein Leben in seinen Händen lag. Denn oft erwächst uns aus einem kleinen Ungemach ein großer Vorteil. Doch in der Tat, wie das Laster die Jugend verdirbt und der Gram der größte Feind des Alters ist, so zerstört die skrupellose Gier dieser Menschen das Verhältnis zu den Reisenden. Sie stellen die Habsucht über die Ehrlichkeit und sehen in den Reisenden nur etwas, das ihnen Gewinn einbringt, und alle Bekundungen von Freundschaft sollen zuletzt doch nur den Weg zu dessen Geldbörse ebnen. Genau so machte er es mit dem von mir zu entrichtenden Wegezoll, da er mich oft mehr als gefordert an Mauren, Syrer oder Araber zahlen ließ, um heimlich etwas davon für sich zurückzubehalten. Mein muslimischer Diener bekam dies mit und bat den Dolmetscher, mich davon zu unterrichten. Doch ich sah über den Makel seiner Habsucht hinweg, da ich seine Verdienste umso höher schätzte. Und da ich nun einmal in seiner Hand war, richtete ich es so ein, dass ich vielmehr seine Gunst gewann und er mich gern in seiner Nähe litt, was mir nur recht war und meine Sicherheit garantierte, solange ich ihm seinen Willen ließ.

Doch zurück zum Bericht meiner Reise. Am Nachmittag des dritten Tages erreichten wir Galiläa und überquerten eine breite Brücke über den Jordan. Bei den Armeniern heißt sie die Jakobsbrücke, und nicht weit entfernt zeigten sie mir eine Stelle, an der Jakob mit dem Engel rang und Esau seinem Bruder Jakob begegnete, um ihn zu töten. Von dort aus waren es noch sechs Tage bis Jerusalem, von denen fünf zwar sehr angenehm, aber recht kostspielig waren, angesichts der hohen Wegezölle, die ich für meine Sicherheit zahlen musste und die eher einem Fürsten angestanden hätten als einem einfachen Pilger.

Am achtzehnten April nach römischem Kalender, was nach unserem Kalender dem achtundzwanzigsten März entspricht, betrat ich den Boden Galiläas, einer Provinz Kanaans.

7. Kapitel

Nördliches Palästina

D ieser Landstrich ist einundachtzig Meilen lang und sechzig Meilen breit. Einst war es ein Land, in dem Milch und Honig flossen, das vor der Ankunft der Israeliten dreißig Könige und ihre Untertanen ernährte und nachher die beiden mächtigen Königreiche Israel und Juda. Aufgrund des günstigen Klimas und des guten Bodens, vor allem aber durch Gottes Segen war es das fruchtbarste Land der Welt, doch fand ich bei meiner Wanderung das genaue Gegenteil vor, nachdem Gott das Land mitsamt seinen jüdischen Bewohnern verflucht hat.

Überhaupt ist der größte Teil der Länder im Osten weniger fruchtbar als in früheren Zeiten. Offenbar ist die Erde gealtert und kann keinen so großen Reichtum mehr hervorbringen. Und auch Sonne und Mond sowie alle übrigen Planeten und Sterne haben an Kraft verloren und strahlen nicht mehr so warm und hell wie ehedem. Die Zeit treibt alle Dinge ihrem unaufhaltsamen Niedergang zu, indem sie das Starke schwach und das Schwache noch schwächer macht und zuletzt alles, was ist, ins Nichts zurückstößt, was ein schlagender Beweis dafür ist, dass die Welt ihrem Ende zustrebt und der Tag des Jüngsten Gerichts kommen wird.

Nachdem wir ein gutes Stück am Ufer des Sees Genezareth entlanggelaufen waren, wandten wir uns nach Westen und verbrachten die Nacht in Kana, wo wir weder eine Herberge zum Schutz vor den Arabern noch sonst ein Dach über dem Kopf hatten, sondern auf dem harten Boden liegen mussten, wie es mir in den meisten Gegenden Asiens erging. Nachts beschützten uns die Soldaten, und wenn wir tagsüber Rast machten, schliefen sie und wir hielten Wache.

Als wir am folgenden Tag einen flachen Bergrücken überquerten, führte der armenische Patriarch, der unseren Zug begleitete, die Schar seiner Pilger in eine alte Kapelle und vollzog mit ihnen eine Reihe seltsamer Zeremonien. Angeblich war dies der Ort, an dem Christus die Fünftausend mit fünf Broten und zwei Fischen speiste, was sehr wohl zutreffen kann.

Auf unserer Weiterreise sahen wir links von uns den Berg Tabor mit seiner glatten Kuppe und den bewaldeten Hängen. Ich hätte gerne den Ort der Verklärung Christi besucht, doch der Rest der Karawane wollte auf dem schnellsten Weg nach Nazareth.

Die Nacht verbrachten wir in einem armen Dorf, in dem es weder etwas zu essen für uns noch Futter für unsere Tiere gab. Stattdessen bekamen einige von uns von den dort wohnenden Mauren und Arabern einhundert Peitschenhiebe, weil sie auf die Gräber ihrer Verstorbenen getreten waren, was ein schlimmes Vergehen bedeutet. Die Bewohner waren darüber so aufgebracht, dass sie mit Steinen und Pfeilen nach uns schossen, sodass wir es für besser hielten, uns eine halbe Meile außerhalb des Dorfes zur Ruhe zu legen.

Am 20. April gegen zehn Uhr früh erreichten wir Nazareth, ruhten dort bis zum Abend aus und versorgten uns mit neuem Proviant und Wasser. Nach dem Abendessen erhoben sich die Armenier und gingen zu einem Steinhaufen, den

Überresten eines ehemaligen Hauses. Davor sanken sie auf die Knie und beteten zu Gott. Wie ich erfuhr, handelte es sich um die traurigen Reste des Hauses, in dem Maria durch den Engel Gabriel die Verkündigung erfuhr. Jeder Pilger nahm einen Stein als Reliquie mit, und ich bin sicher, dass sie zusammen mehr als fünftausend Pfund Steine fortschleppten.

Ich erinnerte mich an die Kapelle von Loreto und erzählte unserem Führer, dass ich das Haus Marias in Italien gesehen hätte, wohin es, den Papisten zufolge, von Engeln gebracht worden sei. »Ach«, antwortete er, »wir Armenier glauben das so wenig wie viele andere Behauptungen der römischen Kirche. Denn uns ist durch die frühesten Christen überliefert, dass es genau diese Stelle war und die Steine von dem Haus stammen. Sollen die Papisten ruhig ihre eigene Lehre aufstellen, uns kümmert es nicht, denn sie irren in diesem Punkt so sehr wie in allen anderen. Ihre Glaubenssätze sind nichts als menschliche Erfindungen, die ihnen geradewegs den Weg in die Hölle weisen.«

Als der Patriarch von dem lachenden Karawanenführer von meiner Erzählung erfuhr, fragte er mich voller Verachtung, ob ich das Haus persönlich gesehen hätte oder daran glaubte, dass es sich in der Kapelle von Loreto befinde, da er mich offenbar für einen Papisten hielt. Ich antwortete wahrheitsgemäß, dass ich nicht daran glaubte und es nur für einen teuflischen Trick hielt, die blinde Menge zu täuschen und die Geldbeutel der römischen Priester zu füllen. Und was den Abgrund der papistischen Irrlehre angeht, so schwöre ich fest und feierlich: kein noch so wütender Windstoß der Hölle soll je meinen Glauben Schiffbruch erleiden lassen an den trügerischen Klippen der elenden Papisterei.

Während unseres Aufenthalts schickte der Emir der Stadt einem armenischen Prinzen, der sich unter den Pilgern befand, sechs Frauen, begleitet von einem Dutzend Dienern, damit er und wem auch immer er seine Gunst gewähren wollte, sich mit ihnen vergnügten. Der Prinz nahm das Angebot freudig an und lud auch mich zu dem Fest, doch lehnte ich ab, da ich mir wenig aus solch frivolen Vergnügungen machte. Drei Stunden lang vergnügten er und einige hohe Herren unter den Pilgern sich mit ihnen, dann schickten sie sie zurück und drückten den Dienern zum Dank fünfzehn Piaster in die Hand. Gäbe ich das schamlose Treiben der Huren und die Rohheit der Armenier hier wieder, das schändlich genug für die Beteiligten ist, würde sich der Leser zweifellos angewidert abwenden. Denn diese unglückseligen Armenier und ihre Dirnen praktizierten gleich eine doppelte Abscheulichkeit, die mir mein Gewissen zu verschweigen gebietet, um die Bewohner nördlicher Breiten nicht mit Dingen bekannt zu machen, die ihrer Natur fremd sind und von denen sie auch noch nie zuvor gehört haben.

Doch schien Gott in seiner unfehlbaren Gerechtigkeit die Übeltäter und mit ihnen die gesamte Pilgerschar noch in derselben Nacht strafen zu wollen. Da wir beschlossen hatten, am Abend weiterzuziehen, und der Weg durch steiniges, unwegsames Gelände führte, das außerdem durch Araber unsicher gemacht wurde, heuerten wir einen christlichen Führer namens Joab an, der uns ins zwei Tagesreisen entfernte Lydda begleiten sollte. Bevor wir aufbrachen, hatte Joab einen Boten zu den etwa dreihundert Arabern gesandt, die an der Südflanke des Bergs Karmel ihr Unwesen trieben, und sie darüber informiert, dass wir eine große Menge Gold- und Silbermünzen bei uns hatten, und sich an einem bestimmten

Ort mit ihnen verabredet. Er wollte uns ihnen geradewegs in die Arme führen und verlangte dafür nicht mehr, als was sie ihm aus der reichen Beute, die ihnen durch den heimtückischen Überfall zufiel, überlassen würden.

Auf diese Weise in die Falle gelockt, marschierten wir ahnungslos und zügiger als sonst los, der eine Teil zu Pferde und der andere, zu dem auch ich gehörte, zu Fuß. Als unser Führer befürchtete, dass wir durch unser Tempo den Ort des geplanten Hinterhalts zu früh erreichen würden, begann er uns über gefährliche Pfade in die Irre zu führen, vorbei an Kratern und Wasserlöchern, wo wir zahlreiche Kamele und Esel verloren, weil wir böse Vorahnungen hatten und die Besitzer es nicht wagten, zurückzubleiben und ihre verunglückten Tiere zu retten.

Zuletzt drängten der Hauptmann und die Janitscharen ihn, uns auf den richtigen Weg zurückzuführen. Doch je mehr sie baten, desto störrischer wurde er und behauptete, er habe die Orientierung verloren und wir könnten erst bei Tageslicht weiter, worauf der ganze Zug anhielt. Kurz darauf kam einer der türkischen Soldaten zum Hauptmann und sagte, er habe vor unserem Aufbruch aus Nazareth beobachtet, wie unser Führer lange Zeit verstohlen mit einem Einheimischen geflüstert und ihn dann vorausgeschickt habe. Sofort ergriffen sie ihn, banden ihn auf ein Pferd und drohten ihm mit dem Tod, sollte er nicht die Wahrheit sagen.

Inmitten des ganzen Tumults bemerkte ich, dass der Polarstern ungewöhnlich tief am Himmel stand, und schloss daraus, dass der Schurke uns nach Süden anstatt nach Westen in Richtung Jerusalem geführt hatte. Daraufhin beschwor ich den Karawanenführer, sofort in nördlicher Richtung weiterzuziehen, sofern wir unser Leben retten wollten. »Selbst wenn wir uns noch drei oder vier Meilen von dem Ort des geplanten Überfalls befinden«, erklärte ich, »werden sie wie hungrige Wölfe nach uns suchen, wenn wir dort nicht eintreffen. Doch wenn wir uns immer in Richtung Norden halten, können wir mit Gottes Hilfe ihr teuflisches Vorhaben vereiteln.« Nach eingehender Beratung stimmten sie meinem Plan zu, und ich übernahm bis zum ersten Tageslicht die Führung, da keiner von ihnen den Polarstern und seine Bedeutung kannte. Als der elende Schuft merkte, dass weder unser Entkommen noch der Sieg unserer Feinde ihn retten konnten, da sein Verrat entdeckt war, flehte er unseren Führer um Gnade an und sagte, sollten wir ihm sein Leben schenken, werde er uns den Weg weisen, da unser aller Leben in größter Gefahr sei und weder Tapferkeit noch List uns retten könnten.

Der Hauptmann wurde bleich vor Angst und schwor beim Haupte Mohammeds, ihm sein Leben zu schenken, und die Janitscharen taten das Gleiche. Danach band man ihn los und er gestand, dass der von ihm gewiesene Weg unseren sicheren Tod bedeutet hätte. Dann warf er sich auf den Boden und rief unter Tränen: »Gnade, Gnade, Gnade!«

Die ganze Nacht folgten wir dem Polarstern und gelangten im Morgengrauen in die Nähe der Küste, etwa eine halbe Meile von Tyros entfernt. Diese einst bedeutende Stadt, die die Araber heute Sur nennen, war für ihren Purpur berühmt, besaß überall in der Welt Kolonien und war lange Zeit Hauptstadt eines mächtigen Königreichs. Bei Tagesanbruch gingen ich und einige Armenier in die verfallene Stadt und sahen die bedeutendsten Ruinen, die auf der Welt zu finden sind, sowie einen mitten in der Stadt gelegenen und hübsch anzusehenden Hafen für kleine Segelschiffe, Fregatten und Fischerboote. Die Hafenmole besteht ganz aus Marmor- und Alabasterblöcken und ein Großteil der ehemaligen Häuser war auf Säulen aus dem gleichen Material erbaut, von denen heute noch viele zur Hälfte aus dem Boden ragen.

Auf dem Rückweg zur Karawane begegnete ich zufällig einem englischen Handelsagenten, einem gewissen Mr Brockesse, dessen Niederlassung sich im achtzehn Meilen entfernten Sidon befand und der zu Verhandlungen in Akko gewesen war. Er lud mich kurzerhand in das Haus eines befreundeten Arabers am Meer ein, wo wir so viel Liatikowein tranken, dass uns schier die Sinne schwanden. Dennoch brachte er mich zu meinen Leuten zurück und lieferte mich beim Führer der Karawane ab. Später haben wir uns noch einige Male in London getroffen.

Nachdem die Sonne aufgegangen war und die dunklen Schatten der Nacht vertrieben hatte, fassten wir alle neuen Mut. Unser Hauptmann schickte den falschen Judas wie versprochen zurück nach Nazareth und ließ in Tyros einen neuen Führer kommen. Sobald dieser eingetroffen war, machten wir uns auf den Weg zum Berg Karmel. Kurz vor dem Berg bogen wir ab ins Landesinnere und erblickten zwischen uns und der Küste zweihundert Zelte entlang eines Flusses, alle in Reih und Glied aufgestellt, wie eine kleine Stadt. Während unser Hauptmann noch überlegte, was davon zu halten sei, näherten sich uns sechs nackte Reiter auf Araberpferden und wollten wissen, wer und wohin wir mit einer so großen Karawane unterwegs seien und ob es europäische Christen unter uns gebe. Die Janitscharen antworteten, wir seien auf dem Weg nach Jerusalem und es sei nur ein einziger Europäer unter ihnen. Sofort kamen sie zu mir und riefen: »Kuffar! Kuffar!« – was bedeutete, dass sie Wegezoll verlangten, und ich musste ihnen trotz des Einspruchs unseres Führers und der Janitscharen sieben Zechinen zahlen, was dreiundsechzig englischen Shilling entspricht. »Denn«, sprachen sie, »unser König wohnt in diesen Zelten, und deshalb müssen wir den dreifachen Betrag fordern.« Gleichwohl waren sie unzufrieden, dass keine weiteren Europäer in unserem Zug waren, da die Armenier Untertanen des türkischen Sultans waren und sie von ihnen kein Geld einfordern durften, genau wie von Christen, die innerhalb des türkischen Herrschaftsgebiets geboren waren.

Nachdem sie, begleitet von meinen heimlichen Flüchen, zu ihrem König zurückgekehrt waren, setzten wir unseren Weg fort und erreichten nach vierunddreißig Meilen das Dorf Adoasch, bestehend aus sechzig Häusern arabischer und türkischer Muslime, das in einer fruchtbaren und lieblichen Ebene liegt und von Oliven-, Dattel- und Feigenbäumen umgeben ist, die reichen Ertrag bringen. Wir fanden hier auch frisches Gemüse und ausreichend Wasser, um unseren Durst zu stillen und unsere Wasserflaschen zu füllen.

Nach einem ausgiebigen Mahl streckten wir uns auf dem harten Boden zum Schlafen aus, bewacht von einigen Soldaten. Kurz vor Mitternacht erschien der König der Beduinen in Begleitung von vierundzwanzig berittenen Renegaten und nackten Höflingen, die mit Pfeil und Bogen und Kurzspießen mit Metallspitzen bewaffnet waren, und verlangte den Führer unserer Karawane zu sprechen. Er erhob sich sogleich von seinem Lager und trat zur Begrüßung vor ihn, indem er eine Hand vor die Brust legte und sich tief vor ihm verneigte, wie es unter den Ungläubigen und Christen in dieser Region üblich ist, da hier niemand sein Haupt vor einem anderen entblößt. Nach einer kurzen Unterredung setzten sich alle ins Gras. Unser Führer bewirtete Seine finster dreinblickende Majestät mit Wasser, Brot, Gemüse, Feigen, Knoblauch und was er sonst aufbieten konnte.

Während sie sich das karge Mahl schmecken ließen, musste unser Führer schwören, dass keine weiteren Europäer unter uns waren. Obwohl er die Wahrheit sagte, ließ mich der König auf den Wink eines Denunzianten vortreten, sah mir ins Gesicht und fragte meinen Dolmetscher, wo meine Gefährten seien. Er antwortete, ich hätte keine. »Dann sage diesem Hund«, erwiderte er, »er müsse mir fünf weitere Geldstücke geben. Anderenfalls« – und dabei fuhr er mit der Handkante an seiner Kehle entlang – »werde ich ihn köpfen lassen, damit ich mich nicht umsonst in der Nacht auf den Weg hierher gemacht habe.« Da ich wusste, dass jeder Widerstand gegen einen so kaltblütigen Herrscher zwecklos war, ging ich nach einer kurzen Beratung mit dem Hauptmann zu ihm und überreichte ihm das Geld mit gezwungenem Lächeln. Als er dies sah, erklärte er laut, ich hätte es offenbar mit Freude und reinem Herzen getan, und trank einen tiefen Schluck Wasser, womit er mir eine größere Ehre zu erweisen glaubte, als meine sämtlichen Zechinen ihm Nutzen und Freude bringen konnten. Erfreuen konnten sie ihn nicht, da er sie unrechtmäßig und auf unehrliche Weise erworben und ich sie ihm mit tiefem Kummer in meiner Seele übergeben hatte. Denn nachdem ich zuvor in der Türkei bereits zweimal große Summen Wegegelds gezahlt hatte, waren meine Reserven beinahe aufgebraucht und meine Bitterkeit nur zu gut verständlich. Tatsächlich war dies der höchste Wegezoll, den ich auf meiner Reise durch Asien je für eine einzige Tagesetappe zahlen musste.

Arabien hat zwei Könige: der eine residiert im Tal des Euphrat, in den Wüsten Mesopotamiens und manchmal auch in Arabia Felix und Teilen Syriens; der andere, dem ich mein Geld bezahlt hatte, zieht mit seinem Stamm, den Zelten und Tieren durch Arabien und das Heilige Land auf der Suche nach Weideland und frischen Quellen. Beide Könige sind erbitterte Feinde, und wenn sie zufällig aufeinandertreffen, fallen sie grausam übereinander her, plündern und zerstören und bringen nichts als Leid über sich und ihr Gefolge. Sie können ihre Wut nur schwer zügeln, da es sich um rohe, unzivilisierte Wilde handelt, die den ständigen Widerstreit suchen, um ihr kriegerisches Wesen durch blutige und barbarische Auseinandersetzungen zu stärken. Wir fürchteten deshalb nach dem Aufbruch des Königs jederzeit einen Hinterhalt, weshalb die Soldaten die ganze Nacht kampfbereit Wache hielten und die Pilger schutzlos ihres Schicksals harrten, da die Türken den Christen in dieser Region wie auch im ganzen Osmanischen Reich das Tragen von Waffen verbieten.

An dieser Stelle möchte ich auf meinen muslimischen Begleiter zurückkommen, von dem ich das Maultier geliehen hatte und dem ich im Laufe der Reise den größten Teil meines Tabaks gegeben hatte. Als meine Vorräte aufgebraucht waren, er dies aber nicht glauben wollte, rieten ihm seine Freunde, mich zu verprügeln und meinen sämtlichen Proviant und die Wasservorräte vom Rücken des Esels zu nehmen, bis ich den restlichen Tabak herausrückte. Ich aber durchschaute sein Vorhaben und benachrichtigte unseren Führer. Mein Freund bekam daraufhin selbst ordentlich den Knüppel zu spüren und ich war noch einmal davongekommen. So war hinter der Maske der Liebenswürdigkeit seine gemeine Habgier zum Vorschein gekommen, denn statt um mich ging es ihm nur um mein Rauchwerk.

Am nächsten Morgen zogen wir weiter und schlugen noch

vor Mittag unsere Zelte beim Jakobsbrunnen unweit der verfallenen Stadt Sychar in Samaria auf. Die Stadt und ihre Umgebung ist größtenteils zerstört und liegt unter hohen Sanddünen begraben. Der alte Brunnen aber war frei und so tief, dass unser ganzes Seil gerade reichte, den Eimer ins Wasser hinabzulassen, das wunderbar kalt und mild schmeckte. Und weil es der Brunnen Jakobs war, tranken wir alle mehr, als wir nötig hatten. Den ganzen Nachmittag kamen wir gut voran und übernachteten in der Nähe von Lydda unter freiem Himmel. Lydda liegt keine zehn Meilen von der Ruinenstadt Cäsarea am Meer entfernt und umfasst heute gerade einmal sechzehn Häuser. Dies war der Ort, an dem Petrus einen Gichtbrüchigen heilte.

Entlang der Küste von Phönizien, Palästina und Judäa finden sich die folgenden Städte: Sidon, eine angenehme und gut bevölkerte Stadt, die vom Emir der Drusen regiert wird; die Ruinenstadt Tyros; Akko, ein heute weitgehend unbedeutender Handelsposten; Haifa, das meist Castello Pellegrino genannt wird und wenig mehr als die Reste eines verfallenen Klosters zu bieten hat; Cäsarea, von dem ebenfalls bloß noch Ruinen geblieben sind; Jaffa, das einen kleinen Hafen, aber kein einziges schönes Gebäude besitzt, bis auf einen hohen Turm zum Schutz vor Seeräubern; und schließlich Beirut, das durch die vielen christlichen Armeen, die es belagerten, berühmt geworden ist, heute achthundert feste Häuser umfasst und nach Sidon und Jerusalem die drittgrößte Stadt im ganzen Heiligen Land ist.

Kaum hatten wir uns am Samstagmorgen noch vor Tagesanbruch von Lydda aus auf den Weg durch die gewundenen, fruchtbaren Täler Palästinas gemacht, als wir von mehr als dreihundert Arabern überfallen wurden, die sich auf einem

Hügel hinter Büschen versteckt hatten und einen Pfeilschauer auf uns herabregnen ließen. Hätten unsere Soldaten nicht sogleich mit Gewehrschüssen geantwortet und den Kampf mit Pfeil und Bogen aufgenommen, wären wir elend an Ort und Stelle umgekommen. Doch sind die Araber von Natur aus wie die Schakale und ergreifen, sobald sie den Schuss einer Hakenbüchse hören, so panisch die Flucht, als sei ihnen der Teufel persönlich auf den Fersen.

Bei dem Angriff wurden aber dennoch neun Frauen und fünf Männer getötet und etwa dreißig Personen verletzt, worüber unser armenischer Hauptmann und die Schar der muslimischen Führer tief betrübt waren, und auch unter den Pilgern hob ein lautes Wehklagen an. Bis Sonnenaufgang blieben wir an Ort und Stelle, jederzeit einen weiteren Angriff fürchtend. Bevor wir weiterzogen, beerdigten wir die Toten zum Schutz vor Schakalen in tiefen Gräbern, da diese raubgierigen Bestien, angeblich eine Mischung aus Fuchs und Wolf, nichts lieber fressen als menschliches Aas.

Gegen zwei Uhr nachmittags erreichten wir das Hügelland von Judäa. Rechts vom Weg sahen wir die Stadt Ramla, die etwa zweihundert einstöckige Wohnhäuser umfasst und zehn Meilen von Jaffa entfernt an der Straße nach Jerusalem liegt. Hier wohnt der christliche Dragoman, der die in Jaffa ankommenden Pilger empfängt und nach Jerusalem begleitet. Jeder Pilger muss sieben Zechinen für die Reise nach Jerusalem bezahlen. Darin eingeschlossen ist der Ritt auf einem Esel wie auch sämtliche Wegezölle, die der Führer unterwegs zu entrichten hat.

Ramla wird von Christen, Arabern und Mauren bewohnt, die aber nicht schwarz wie die Afrikaner sind, sondern die helle Haut der Ägypter haben, die aber von der Sonne gebräunt ist. Das Gebiet von Kanaan wird hauptsächlich von Mauren bewohnt, hinzu kommen Türken, sesshafte Araber sowie einige Christen und Juden. Die Araber sind größtenteils Diebe und Wegelagerer, die Mauren grausam und barbarisch und Todfeinde der Christen. Die Türken sind von allen dreien noch die Harmlosesten, doch sind auch sie erbitterte Gegner des Christentums. Nur wenn sie aus einem Fremden Gewinn schlagen können, wissen sich diese durchtriebenen Schurken zu verstellen und sind die Freundlichkeit selbst, obwohl sie es nur auf die Geldbörse des anderen abgesehen haben. Für dieses Ziel tun sie alles und setzen nicht nur den Fremden, sondern auch sich selbst größten Gefahren aus, um nur schnell an sein Geld zu kommen, selbst wenn das Schicksal manchmal all ihre Pläne durchkreuzt.

Gegen vier Uhr nachmittags erreichten wir Al-Bireh, elf Meilen vor Jerusalem. Hier machten wir eine kurze Rast und gaben unseren Kamelen, Maultieren und Eseln zu fressen. Uns gaben die niederträchtigen Mauren nichts, obwohl unser Proviant aufgebraucht war und wir kaum noch Wasser hatten. Trotz Müdigkeit und Erschöpfung setzten wir unverzagt unseren Weg fort und legten allein an diesem Tag über dreiundvierzig Meilen zurück, um noch vor dem Schließen der Stadttore in Jerusalem zu sein, gequält von Durst, brennender Hitze, beißendem Hunger und anderen Unannehmlichkeiten mehr.

Auf halber Strecke zwischen Al-Bireh und Jerusalem eilten ich und zwei Armenier dem Tross eine Schusslänge voraus und stießen zu unserem Unglück auf vier Mauren, die sechs mit Wurzeln und Zweigen beladene Esel vor sich hertrieben. Da sie uns ohne Begleitung wähnten, ergriffen sie uns und nahmen uns alles Geld ab. Als ich mich wehrte, zog einer von ihnen ein breites Messer hervor, packte mich am Bart und hätte mir gewiss die Kehle durchgeschnitten, wenn einer seiner Begleiter ihn nicht zurückgehalten hätte.

Kaum waren sie mit ihren Tieren weitergezogen, sahen wir in der Ferne unsere Soldaten und riefen nach ihnen. Die Mauren flohen sogleich zwischen die Felsen, doch konnten die Soldaten die zwei Anführer fassen und brachten sie zu unserem Hauptmann. Einer von ihnen hatte mein Geld, das ich sofort zurückbekam, doch das Geld meiner Gefährten war bei den Geflohenen. Der Hauptmann und die Janitscharen nahmen die beiden Gefangenen mit, um sie in Jerusalem hinzurichten. Doch ihre Freunde und Nachbarn kamen ihnen zu Pferd und zu Fuß hinterher und erwirkten ihre Freilassung, nachdem sie das Geld der beiden Armenier zurückgegeben hatten. Die Mauren waren über den Ausgang ebenso froh wie wir, denn wären die beiden Gefangenen nicht freigekommen, hätte uns die rasch zusammenströmende Menge noch so kurz vor dem Ziel aufgehalten und unsere Pläne vereitelt.

Als wir zuletzt die Stadt Jerusalem erblickten, spürte ich nicht nur Erleichterung in meinen müden Gliedern, sondern wurde von einem plötzlichen Entzücken ergriffen, das mir die Tränen in die Augen trieb. Die Armenier stimmten ihre Lobgesänge auf den Herrn an, und auch ich sang laut den hundertdritten Psalm, bis wir in die Nähe der Stadtmauer kamen und aus Angst vor den Muslimen unser Singen einstellten.

Die Sonne war bei unserer Ankunft bereits untergegangen, sodass die Tore geschlossen und die Schlüssel hinauf zum Schloss des türkischen Paschas gebracht worden waren, was uns alle mit großem Kummer erfüllte, da wir hungrig und erschöpft waren. Unser Führer bat die türkischen Wächter auf der anderen Seite, uns über die Mauer hinweg einige Lebensmittel zu verkaufen und schilderte eindringlich unsere Not, doch lehnten sie dies rundheraus ab. Kurz darauf erschien der Guardian des Franziskanerkonvents, der die christlichen Pilger am Stadttor empfängt und von unserem späten Eintreffen erfahren hatte. Er fragte unseren Führer, ob Christen aus Europa unter uns seien, und bekam zur Antwort, nur ein einziger. Daraufhin rief der Guardian mich und fragte, aus welchem Land ich käme, und schien über meine Antwort sehr erfreut zu sein, doch bedauerte er unser Missgeschick.

Nachdem ich ihm von meiner großen Not erzählt hatte, ging er zurück ins Kloster und schickte zwei Brüder mit Brot, Wein und Fisch, die sie an einer versteckten Stelle über die Mauer zu mir hinabließen. Gleichwohl wurden sie dabei beobachtet und am nächsten Morgen musste der Guardian dem türkischen Gouverneur einhundert Piaster Strafe entrichten, was dreißig englischen Pfund entspricht, anderenfalls wären er und ich beide hingerichtet worden. So war es ein teuer bezahltes Mahl, sowohl für den Franziskaner als beinahe auch für mich, nachdem ich zuvor fast vor Hunger gestorben und dann für die Annahme von Lebensmitteln um ein Haar hingerichtet worden wäre, weil man mich für einen Verräter hielt. Einige Türken hatten nämlich behauptet, der Franziskaner habe durch mich und die anderen Christen Waffen in die Stadt geschmuggelt und plane einen Umsturz. Anschuldigungen dieser Art werden von ihnen oft aus noch nichtigeren Anlässen erhoben, nur um von den Mönchen, die täglich um ihr Leben fürchten müssen, Geld zu erpressen.

Zuletzt betraten wir Jerusalem am Palmsonntag des Jahres 1612, nachdem wir am Tor streng nach Waffen und Munition durchsucht worden waren und die armen Armenier, ungeachtet der Tatsache, dass ihr Land zum türkischen Herrschaftsgebiet gehört, sämtliche Messer bei den Wachen abliefern mussten, so groß ist ihre Furcht vor den Christen. Mein Name wurde in das Besuchsregister der Stadt eingetragen, damit ich vor meiner Abreise nur einmal für den Eintritt in die Stadt und den Besuch des Heiligen Grabs bezahlen musste.

Anschließend verabschiedete ich mich vom Führer unserer Karawane und von seinen Leuten, die vom Patriarchen ihrer Kirche empfangen wurden. Ich selbst wurde vom Guardian und von zwölf Franziskanern abgeholt, die alle eine brennende Kerze in der Hand hielten und auch mir eine gaben. Dann geleiteten sie mich zu ihrem Kloster und sangen dabei laut das »Te Deum«, voller Freude darüber, dass ein Christ aus dem fernen Schottland sich auf den weiten Weg nach Jerusalem gemacht hatte.

Im Kloster führten sie mich auf mein Zimmer, wo der Guardian mir zuerst den rechten und sein Stellvertreter den linken Fuß wusch. Anschließend küssten sie mir die Füße und alle zwölf Mönche taten es ihnen nach. Als sie aber erfuhren, das ich kein römischer Katholik war, bereuten sie ihre fromme Tat. Außer mir waren noch zehn weitere europäische Pilger frisch im Kloster eingetroffen, die mit dem Schiff von Venedig aus angereist waren. Unter ihnen waren sechs protestantische Adlige aus Deutschland, die sich köstlich amüsierten, als ich ihnen erzählte, wie ich dem Guardian ins Gesicht gesagt hatte, ich sei kein Katholik und hätte auch nie daran gedacht, einer zu werden. Die anderen vier waren Franzosen, die beiden älteren aus Paris und die anderen zwei aus der Provence. Alle vier waren Katholiken, genau wie neun im Kloster untergebrachte europäische Kaufleute aus Syrien und

Zypern, die meisten davon Venezianer, und sie alle gehörten zu den freundlichsten, aufmerksamsten und ehrbarsten Gentlemen, denen ich je begegnet bin, ganz besonders die Deutschen. So herzlich ist das Verhältnis unter Fremden, wenn sie sich fernab der Heimat begegnen. Sie waren sehr beeindruckt von den Abenteuern auf meiner sechs Monate währenden Reise durch Syrien und Palästina und drängten mich immer wieder, ihnen von meiner zweijährigen Reise durch das türkische Reich zu erzählen, besonders von meinen Erlebnissen im Osten Asiens. Am meisten aber erstaunte sie, dass ich die weite Reise ohne jede Begleitung unternommen hatte.

8. Kapitel

Jerusalem und der Jordan

D as heutige Jerusalem befindet sich am gleichen Ort wie das alte Jerusalem, besitzt aber einen geringeren Umfang und auch weniger Einwohner. Die Hänge des Zion im Süden Jerusalems, in frühchristlicher Zeit das Zentrum der Stadt, sind heute außerhalb der Stadtmauer, die Nordseite des Golgatha-Hügels und das Heilige Grab sind hingegen von ihr eingeschlossen, sodass man mit einigem Recht sagen kann, die Stadt liege an der gleichen Stelle wie früher. Die hohen und mächtigen Stadtmauern schmücken die Stadt mehr als alles in ihrem Innern, mit Ausnahme des Heiligen Grabs. Der Umfang beträgt dreieinhalb englische Meilen.

Über den einstigen Ruhm Jerusalems brauche ich nichts zu sagen, da in der Bibel alles darüber geschrieben steht. Und was die beklagenswerte Zerstörung der einst so mächtigen Stadt durch Vespasian und seinen Sohn Titus angeht, verweise ich auf den berühmten Geschichtsschreiber Josephus, der ausführlich über die mehreren Hunderttausend Opfer berichtet, die in der Stadt verhungerten oder durch das Schwert fielen. Die Stadt ist wiederholt von Feinden erobert worden, zuletzt 1517 durch den türkischen Sultan Süleyman den Prächtigen, der das Heilige Land zusammen mit Ägypten seinem Reich einverleibte und befestigte, sodass die Stadt bis auf den heutigen Tag und vermutlich bis ans Ende der Zeiten in den

Händen der Ungläubigen bleiben wird. Es sei denn, Gott in seiner großen Güte bewirkt, was unser begrenzter Verstand sich nicht vorzustellen vermag. Doch hüten wir uns vor unerfüllbaren Forderungen, die in jeder Freundschaft so leicht das friedliche Einvernehmen in Undankbarkeit verwandeln! Die Stadt wird von einem Sandschakbey regiert, der vom Pascha von Damaskus, dem Verwalter des gesamten Heiligen Lands und halb Syriens, ernannt wird und ihm unterstellt ist. Zum Schutz vor Überfällen der Araber ist in Jerusalem stets eine achthundert Soldaten starke Garnison stationiert, bestehend aus Türken und Mauren, die die Stadt Tag und Nacht bewachen und niemanden unkontrolliert hinein- oder hinauslassen.

Am Palmsonntag nach dem Mittagessen – alle im Kloster untergebrachten Gäste wurden auch hier verpflegt und mussten dafür täglich einen Piaster (sechs englische Shilling) zahlen, zuzüglich der übrigen Kosten – machte sich der Guardian, begleitet von zwölf Mönchen und zahlreichen orientalischen Christen, die für die Zeit des Osterfests angereist waren, auf den Weg ins Dorf Bethphage. Die sechs Deutschen und ich weigerten uns, sie zu begleiten, sondern zogen es vor, auf dem Dach des Klosters auf ihre Rückkehr zu warten. Von dort sahen wir, wie sie auf dem Rückweg über den Ölberg ins Tal des Jehosophat hinabstiegen und danach ihre Prozession über den Zionsberg fortsetzten.

Der Grund ihres lächerlichen Treibens war folgender: In einer armseligen Nachahmung Christi stieg der Guardian in Bethphage auf einen Esel, sodass also der größere Esel auf dem kleineren saß, und ritt darauf nach Jerusalem. Die Menschen entlang des Weges schnitten Palmzweige von den Bäumen oder rissen sich selbst die Kleider vom Leib, breiteten sie vor ihm auf der Straße aus und riefen: »Hosanna, Hosanna dem Sohn Davids. Gesegnet sei, der da kommt im Namen des Herrn.« Als sie ans Zionstor kamen, wollte der Guardian mit seinem lärmenden Gefolge von sechstausend orientalischen Christen durch die Stadt bis vor sein Kloster reiten, da ihm dies im Gegensatz zu den Patriarchen gestattet ist. Doch war die in der Nähe des Tors lagernde türkische Garnison über den Lärm der Menge so aufgebracht, dass die Soldaten nicht nur die armen Christen in ihrer verblendeten Anbetung auseinandertrieben, sondern auch den Guardian von seinem Esel zerrten und ihn, seine Mitbrüder und die ihn begleitenden europäischen Pilger ordentlich verprügelten. Zuletzt konnten sie sich unter lautem Wehklagen und grün und blau geschlagen hinter die Klostermauern retten, wo ich und die sechs Protestanten unsere Schadenfreude nur mühsam verbergen konnten, da sie die gerechte Strafe für ihr dummes Gehabe bekommen hatten. Nach dem Abendessen kam der Guardian, der wusste, dass ich und die Deutschen Protestanten waren, zu uns und sagte: »Wir respektieren, dass ihr nicht mit uns das Abendmahl teilt und auch nicht an den Messen, Prozessionen und Festbräuchen der römisch-katholischen Kirche teilnehmt. Ich möchte euch aber bitten, ohne dass dies eine Vorschrift wäre, euch nicht über unsere Bräuche und Rituale lustig zu machen, mit denen wir das Osterfest begehen.« Wir verstanden dies und versprachen, durch unser Verhalten keinen Anstoß zu erregen, zumal unsere Seele keinen Schaden daran nahm, wenn wir ihnen bei ihren religiösen Zeremonien zusahen.

Am Ende seiner langen Rede gab er uns folgenden Rat: »Wer als Pilger nach Jerusalem kommt, muss über drei wertvolle Gaben verfügen – Glaube, Geduld und Geld. Glaube, um alles, was man in und außerhalb von Jerusalem sieht, ernst zu nehmen; Geduld, um die Schmähungen der Ungläubigen zu ertragen; und Geld, um die vielen Eintrittsgelder und Gebühren, die hier (und damit meinte er sein eigenes Kloster) und überall in der Stadt verlangt werden, bezahlen zu können.« Der letzte Satz seiner frommen Ermahnung entsprach ganz einem Franziskaner, denn zweifellos scherte er sich wenig um unseren Glauben und unsere Geduld, solange unsere Geldbörsen nur prall gefüllt waren. Tatsächlich stellte er unsere Geduld noch häufig auf die Probe, und so manches Mal musste sich unser Glaube stärker als seine Lügen erweisen, und immer wieder fiel unser Geld seiner Habgier zum Opfer. Und um das schmeichelhafte Bild zu vervollständigen, will ich noch den Geiz und die Dummheit erwähnen, mit denen unser ehrenwerter Guardian ebenalls in reichem Maße gesegnet war.

Am Montagmorgen machten wir Pilger uns in Begleitung des Padre Viccario und eines französischen Bruders auf, die Denkmäler der Stadt zu besichtigen. Währenddessen kümmerte sich der Guardian um die Aufstellung von einhundert Soldaten, sechzig Reitern und vierzig Fußsoldaten, mit denen er tags darauf ins Jordantal und zu dem Berg in der Wüste wollte, auf dem Christus gefastet hatte, so wie es zwischen Palmsonntag und Karfreitag Brauch ist. Man kann den Ort nur an diesen Tagen besichtigen, und Pilger dürfen sich dem Zug nur anschließen, wenn sie dem Leutnant einen Obolus von sieben Kronen oder Piastern zahlen, was zweiundvierzig englischen Shilling entspricht. Wem dies zu hoch erscheint, darf nicht mit, doch würde ich jedem, der das Geld entbehren kann, den Besuch Sodoms und des Jordantals dringend empfehlen. Noch am selben Abend fragte uns der Guardian, ob wir uns unter den oben genannten Bedingungen ihm anschließen wollten, worauf wir einwilligten und ihm die entsprechende Summe übergaben.

Dienstag früh brachen wir auf, die Brüder und Pilger allesamt auf Maultieren und ich als Einziger zu Fuß. Außerdem hatten wir zwei Maultiere für den Proviant dabei. Gegen neun Uhr verließen wir die Stadt in südöstlicher Richtung, passierten Bethphage und Bethanien zu unserer Linken und hatten die ersten sieben Meilen eine angenehme Wegstrecke. Am Nachmittag aber kamen wir in eine dürre Wüste und erreichten erst bei Sonnenuntergang einen gemauerten Brunnen, wo wir unsere Tiere tränkten und zwei Stunden bis zum Einbruch der Dunkelheit rasteten. Danach rief uns der Kommandant zum Aufbruch, und wir zogen auf allen Seiten von Soldaten geschützt weiter, da ein gefährliches Stück Weg durch ganz und gar ödes Land vor uns lag.

Die einzigen Bewohner dieses kargen Landstrichs sind wilde Tiere und umherziehende Araber, und unterwegs sahen wir kein einziges Dorf oder Haus. Sieben Meilen vor Sodom und Gomorrha gelangten wir in einen so tiefen sandigen Grund, dass unsere Maultiere nicht mehr weiterkamen und alle absteigen und sich mit den Schultern rudernd vorwärtskämpfen mussten. Einige fielen kopfüber in den Sand und drohten darin zu versinken, wohingegen ich mich dank meiner kräftigen Konstitution auf den Beinen hielt und mehreren Brüdern und Pilgern aufhalf, die schon halb im Sand erstickt waren. In dieser misslichen Lage und von völliger Dunkelheit umgeben, wurden wir auch noch von Arabern angegriffen, die uns von einigen festen Hügeln aus mit Pfeilen beschossen und den Vorteil des Bodens weidlich ausnutzten. Doch unsere Soldaten setzten sich entschlossen zur Wehr und die

Angreifer erreichten nichts, außer dass sie einige von unseren Soldaten leicht verletzten. Ich muss aber bekennen, dass ich auf keiner meiner Reisen je erschöpfter war oder mehr um mein Leben fürchtete als in dieser Nacht.

Kurz nach Mitternacht zogen die Wilden ab, und wir gelangten wieder auf festen Boden. Bald darauf kamen wir an den See von Sodom und liefen neun Meilen an dessen Ufer entlang bis zum Jordan. Der See wird heute *mare mortuum* genannt, weil sein Wasser salzig ist und keinerlei Leben darin. Das Wasser ist so faulig und stickig, dass es gänzlich unbewegt ist und den Namen *mortuum*, oder tot, zu Recht trägt. Verschiedene Autoren haben berichtet, selbst Dinge von einigem Gewicht wie die Leiche eines Menschen oder ein Tierkadaver würden nicht darin versinken, doch hat mich eigene Erfahrung das genaue Gegenteil gelehrt. Tatsächlich trägt das Wasser überhaupt nicht, und selbst eine Feder oder ein Büschel trockenes Gras gehen darin unter, wie zahlreiche Versuche mir bestätigten und damit die vielen kursierenden Lügengeschichten meiner Vorgänger widerlegen.

Am Mittwochmorgen kamen wir an den Überresten eines Hauses vorbei, in dem Johannes der Täufer gewohnt und die Leute getauft haben soll, die aus Jerusalem und dem ganzen Jordantal zu ihm kamen. Die Stelle liegt etwa eine Bogenschussweite vom Jordan entfernt.

Als wir ans Ufer des Flusses kamen, stiegen wir ab, entkleideten uns und gingen im Fluss baden, während die Soldaten zu unserer und ihrer Sicherheit am Flussufer wachten.

Das Wasser des Jordan wird wegen seiner Reinheit in Fässern bis nach Venedig verschifft und bleibt über Monate und Jahre frisch. Es wird durch lange Lagerung sogar noch wohlschmeckender und ist ein ausgezeichnetes Heilmittel gegen das Viertagefieber und beinahe so heilsam wie Wein aus dem Libanon.

Weil es ein so berühmter Fluss ist und nur wenige Reisende dorthin gelangen, kletterte ich, nackt wie ich war, ein wenig flussaufwärts in einen Terpentinbaum und brach einen Ast von etwa einer Elle Länge ab, der kerzengerade gewachsen und mit lauter kleinen gelben Knoten überzogen war. Den Zweig brachte ich mit viel Mühe nach England zurück und schenkte ihn (als besondere Rarität von meiner Pilgerreise) Seiner Majestät.

Unvergessen ist das unfreiwillige Abenteuer, in das ich durch das Pflücken des Zweiges geriet. Denn noch während ich verborgen vom dichten Laubwerk im Baum saß, machten sich die Mönche und Soldaten auf den Weg nach Jericho. Doch waren sie noch keine Viertelmeile gegangen, als sie von denselben Arabern wie in der letzten Nacht angegriffen wurden. Vom Knallen der Büchsen überrascht, sah ich zu der Stelle hinüber, an der ich meine Gefährten verlassen hatte, doch war niemand mehr dort. Als ich aber meinen Blick in die Ebene wandte, sah ich sie im dichtesten Kampfgetümmel und geriet in tiefste Verzweiflung, weil ich nicht wusste, ob ich in meinem sicheren Versteck bleiben und sie ihrem Schicksal überlassen oder hinabsteigen und ihnen zu Hilfe eilen sollte. Unter der Überlegung, dass ich ihnen entweder gleich oder auf dem Weg nach Jerusalem in die Hände fallen musste, sprang ich vom Baum, ließ meine türkische Tracht am Boden liegen und rannte nur mit dem Stock in der Hand und meinem Turban auf dem Kopf splitternackt eine Viertelmeile durch Disteln und dorniges Gestrüpp, die mir die Füße zerstachen, doch war meine Todesangst größer als jeder Schmerz.

Als ich mich von hinten unseren Leuten näherte, kam ein Soldat zu Pferd auf mich zugeritten und wollte mich töten, weil ich zurückgeblieben war. Dreimal stieß er mit seinem Kurzspieß nach mir, doch konnte ich der Attacke entgehen, indem ich mich vor dem heranpreschenden Pferd auf den Boden warf und mich danach ins Gedränge der Pilger flüchtete und dort auch den Guardian entdeckte. Als er mich ohne Kleidung sah, zog er seine graue Kutte aus und warf sie mir zu, um meine Blöße zu bedecken, sodass ich binnen einer Stunde auf drei verschiedene Arten gekleidet war: zuerst als Türke, dann als nackter Wilder und schließlich als Franziskanermönch.

Zuletzt gelang es unserem Hauptmann, mit den Arabern zu verhandeln und sie mit dem Versprechen zu besänftigen, dass wir ihre Forderungen nach unserer Rückkehr nach Jerusalem einlösen würden. Daraufhin setzten wir unseren Weg nach Jericho fort, ruhten uns dort im Schatten aus und verzehrten unsere Vorräte und den mitgebrachten Wein.

Das neue Jericho ist ein armseliges Dorf mit gerade einmal neun Wohnhäusern, in denen eine Art Araber wohnen, die dem Gouverneur von Jerusalem unterstellt sind. Eine Viertelmeile vom Dorf entfernt sah ich zahlreiche Steine der alten Mauer sowie Überreste der alten Stadt.

Außerdem stieß ich hier auf zwei sehr wohlschmeckende Früchte. Die eine war etwas kleiner und runder als ein Apfel, außen von goldener Farbe und innen weiß wie Schnee und zuckersüß. Ich hätte sie gerne probiert, aber die Mönche warnten mich und sagten, für einen Fremden wäre ihr Verzehr tödlich. Die andere Frucht ähnelte einer grünen Zitrone, war aber länglicher und hatte eine knotige Schale. Ihr Fleisch war rötlich wie bei einer Melone und zart und wohlschmeckend.

Wir stillten daran unseren Hunger, und auch die Soldaten aßen sie in großen Mengen. Sie wachsen an hohen Bäumen entlang eines kleinen Baches, der der Quelle des Propheten Elisa entspringt.

Von Jericho aus setzten wir unseren Weg durch die Wüste zu jenem Berg fort, auf dem Jesus vierzig Tage fastete. Bei unserer Ankunft war es bereits dunkel, und wir beschlossen, erst am nächsten Morgen hinaufzugehen. Die Nacht verbrachten wir an der Quelle des Elisa, deren Wasser ursprünglich bitter schmeckte, doch durch die Gebete des Propheten gereinigt wurde. Es ist gut für die Verdauung und die Gesundheit und das leichteste Wasser auf der ganzen Erde. Ich hatte mir am Morgen einen Bocksbeutel damit gefüllt, der mir beim Aufstieg so leicht vorkam, als hätte ich gar kein Gewicht auf der Schulter, obwohl der Weg steil und anstrengend war. Der Berg heißt Quarantana oder Quaranto, und sein Aufstieg ist meiner eigenen leidvollen Erfahrung nach etwas länger als sechs Meilen. Die Form erinnert an eine gleichmäßig sich verjüngende Pyramide, auf deren Spitze sich eine kleine Kapelle befindet.

Es gibt nur einen Weg hinauf, der auf Veranlassung der römischen Kaiserin Helena von Steinmetzen in den Fels geschlagen wurde und fünfundvierzig Grad steil ist. Von unserer ganzen Gesellschaft waren es nur ein Mönch, vier Deutsche und ich, die den Aufstieg wagen wollten.

Donnerstag brachen wir in aller Frühe auf. Am Ausgangspunkt des Weges ließen wir unsere Soldaten zurück, damit uns nicht streunende Araber folgten. Nachdem wir über zahllose Serpentinen und enge Fußwege mit großer Mühe die Spitze erklommen hatten, gingen wir zuerst in eine dunkle Grotte unter der Kapelle, wo der Mönch uns erklärte, dies sei der Ort, an dem Christus vierzig Tage lang gefastet und der Versuchung des Teufels widerstanden hatte. Auf dem Dach der Kapelle darüber steht ein alter Altar, dessen Außenseiten so nahe an den schroffen Fels reichen, dass nur zwei Männer dort nebeneinander Platz finden. Hier aßen wir und erfrischten uns mit dem Wasser, das ich auf dem Rücken hinaufgetragen hatte. Der Ausblick von dort reicht über den größten Teil des Heiligen Lands, ausgenommen den Norden, sowie weit nach Arabien hinein.

Als es an den steilen und gefährlichen Rückweg ging, wollte keiner vorangehen. Der Mönch, der uns hinaufgeführt hatte, weigerte sich beharrlich, auch beim Abstieg der Erste zu sein, weil man an den Wegkehren immer ein etwa mannshohes und an einer Stelle auch doppelt so hohes Stück Felswand hinabklettern musste und dort lediglich an kleinen Vertiefungen oder Löchern im Fels Halt fand. Der Vordermann hatte hier die gefährlichste Aufgabe, weil er den Nachfolgenden beim Abstieg helfen und ihre Füße mit der Hand zu den Vertiefungen im Fels führen musste. Rutschte auch nur einer ab, würde er beide hinab in die Tiefe reißen.

Da die Deutschen aus hohem Haus stammten und zwei von ihnen, Signior Strauss und Signior Kruschen, Freiherren des Markgrafen von Ansbach waren, übernahm ich die gefährliche Aufgabe. An jeder Kehre half ich den Nachfolgenden beim Abstieg, indem ich ihren Füßen mit der Hand den Weg zeigte und sie zuletzt sicher in die Arme schloss. Nachdem wir die Hälfte des Abstiegs geschafft hatten, kamen wir an die schwierigste und tückischste Stelle des ganzen Weges, wo ich den vier Deutschen mit großer Mühe den Weg über den schroffen Fels wies. Als jedoch die Reihe an den Mönch kam, der sich murrend oben festhielt und Bauch und Gesicht an den Fels drückte, begann der Kerl plötzlich zu zittern und stürzte im nächsten Moment auch schon auf mich. Blitzschnell drückte ich ihn mit dem linken Arm gegen die Felswand und presste meine rechte Schulter dagegen, da er mich bei einem Sturz unweigerlich mit hinabgerissen hätte. Gleichwohl riefen die Deutschen mir zu: »Lass den Schurken mit dem Teufel zur Hölle fahren und rette dein eigenes Leben, Bruder!« Ich aber hörte nicht auf sie, sondern redete lange beruhigend auf ihn ein und ließ ihn zuletzt vorsichtig zwischen meinen Armen und dem Fels bis hinab auf den Weg gleiten. Dort fiel er auf die Knie, sagte mir tausendmal Dank und versprach, sich vor meiner Abreise aus Jerusalem auf großzügige Weise erkenntlich zu zeigen.

Gegen Nachmittag kamen wir endlich am Fuß des Berges an. Der Guardian und alle anderen warteten schon auf uns und waren zum Aufbruch bereit, doch als der Mönch erzählte, wie ich ihm das Leben gerettet hatte, nahmen er und seine Brüder mich nacheinander in die Arme und dankten mir aufrichtig.

Den ganzen Nachmittag marschierten wir zügig und ohne Rast und erreichten eine Stunde nach Sonnenuntergang Jerusalem, doch hatte man das Stadttor eigens für uns und die Soldaten offen gehalten. Im Kloster speisten wir ausgiebig bis Mitternacht, nachdem wir an einem halben Tag über vierunddreißig Meilen zurückgelegt hatten. Kurz vor Mitternacht machten sich der Guardian und die Mönche bereit, mit uns in die Grabeskirche, auch Santo Salvatore genannt, zu gehen, wo wir von Karfreitag bis Ostersonntag um Mitternacht bleiben sollten. Sie nahmen sogar einen eigenen Koch und ausreichend Wein, Brot, Fisch und Obst zur Verpflegung mit. In der Zwischenzeit kam ein von den Muslimen beauftragter Jude ins Kloster und sammelte von jedem Pilger zwölf Zechinen ein, zwei für den Einlass in Jerusalem, neun für die Besichtigung des Heiligen Grabs und eine für sich selbst.

Weitere zwei Zechinen musste ein jeder von uns dem Guardian für Wachskerzen und anderen Firlefanz entrichten, den er für seine heidnischen Zeremonien an diesen drei Tagen benötigte, sodass auf jeden vierzehn Zechinen entfielen, was in unserer Währung sechs Pfund und vierzehn Shilling entspricht. Insgesamt kam also von den sechs Deutschen, vier Franzosen und neun europäischen Kaufleuten aus Zypern und Syrien sowie meiner Person an diesem einen Abend die stattliche Summe von einhundertsechsundzwanzig Pfund zusammen.

Punkt Mitternacht kamen wir zur Kirche, wo zwölf ehrwürdig aussehende Muslime uns vor dem Hauptportal erwarteten, sofort die beiden bronzenen Türflügel öffneten und uns höflich einließen. Sobald wir drinnen waren, wurde das Tor wieder geschlossen, und die Türken kehrten in ihr Schloss zurück. Das Erste, was wir im Innern sahen, war der Salbungsstein, eine rechteckige, von einem Metallgitter eingefasste Platte. Angeblich wurde der Leichnam des Erlösers darauf einbalsamiert, nachdem man ihn vom Kreuz genommen hatte. Von dort gingen wir weiter zum Heiligen Grab und ließen den Kalvarienberg, der sich ebenfalls in diesem großartigen Bauwerk befindet, zu unserer Rechten liegen.

Das Heilige Grab befindet sich an der Westseite der Kirche in einer kleinen Kapelle, über der sich eine größere Grabrotunde erhebt. Zum Grab führen zwei schmale und niedrige Eingänge. Als wir ohne Schuhe und jeweils zu dritt in die enge Vorkammer traten, warf sich der Guardian sogleich auf den Boden und küsste einen Stein, auf dem, wie er sagte, der

Engel stand, als Maria Magdalena zum Grab kam, um nachzusehen, ob Christus tatsächlich am dritten Tag auferstanden war, wie er prophezeit hatte. Hinter dem zweiten Eingang sahen wir das Grab unseres Messias, warfen uns demütig davor nieder und beteten jeder nach seiner Religion zu Gott.

In der Kapelle, das heißt außerhalb der eigentlichen Grabeskapelle und innerhalb der Säulen der Grabrotunde, brennen stets mehr als fünfzig von christlichen Herrschern gestiftete Öllampen, von denen die meisten mit Reifen aus purem Gold eingefasst sind. Jede Lampe wird von drei Reifen gehalten, auf die der Name des Spenders eingraviert ist, und auch die Ketten, an denen sie hängen, sind aus purem Gold. Die prächtigste von allen stammte von König Johann von England, denn ich sah auf ihrem Reifen seinen Namen, den Titel und eine Krone eingraviert. Ich fragte den Guardian der Grabeskirche, ob noch Teile des ursprünglichen Grabes erhalten seien, was er mir bestätigte. Doch weil so viele fromme Christen hierher pilgerten und Relikte mit nach Hause nehmen, habe die heilige Helena das Grab mit einer Marmorplatte abdecken lassen, um die letzten Reste davon zu erhalten. Ich habe allerdings keinerlei Zweifel, dass es sich tatsächlich um die Grabesstätte auf dem Berg Golgatha handelt, was auch dadurch bestätigt wird, dass die Entfernung zwischen dem Kalvarienberg und dem Grab genau vierzig meiner Schritte beträgt. Die Außenwand der Kapelle ist mit fünfzehn doppelten Marmorsäulen geschmückt, jede davon zweiundzwanzig Fuß hoch, und auf ihrem Dach befindet sich ein sechseckiger kleiner Turm aus Zedernholz, der ein Bleidach trägt und mit sechs schmalen Säulen aus dem gleichen Holz verziert ist. Die Kapelle selbst beschreibt einen Halbkreis oder Halbmond und ihr niedriger Eingang weist genau nach Osten in Richtung des Hauptschiffs und des Kalvarienbergs, wo sich zahlreiche weitere berühmte Heiligtümer befinden.

Der Rundbau über der Grabeskapelle ähnelt der antiken Rotunde in Rom, ist aber um einiges höher und breiter und besitzt zwei herrliche, übereinanderliegende Galerien, die mit prächtigen Säulen geschmückt sind. Die sich darüberwölbende Kuppel hat in der Mitte ein Loch, damit man vom Himmel aus einen Blick in dieses heiligste aller Bauwerke werfen kann. In der oberen Galerie verbrachten wir alle drei Nächte und hatten von dort einen ausgezeichneten Blick über den gesamten Kirchenraum und die etwa sechstausend Gläubigen, die sich am Ostersonntag hier versammelten.

Anschließend gingen wir durch die Kirche zurück zum Kalvarienberg und stiegen über einundzwanzig Stufen, achtzehn davon aus Marmor und drei aus Zedernholz, hinauf in einen prachtvollen Raum, dessen Decke von kostbaren Porphyrsäulen getragen und mit reichen Mosaiken und vergoldeten Bogen verziert war. Der Fußboden war mit kostbaren Einlegearbeiten aus Alabaster und schwarzem Marmor geschmückt. Auf der linken Seite sah ich einen flachen Fels, überzogen mit dicken, ziselierten Silberplatten, und darin ein Loch von etwa einer Elle Tiefe, in dem das Kreuz Christi gestanden haben soll, sowie zu beiden Seiten je ein weiteres Loch für die Kreuze der mit ihm hingerichteten Räuber.

In der Kirche leben Gläubige sechs christlicher Konfessionen, die in jeweils eigenen Klöstern untergebracht sind. Sie werden von Angehörigen ihrer Religionsgemeinschaft versorgt, die ihnen täglich Lebensmittel durch ein Loch im Kirchenportal reichen, da die Türken die Tür jeweils nur für eine Stunde am Samstagnachmittag und an besonderen Festtagen oder für den Einlass von Pilgern öffnen und sie danach gleich wieder verschließen. Damit sie wissen, wann neue Lebensmittel angeliefert werden, hängt in jedem Kloster eine Glocke, die über ein Seil mit dem Kirchenportal verbunden ist und von außen geläutet werden kann.

Insgesamt sind es dreihundertundfünfzig Personen, die dieses strenge Leben führen, darunter Italiener, Griechen, Armenier, Äthiopier, Jakobiter (eine Art beschnittene Christen), Nestorianer und Dschulfanier aus Mesopotamien.

In der Nacht zum Ostersonntag kamen alle orientalischen Christen, die nach Jerusalem gepilgert waren, etwa sechstausend Männer, Frauen und Kinder, um Mitternacht in der Kirche zusammen. Von ihren Patriarchen in zwei Gruppen getrennt, zogen die Gläubigen mit einer brennenden Kerze in der Hand neunmal um die Grabeskapelle. Zu Beginn hörte man nur leises Gemurmel und Wehklagen, doch gegen Ende brach ein wilder Tumult aus und die Menge tanzte und sprang zum Lärm von Kesselpauken, Trompeten und anderer Instrumente um das Heilige Grab, als wären sie alle von Sinnen.

Ihre Prozession wird dadurch zu einem unwürdigen Schauspiel, dem alle Andacht und gute Ordnung fehlt. Doch die Türken geboten ihrem Treiben Einhalt, indem sie inmitten des Aufruhrs mit langen Stöcken auf sie einprügelten und dieses grobe Volk selbst noch bei der höchsten ihrer religiösen Zeremonien grausam misshandelten.

Unsere Prozession fand bereits vorher statt und wurde, weil wir teuer dafür bezahlt hatten, mit deutlich mehr Wohlwollen betrachtet. Die muslimischen Wächter sorgten sogar dafür, dass die orientalischen Christen sich nicht unter uns mischten und an dem törichten Mummenschanz der römischen Kirche teilnahmen, der sich wie folgt abspielte: Zuerst holten der Guardian und seine Mitbrüder eine eigens dafür hergestellte *sacrastia* herbei, eine hölzerne Nachbildung des Leichnams Christi mit den fünf Wundmalen, die unter einem Batisttuch verhüllt war. Der Holzkorpus wurde dreimal um die Grabeskapelle getragen und dann zum Kalvarienberg gebracht. Dort salbten sie die aufgemalten Wundmale mit Salz, Öl, Balsam und duftenden Essenzen. Danach knieten sich der Guardian und die zwölf Mönche vor der Skulptur nieder und küssten die fünf Wundmale, unter den verächtlichen Blicken und dem hämischen Grinsen der Muslime. Anschließend kehrten sie zur Grabeskapelle zurück und legten das tote Stück Holz auf das Heilige Grab, womit die Zeremonie beendet war. Ich will dazu nur Folgendes anmerken: Wenn die römischen Jesuiten, Dominikaner und Franziskaner in bestimmten Teilen des Osmanischen Reiches dafür gesorgt hätten (wie es ihr Amt verlangt), dass sämtliche Götzen, abergläubischen Riten und die Anbetung von Bildern, Kreuzen und anderen Kultgegenständen verbannt würden, wären die Ungläubigen schon längst, auch ohne tieferes Verständnis der Religion, zum Christentum bekehrt worden.

Im Anschluss an die Prozession bot der Guardian mir an, mich für zehn Zechinen (»obwohl ich eigentlich dreißig nehmen müsste«, sagte er) in den Orden der Ritter vom Heiligen Grab zu Jerusalem aufzunehmen, was ich ablehnte, da ich sehr wohl wusste, was mit dem unseligen Eid verbunden war, den ich zu leisten hätte. Allerdings konnte ich die Prozedur beobachten, mit der zwei andere Pilger zu Rittern vom Heiligen Grab geschlagen wurden. Zuerst müssen sie feierlich schwören, solange sie leben für den Papst, den König von Spanien und den Herzog von Venedig zu beten, der für den Unterhalt der Franziskanermönche sorgt, sowie in ganz besonderer Weise für den König von Frankreich, dessen Zahlungen an den Sultan ihnen den Zugang zu den heiligen Stätten ermöglicht. Zweitens müssen sie den Protestanten und allen anderen, die die Vormachtstellung der römischen Kirche nicht anerkennen, ewige Feindschaft schwören. Und drittens verpflichten sie sich, dem Franziskanerorden jährlich eine bestimmte Summe zu zahlen. Nachdem diese drei Eide geleistet sind, befestigt der Mönch einen goldenen Sporn an der rechten Ferse des Kandidaten und weist ihn an, niederzuknien und seine rechte Hand auf das Heilige Grab zu legen. Dann zieht er ein breites Schwert hervor, das er heimlich unter seiner Kutte hineingeschmuggelt hat und das angeblich Gottfried von Bouillon bei der Befreiung Jerusalems trug, und schlägt dem frischgebackenen *cavaliero* damit neunmal auf die rechte Schulter. Und damit ist der päpstliche Ritterschlag vollbracht, auf dessen Ehre ich gerne verzichtet habe.

Mit der Aufnahme in den Orden sind allerdings auch gewisse Privilegien verbunden, von denen ich nur zwei nennen möchte: Wenn ein zum Tode Verurteilter unter dem Galgen steht, darf ein Ordensritter den Strick durchschlagen und ihm das Leben retten. Ebenso ist es ihm erlaubt, überall in Spanien, Italien und allen anderen der römischen Kirche zugehörigen Staaten Seide zollfrei einzukaufen und auszuführen.

Nachdem unser Guardian seine heidnischen Riten beendet hatte, kehrten wir nach drei Tagen in der Grabeskirche am Ostersonntag vor Mitternacht ins Kloster zurück. Am nächsten Tag machten sich die neun Kaufleute aus Ragusa und Venedig auf den Rückweg zu ihren Handelsniederlassungen in Syrien und Zypern.

Wir übriger Pilger brachen am Montagmorgen gegen sechs Uhr früh auf in das Bergland von Judäa. Unterwegs kamen wir zuerst an der Stelle vorbei, an der angeblich der Baum für das Kreuz Christi gestanden hat. Der Ort wird heute von den Griechen beansprucht, die dort ein Kloster errichtet haben. Nach weiteren fünf Meilen kamen wir in einem Bergdorf an ein unbewohntes Haus, in dem Elisabeth, die Mutter Johannes' des Täufers, wohnte, als Maria sie von Galiläa aus besuchte. Nicht weit davon entfernt war der Ort, an dem der Priester Zacharias stumm wurde, bis Elisabeth einen Sohn gebar. Noch einmal zwei Meilen weiter kamen wir zu einer Grotte an einem Felshang, in der Johannes der Täufer bis zu seinem neunzehnten Jahr gebüßt haben soll, bevor er hinunter an den Jordan zog. Die Grotte ist sehr malerisch und wurde direkt aus dem Fels geschlagen. Zwölf Stufen führen zu ihr hinauf, und sie besitzt sogar ein Fenster inmitten einer dicken Felswand, von wo aus man einen herrlichen Ausblick über das fruchtbare Tal hat. Unmittelbar neben dem Eingang der Grotte entspringt eine glasklare Quelle.

Auf dem Rückweg überquerten wir einen sehr hohen Bergrücken, von dem aus wir ganz Judäa und im Westen in Richtung Ägypten die Burg des Propheten Elisa, die Provinz Idumäa und das Land der Edomiter sahen, das ebenfalls zwischen Ägypten und Jerusalem liegt.

Die Nacht verbrachten wir in einem Franziskanerkloster in Bethlehem, in dem nur sechs Mönche lebten. Nach dem Abendessen gingen wir alle mit einer Kerze in der Hand zur Geburtsstätte Jesu, an der eine prächtige Kirche errichtet wurde, die größte und kunstvollste Kirche in ganz Asien und Afrika, in deren Innern es allein einhundertfünfzig Säulen gibt. Bevor wir an den Ort der Krippe kamen, mussten wir durch viele verwinkelte Gänge gehen und gelangten zuletzt in einen prachtvollen, mit Marmor, Saphiren und Alabaster geschmückten Raum. Dort zeigte man uns die Stelle und eine Nachbildung der Krippe, über der goldene Lampen hängen, deren Flammen niemals erlöschen. Nicht weit davon entfernt sahen wir die Stelle, an der der Stern stand und den drei Weisen aus dem Morgenland den Weg wies, als sie sich von Chaldäa aus aufmachten, um Christus anzubeten und ihm ihre Geschenke zu bringen. Anschließend führte man uns zu einer Grotte außerhalb der Stadt, in der sich die Jungfrau Maria vor den Männern des Herodes versteckt haben soll und von wo aus sie, durch den Engel gewarnt, mit Joseph und dem Kind nach Ägypten floh.

Vor lauter Angst soll die Milch ihrer gebenedeiten Brüste versiegt und das Kind beinahe verhungert sein. Da habe sie zum Allmächtigen gebetet und die Milch sei wieder so reichlich geflossen, dass ein paar Tropfen auf den Boden fielen und das Wunder sich auf die Grotte übertrug. Tatsächlich ist der Boden weiß wie Schnee und besitzt die wundersame Wirkung, dass Frauen, die ihr Kind nach der Geburt nicht stillen können, nur etwas von der Erde mit einer Flüssigkeit trinken müssen, damit die Milch fließt. Dies gilt nicht nur für christliche Frauen, sondern auch für muslimische, maurische und arabische, und viele kommen von weit her, um sich eine Handvoll Erde zu holen. Ich selbst konnte mich mit eigenen Augen von der Wirkung dieser Erde überzeugen und brachte ein Pfund davon mit nach Hause, dessen eine Hälfte ich unserer seligen Königin Anna zum Geschenk machte, nebst einigen anderen erlesenen Andenken meiner Pilgerreise wie etwa ein Gürtel und Strumpfbänder vom Heiligen Grab, gewebt aus kostbarer Seide und Gold, auf deren Enden jeweils in goldenen Lettern die Worte »Sancto Sepulchro« und der Name Jerusalems aufgestickt waren.

Nachdem wir alle heiligen Stätten und Orte in und um Judäa gesehen hatten, kehrten wir in unser Kloster zurück. Doch möchte ich zum Schluss noch einmal wiederholen, was ich bereits zu Anfang sagte, dass nämlich einige dieser Heiligtümer schlichtweg lächerlich, andere der reinste Schwindel, einige zweifelhaft und andere schließlich zumindest halbwegs glaubwürdig erscheinen.

Zuletzt blieben wir elf Europäer noch drei Tage in Jerusalem und trafen die Vorbereitungen für unsere Weiterreise mit einer Karawane nach Kairo. In dieser Zeit kam der bereits erwähnte Mönch Lorenzo zu mir, dem ich auf dem Berg Quarantana das Leben gerettet hatte, und schenkte mir zwölf Kreuze aus Olivenholz vom Ölberg, in die jeweils vierundzwanzig christliche Bildnisse geschnitzt waren, dazu vierzig Rosenkränze aus dem gleichen Holz, zwei türkische Taschentücher und drei Paar Strumpfbänder und Gürtel vom Heiligen Grab, alle aus Seide und Gold, sowie derlei Dinge mehr. Die Dankbarkeit des Schenkenden war jedoch entschieden größer als die des Beschenkten.

Am letzten Tag unseres Aufenthalts gingen die Mönche mit uns noch einmal zum Heiligen Grab, wo wir die ganze Nacht blieben. In der Frühe kam ein gewisser Elias Areacheros, der aus Bethlehem stammte und das Kloster mit Lebensmitteln versorgte, zu uns und stach uns auf unseren Wunsch das Jerusalemkreuz und den Namen Christi auf den Arm. Ich aber bat ihn, mir darunter auch noch die vier Kronen von König Jakob zu stechen und in den Reif der unteren Krone die Inschrift »Vivat Jacobus Rex« zu setzen, wofür ich ihm zwei Piaster zahlte. Als der Guardian sah, dass ich mir am Heiligen Grab eine Inschrift zu Ehren meines Königs hatte machen lassen, war sein Zorn groß, dass ich diese heilige Stätte mit dem Namen des Erzfeindes der römischen Kirche befleckt hatte. Doch da er es nicht ändern konnte und ich ihm von den hohen Tugenden unseres unvergleichlichen Monarchen erzählte, dessen Weisheit und Gelehrsamkeit größer war als die jedes anderen Regenten dieser Erde, beruhigte er sich und bat mich, Seine Majestät darauf aufmerksam zu machen, dass er ihnen trotz der vielen erlittenen Entbehrungen nie irgendeine Unterstützung gewährt oder ihnen Geld für den Erhalt der heiligen Stätten in Jerusalem bereitgestellt habe, die Reisenden seines Königreichs genauso offen standen wie allen anderen. Tatsächlich gedachte ich seiner Bitte, als ich nach meiner Rückkehr nach England Seiner Majestät verschiedene seltene Andenken und den Terpentinzweig aus dem Jordan überreichte und Seiner Königlichen Hoheit im Laufe meines Berichts im Park von Greenwich vom Gespräch mit dem Guardian erzählte. Er gab mir die gütige Antwort, dass sie ihn nie um Hilfe gebeten hätten, denn hätten sie dies getan, er wäre sie ihnen gewiss nicht schuldig geblieben.

Nachdem wir der Grabeskirche Lebewohl gesagt und im Kloster gefrühstückt hatten, mussten wir die Kosten für unsere Verpflegung zahlen, die sich auf sechs Shilling pro Tag beliefen und für mich insgesamt fünf Pfund und zwei Shilling ausmachten. Anschließend händigte der Sekretär des Guardian mir eine mit dem Großen Siegel des Konvents versehene Urkunde aus, die mich drei Zechinen kostete und in der alle Stätten verzeichnet waren, die ich im Heiligen Land besucht hatte. Darunter war das Siegel aufgedruckt, auf dem die zwölf Apostel und Christus in ihrer Mitte zu sehen sind.

Als Nächstes mussten wir den habgierigen Baptista, unseren Führer und Dolmetscher, mit je zwei Zechinen entlohnen sowie dem glupschäugigen Küchenmeister, dem grimmigen Portier und dem Koch mit einem Gesicht wie der Ätna je eine Zechine in die Hand drücken, sodass die vier *cazzocullioni* insgesamt vierundzwanzig Pfund und fünfzehn Shilling bekamen.

Doch auch das war noch nicht genug, denn selbst als die ägyptische Karawane schon vor den Toren der Stadt auf uns wartete, redete der Guardian mit Engelszungen auf uns ein, ihm für die vielen Schikanen und Entbehrungen, die sie unter den Ungläubigen zu erleiden hätten, etwas Geld zuzustecken, was die meisten von uns rundheraus ablehnten, nachdem er uns zuvor so weidlich ausgenommen hatte, doch gaben die beiden deutschen Barone ihm noch einmal eine Summe von umgerechnet etwa sechs englischen Pfund.

Und jetzt, da ich den Berg Zion verlasse, will ich den neugierig gewordenen Reisenden vor falschen Vorstellungen warnen und ihm die Summe nennen, die ich allein in Jerusalem ausgegeben habe, ohne die Ausgaben für die Ausflüge in die Umgebung, nämlich genau achtzehn englische Pfund und sechzehn Shilling, was so manchen auf den Boden der Tatsachen zurückholen dürfte. Und schließlich mag es auch das naive Bild derjenigen korrigieren, die glauben, einem Reisenden stehe die ganze Welt kostenlos offen und er werde überall mit Freuden ausgehalten, was so falsch ist wie die Irrlehren der Häretiker.

9. Kapitel

Reise nach Kairo

Am 12. Mai stießen die anderen zehn Pilger und ich gegen Mittag zu der Karawane, die uns nach Ägypten bringen sollte. Zuvor hatten wir einen Reisepreis von neunzehn Piastern pro Kopf vereinbart, in dem für die anderen Kamele und Dromedare (ich selbst ging wie immer zu Fuß) sowie sämtliche unterwegs anfallenden Wegezölle enthalten waren.

Nachdem wir dem Zion Lebewohl gesagt hatten, setzten wir uns in Richtung Gaza in Bewegung und erreichten gegen Abend ein hübsches Dorf an der äußersten Grenze von Judäa, das auf einem fruchtbaren Hügel lag und in dem mehr Juden als Araber wohnten. Die Deutschen und ich wurden freundlich empfangen und kostenlos von einigen Juden bewirtet, die Italienisch sprachen und sehr erfreut waren, solch seltene Gäste zu haben, von denen zwei sogar aus Venedig stammten. Unsere Karawane umfasste etwa achthundert Personen und bestand größtenteils aus koptischen Christen. Sie alle waren von Ägypten zum Osterfest nach Jerusalem gepilgert und behandelten uns sehr freundlich und mit großem Respekt.

Die Karawane verbrachte die Nacht auf freiem Feld, während wir im Dorf blieben und mit unseren hebräischen Freunden feierten. Früh am nächsten Morgen setzten wir unseren Weg durch Idumäa, das Land der Edomiter, fort, das immer wieder von Arabern überfallen wird, obwohl es zum türkischen Herrschaftsgebiet gehört. Auf unserer langen Tagesreise wurden wir ausreichend mit Wasser und Lebensmitteln versorgt, doch ist die Bevölkerung ausgesprochen roh und barbarisch und besitzt nicht mehr menschliche Tugenden als die Leoparden von Berdoa. Die Deutschen, die so etwas nicht gewohnt waren, bekamen Angst vor den Wilden, worauf ich zu ihrer Beruhigung sagte: »Verzagen Sie nicht, meine Herren, dem Mutigen gehört die Welt!«

Gegen Abend kamen wir nach Gaza und fanden eine angenehme Unterkunft, in der unsere gesamte Karawane mitsamt den Soldaten, Kamelen, Dromedaren, Maultieren und Eseln versorgt wurde und ausruhen konnte. Am nächsten Morgen deckten wir uns auf dem Markt mit ausreichend Brot, Hühnern, Eiern, Knoblauch und Zwiebeln für die zehntägige Reise durch die Wüste ein.

Gaza besitzt zwölfhundert feste Wohnhäuser und ist gut gegen Überfälle der Araber geschützt. Stadt und Burg stehen unter türkischem Kommando und werden ständig von einer Garnison Soldaten bewacht. Am Nachmittag brachen wir zu unserem gefährlichen Marsch durch die Wüste auf und schlugen nach zwölf Meilen unsere Zelte in der Nähe einer Quelle, oder eines Brunnens, auf. Über Nacht hielten die Soldaten Wache, während ich die Deutschen, mit denen ich mich gut verstand, mit allerlei Späßen bei Laune zu halten versuchte, da sie alle von eher zaghafter und ängstlicher Natur waren. Bei Tagesanbruch setzten wir unseren Weg über steiniges und mit Buschwerk bestandenes Hügelland fort und stiegen gegen Nachmittag in ein sandiges Tal ab, wo wir nur noch mühsam vorwärtskamen und arg unter der vom Boden reflektierenden Hitze litten, ich zu Fuß ganz besonders.

Nachdem wir das Tal durchquert hatten und auf der anderen Seite einen gezackten Hügelkamm entlangmarschierten, fielen plötzlich zweihundert Araber über uns her, die aus Mulden im Boden und hinter Büschen hervorsprangen und uns mit Pfeilen beschossen, bis wir sie mit einer Zahlung von sechzehn Piastern besänftigen konnten. Die Hälfte der Nacht schlugen wir unsere Zelte in einer grünen Ebene auf, wo umherziehende Araber uns Wasser aus Holzbechern verkauften, das sie in Bocksbeuteln aus Wildschweinhäuten auf dem nackten Rücken trugen. Unser Führer heuerte zwei der Wilden an, uns am nächsten Tag zur ersten der drei Festungen zu bringen, die von den Türken erbaut wurden und jeweils eine Tagesreise voneinander entfernt liegen. Alle drei dienen zum Schutz der Karawanen und werden von einer größeren Zahl Soldaten bewacht, da es sich um einen äußerst gefährlichen und entlegenen Wüstenabschnitt handelt.

Am nächsten Tag führten unsere beiden Begleiter uns auf dem angenehmsten und sichersten Weg durch die Wüste. Im Lauf unserer Wanderung sahen wir verschiedene fruchtbare Flecken, wo Menschen in Zelten wohnten und vereinzelt Schafe und Ziegen grasten. Dennoch wurden wir immer wieder von Araberhorden aufgehalten, denen unser Führer wie in Jerusalem vereinbart Wegezölle zahlen musste. Gegen Abend erreichten wir von der Hitze und mehr noch vom Durst gequält die erste Festung, deren Kommandant uns freundlich empfing und uns anwies, unsere Zelte um den quadratischen Festungsturm herum aufzustellen. Eine Zisterne spendete ausreichend Wasser, auch wenn mir Wein lieber gewesen wäre. Danach legten wir uns auf dem harten Boden schlafen, doppelt bewacht von den Garnisonssoldaten und unseren eigenen Leuten.

Am folgenden Tag marschierten wir mit einem neuen Führer weiter. Unser Weg führte durch eine glühend heiße Ebene, in der wir nicht nur mit der extremen Hitze, sondern auch mit Treibsand zu kämpfen hatten, in dem mehrere unserer Lasttiere versanken mitsamt sechs Männern und Frauen, die von ihren im Sand feststeckenden Eseln absteigen mussten. Gegen Mittag erreichten wir eine feste Anhöhe, wo wir unsere Zelte aufschlugen und darin bis zum Abend Schutz vor der sengenden Sonne suchten, wie wir es auch an den folgenden Tagen machten. Sobald es dunkel geworden und etwas abgekühlt war, brachte unser Führer uns im Licht des Mondes zur zweiten Festung, die nicht halb so imposant wie die am Tag zuvor war. Der dortige Kommandant war auch weit weniger freundlich und wollte uns nicht mehr als eine Handvoll Wasser geben, da es sich um eine christliche Karawane handelte. Um Mitternacht kamen schließlich etwa dreißig Araber und verkauften uns Wasser in Karaffen, die etwa eine Maß enthielten, zu jeweils drei Aspern, was einem britischen Shilling entspricht. Meine deutschen Begleiter tranken so viel von der fauligen Brühe, die von bräunlicher Farbe und warm wie Pisse war, dass sie sich daran den Magen verdarben, worauf einige sogar am nächsten Tag starben.

Nach Mitternacht gerieten der türkische Kommandant und unser Karawanenführer in Streit, weil jener unseren Tieren, die kurz vor dem Verdursten standen, kein Wasser geben wollte, und wenn nicht die Soldaten auf beiden Seiten dazwischengegangen wären, hätte es für uns alle ein schlimmes Ende genommen. Doch war der Streit nicht beigelegt, sodass wir noch vor Tagesanbruch unseren beschwerlichen Weg fortsetzten. Unterwegs kamen wir an zahlreichen halb zerfallenen Erdhöhlen vorbei. In einigen sahen wir Beduinenfrauen, die darin niedergekommen waren und bis auf ein Tuch über dem Unterleib nackt auf einer notdürftig mit Sand und Blättern aufgeschichteten Bettstatt lagen. Ihre Neugeborenen lagen in ihren Armen und waren ebenfalls mit Blättern bedeckt. Ungeachtet ihrer Beschwerden, die vergleichsweise gering waren, wurden sie anders als bei uns von ihren Männern nicht mit gesüßten Brotstücken, Branntwein, Wildpastete und anderen Leckerbissen verwöhnt, sondern mussten mit Brot, Knoblauch, etwas Gemüse und Wasser vorliebnehmen. Und anstatt nach drei oder vier Tagen zur Aussegnung in die Kirche zu gehen, ziehen sie mit Pfeil und Bogen los, um Karawanen zu überfallen und Geld und andere Dinge zu erbeuten.

Als wir von den Hügeln hinabstiegen und ein sechs Meilen langes sandiges Tal durchquerten, bei sengender Hitze und ohne eine Stelle zu finden, wo wir unsere Zelte aufstellen konnten, fielen plötzlich drei der Deutschen – die beiden Freiherren Signior Strauss und Signior Kruschen sowie ein gewisser Signior Thomasio – tot von ihren Eseln, dahingerafft von der brennenden Sonne und innerer Austrocknung. Mit dazu beigetragen hatte auch die schlechte Verpflegung und das noch schlechtere Wasser, da sie solche harten Bedingungen nicht gewohnt waren, während sie mir stets ein *vademecum* waren.

Unser Führer ließ anhalten und die Leichen der drei Männer auf den Rücken ihrer Tiere binden und sie zum Fuß eines steinigen Hügels bringen. Dort hoben wir eine Grube aus, und ich zog ihnen ihre türkischen Kleider aus und stieß sie nacheinander hinein. Anschließend bedeckten wir sie mit loser Erde, und einige Soldaten halfen mir, schwere Felsblöcke auf ihr Grab zu legen, um die Leichname vor Schakalen zu schützen. Zum Schluss dieses schmerzlichen und traurigen Zwischenfalls schenkten mir die verbliebenen Deutschen die Kleider ihrer Freunde, weil ich mich so aufopfernd um sie gekümmert hatte, und eins ihrer Maultiere brachte sie für mich nach Kairo.

Bedrängt von weiteren Überfällen und unter noch größeren Entbehrungen gelangten wir schließlich zur dritten Festung, einerseits tief betrübt über den Tod unserer Freunde, aber andererseits heilfroh, in Sicherheit zu sein. Der Kommandant empfing uns mit offenen Armen und hielt höchstpersönlich mit seinen Leuten in der Nacht Wache. Außerdem sorgte er dafür, dass alle ausreichend Wasser bekamen, und ließ unserem Führer und den acht Europäern zum Abendessen drei gebratene Hühner und zwei Kapaune bringen.

Um nicht langatmig vom ewigen Kampf mit dem Sand berichten zu müssen, halte ich hier ein mit der Schilderung der einzelnen Tage und gebe die weitere Reise bis zur Ankunft in Salihiya an der Grenze zu Ägypten im Überblick wieder. Die Bevölkerung dieser Gegend lebt ausnahmslos von Raub, Plünderung und Überfällen. Alles Handwerk ist ihnen genauso verhasst wie der Aufbau eines Gemeinwesens. In der Regel von gedrungener Statur, sind sie flink zu Fuß, verschlagen, aufrührerisch in ihrem Charakter und große Aufschneider. Sie besitzen eine gelbbraune Hautfarbe und rühmen sich ihrer alten Stammesgeschichte und edlen Abstammung, obwohl sie halb nackt herumlaufen, ihre Nahrung so primitiv ist wie ihre Lebensweise und sie nicht mehr Anzeichen von Zivilisation aufweisen als die vierfüßigen Bewohner Libyens. Sie sind weder tapfer noch entschlossen im Angriff, außer wenn sie in großer Überzahl sind, und einhundert Türken können es spielend mit dreihundert dieser Araber aufnehmen.

Vierzig Jahre lang dauerte die Wanderschaft des Volkes Israel durch die Arabische Wüste, auf der es durch Manna vom Himmel gespeist wurde und Wasser im harten Fels fand. Hier liegt auch der Berg Sinai, wo Moses die Worte des Bundes auf die beiden Gesetzestafeln schrieb. Der größte Teil dieser Wüste ist ungeeignet für Ackerbau oder Viehzucht, da er von einer dicken Schicht feinen Sands bedeckt ist, den der Wind nach Belieben zu Hügeln und Bergen auftürmt, die vor allem für den erschöpften Reisenden eine große Gefahr darstellen. Es gibt nur einige wenige Bewohner, die in abgeschiedenen Höhlen oder Zelten aus Haartuch hausen und deren ganzer Reichtum ihre Kamele, Dromedare und Ziegen sind.

Vor unserer Ankunft in Salihiya durchquerten wir den schmalen Isthmus, der zwischen dem Mittelmeer und dem Roten Meer liegt und Asien von Afrika trennt. Bereits mehrmals hat man versucht, die Landenge zu durchstoßen und eine Verbindung zwischen beiden Meeren zu schaffen, um den Seeweg nach Indien zu verkürzen. Der erste war Sesostris, der König von Ägypten, danach kam Darius, der große persische Monarch. Den dritten Versuch machte ein weiterer ägyptischer Pharao, der einen einhundert Fuß breiten und etwas über dreißig Meilen langen Graben ausheben ließ. Doch kurz vor dem Durchstich musste er von seinem Vorhaben ablassen, da sich herausstellte, dass das Rote Meer drei Ellen höher liegt als das ägyptische Tiefland und man befürchtete, das ganz Land zu überfluten. Der einstige Graben ist zugeweht, aber sehr gefährlich zu überqueren, weil sich unter dem Sand Hohlräume gebildet haben und man sehr schnell einbrechen kann.

In Salihiya trafen wir auf eine große Karawane von zweitausend Leuten und eintausendzweihundert Kamelen und

Dromedaren, die mit Handelswaren aus Aleppo beladen waren und über Damaskus nach Kairo wollten. In kluger Voraussicht machten wir uns vor ihnen auf den Weg, um ausreichend Wasser für uns und unsere Tiere zu bekommen, da wir vielerorts die Brunnen ohne Wasser zurückließen.

Dromedare und Kamele ähneln sich in Körperbau und Größe, sind aber ansonsten sehr verschieden. Während das Dromedar einen raschen und weit ausholenden Gang hat und man mit ihm am Tag Strecken von über achtzig Meilen zurücklegen kann (wenn man es so lange auf dem Rücken aushält), trottet das Kamel sehr langsam dahin und setzt bedächtig einen Fuß vor den anderen, als wolle es herausfinden, welcher schwerer ist, und könnte auch gar nicht schneller gehen, selbst wenn es dies wollte. Dafür trägt es sehr viel mehr Last als ein Dromedar. Zum Beladen geht es auf die Knie herab und erhebt sich anschließend mit seiner beachtlichen Fracht, die sechshundert bis achthundert Pfund betragen kann.

Das Rote Meer, das wir zu unserer Linken im Westen liegen ließen, ist nicht etwa rot, wie viele glauben, sondern besitzt die gleiche Farbe wie andere Meere. Der Name *Mare Rubrum* stammt daher, dass der Ufersand und die darauf wachsenden Binsen und Büsche rot sind. Andere beziehen die Namensgebung auf Moses, der mit seinem Stab die Flüsse und Nilarme in Blut verwandelte, indem sie fälschlicherweise Meere statt Flüsse lesen. Berühmt ist das Rote Meer wegen des wundersamen Durchzugs der Israeliten und der Vernichtung des Pharaos und seiner Soldaten sowie wegen der Gewürze, die von Indien und Arabien über das Rote Meer nach Alexandria geschafft und von dort durch die Venezianer nach ganz Europa und entlang der asiatischen und afrikanischen Mittelmeerküste verschifft wurden. Heute jedoch hat das

Rote Meer viel von seiner ehemaligen Bedeutung eingebüßt, da die Portugiesen, Engländer und Holländer ihre Gewürze um die Südspitze Afrikas herum transportieren, sodass Alexandria nicht mehr Warenumschlagplatz ist und der Reichtum der Venezianer stark geschrumpft ist. Gleichwohl hat die Qualität der Gewürze deutlich nachgelassen, da sie auf der langen Überfahrt zu viel Feuchtigkeit aufnehmen.

Das bereits erwähnte Salihiya soll an der östlichen Spitze des einstigen Gelobten Lands liegen und besteht heute aus achthundert Häusern. Eine Stadtmauer und eine Festung schützt die Stadt vor den Arabern, und zudem sind in ihr zehn Reiterabteilungen der Janitscharen abgestellt. Wir blieben zwei Nächte dort und frischten unseren Proviant für die Weiterreise nach Kairo auf, das vier Tagesreisen von hier entfernt liegt. Beim Aufbruch war ich gespannt auf die Dinge, die mir in diesem fremden Land begegnen würden.

Zwölf Meilen hinter Salihiya sahen wir zu beiden Seiten des Wegs zahllose Dörfer, die entlang künstlicher Kanäle des Nils errichtet waren und aus ein- und zweistöckigen Häusern aus Holz und Ziegeln bestanden. Während unserer mittäglichen Rast musste unser Führer an verschiedenen Stellen Wasser von den Ägyptern kaufen, um uns alle zu versorgen. Und noch am gleichen Abend musste er fünf Goldsultaninen für Wasser für uns und die Tiere bezahlen, was fünfunddreißig englischen Shilling entspricht.

Am nächsten Tag kamen wir durch eine fruchtbare Ebene voller Obstbäume und frisch gemähter Weizen-, Korn- und Gerstenfelder, obwohl wir erst den 14. Mai hatten. Tatsächlich bringt das Land zwei Ernten im Jahr hervor, eine im Frühjahr und eine im Dezember, da hier ein beständiger Sommer herrscht und trotz der brennenden Hitze das ganze Jahr über

Obst und Gemüse geerntet werden können und das ganze Königreich wie ein einziger Garten erscheint, in dem immer irgendeine Sorte Obst Saison hat oder es wie bei den Zitronenbäumen so ist, dass einige reife Früchte tragen, während sie an anderen noch grün sind und wieder andere in Blüte stehen. Obwohl es kaum Niederschläge gibt, ist die ganze ägyptische Ebene überaus fruchtbar, da der Tau der Nacht für die Bewässerung der Pflanzen und Bäume ausreicht.

An den beiden letzten Tagen unserer Reise von Salihiya nach Kairo konnten wir Europäer auf das Wasser verzichten und stattdessen Caffee trinken, der aus einer Bohne namens *coave* gewonnen und heiß getrunken wird. Die Araber haben stets ein Tongefäß mit heißem Caffee im Ofen und trinken ihn, weil er das von ihnen so reichlich verzehrte Obst und Gemüse bekömmlicher macht.

Nach unserer Ankunft in Kairo verabschiedeten wir uns vom Führer der Karawane, und die drei Deutschen und ich suchten Unterkunft beim venezianischen Konsul, einem gewissen Signior Marco Antonio, während die vier Franzosen zu ihrem Konsul gingen, der aus Marseille stammte. Drei Tage lang ließen wir es uns im Haus des Venezianers gut gehen und tranken reichlich starken zypriotischen Wein, die drei Deutschen allerdings weitaus mehr als ich, noch dazu ganz unverdünnt, obwohl ich ihnen dringend davon abriet. Die große Hitze und der viele Wein bewirkten schließlich, dass am Mittag des vierten Tages alle drei Deutschen tot waren. Ihr Tod traf mich völlig überraschend, da ihr Gesicht bis zuletzt eine gesunde rote Farbe hatte, sie mich unverwandt ansahen und bis zu ihrem letzten Atemzug klar und verständig sprachen.

Als Letzter starb Wilhelm Dierganck, der mir sein ganzes

Geld sowie das seiner fünf Landsleute vermachte, indem er mir im Beisein des Konsuls die Schlüssel für ihre drei Reisekoffer übergab und mich mündlich zum Alleinerben erklärte. Doch da der Konsul, dieser durchtriebene Kerl, wusste, dass wir uns nicht näher kannten und uns nur zufällig in Jerusalem begegnet waren, und es sich zudem um Edelmänner handelte, die über einiges Gold verfügten, erfand er schnell einen Grund, sich selbst zu bereichern, indem er behauptete, die Verwandten der Verstorbenen würden ihre Hinterlassenschaft bei seiner Rückkehr nach Venedig von ihm zurückfordern.

Wie auch immer, ich musste mich um ihre Beerdigung kümmern und erstand unter großen Mühen eine Grabstätte für alle drei auf einem koptischen Friedhof, acht Fuß Boden, für den ich den ägyptischen Christen zehn Sultaninen zu zahlen hatte, zuzüglich der sechs Piaster, die sie für die Überführung der Toten vom Haus des Konsuls zum zwei Meilen entfernten Friedhof verlangten. Als ich dorthin zurückkehrte, hatte er das ganze Geld an sich genommen, schlug mir die Tür vor der Nase zu und ließ mir meinen Teil nach draußen bringen. Ich ging daraufhin zum französischen Konsul, Monsieur Beauclair, der mich freundlich empfing. Nachdem ich ihm von dem großen Unrecht erzählt hatte, das mir durch den venezianischen Konsul widerfahren war, ließ er einen jüdischen Arzt rufen, dessen Rat er vertraute. Gemeinsam überlegten wir, was zu tun sei, und gingen früh am nächsten Morgen zum türkischen Beylerbey. Der hörte sich unsere Klage an und ließ sofort den venezianischen Konsul holen, um den Fall aus seinem Mund zu hören, denn nach dem türkischen Gesetz gibt es keine Anwälte und jeder muss seine Sache persönlich vortragen. Als aber der Pascha und der oberste Richter der Stadt die Schlüssel für die drei Reisekoffer in meinen Händen sahen und meine Geschichte gehört hatten, entschieden sie ungeachtet der Tatsache, dass sie dem Konsul näherstanden als mir, dass zwei Teile des Goldes sowie sämtliche in Jerusalem erworbenen Erinnerungsstücke und ihre türkischen Kleider mir zufallen sollten und dem Venezianer das übrige Drittel.

Auf diesen Beschluss gingen der jüdische Arzt und ich in Begleitung zweier Janitscharen zum Haus meines Widersachers, wo ich dem Juden die Schlüssel übergab und er die Holzkoffer öffnete, in denen sich genau 1424 Goldzechinen sowie einige Ringe und Silbermedaillons befanden. Der Jude zahlte mir meinen Anteil aus, der sich auf 942 Zechinen belief, und überließ den Rest dem untröstlichen Konsul, zusammen mit der Hälfte der Ringe und Medaillons. Ich nahm das Geld, die Kleider, die Holzkoffer und alle übrigen Dinge und ließ sie mit einem Maultier zum Haus des französischen Konsuls bringen. Monsieur Beauclair und meine Mitreisenden waren sehr froh darüber, dass ich so schnell gehandelt hatte, da niemand wissen konnte, wie viel Geld sich in den Holzkoffern befand. Ich bedankte mich aufrichtig beim Konsul und drückte dem Juden und den beiden Janitscharen zehn Goldstücke in die Hand. Dann aß ich zu Abend und legte mich schlafen und dankte Gott für den glücklichen Ausgang der Sache. Gleichwohl war ich tief betrübt über den Tod der edlen Herren, die so fromm und so freundlich waren und als ein wahrer Spiegel an Menschlichkeit und Tugend betrachtet werden konnten. Ihr Tod kam mir wie der Abgrund der Hölle vor, so wie mir ihre Gegenwart das Paradies bedeutete, und ihr ehrenhaftes Andenken verlangt mehr Ruhm, als ich in dürren Worten ausdrücken kann.

Kairo ist die imposanteste und größte Stadt des gesamten Erdkreises, dreimal so groß wie Konstantinopel und genauso dicht bevölkert, wenn auch einfacher erbaut. Sie liegt in einer angenehmen Ebene im Landesinnern und berührt an einigen Stellen den Nil.

Die Stadt besteht aus fünf Teilen: Der erste und bedeutendste ist das neue Kairo, mitten im Zentrum gelegen und mit einer Stadtmauer und Toren gesichert. Es misst im Umfang zweiundzwanzig Meilen und enthält alle wichtigen Handelsplätze und Märkte. Der zweite Teil ist das alte Kairo, das einstige Babylon. Tatsächlich gab es zwei Babylons, einmal das heutige Bagdad, und das ägyptische Babylon, das an das neue Kairo angrenzt. Im Altertum wurde die Stadt auch Memphis genannt und war der am weitesten entfernte Ort der Reisen des Odysseus, die Homer so eindrucksvoll beschrieben hat. Und doch waren seine Irrfahrten weit weniger außergewöhnlich, als der große Dichter behauptete, machten sie doch gerade einmal ein Fünfzehntel meiner Reisen aus.

Der dritte Stadtteil ist Medin, der sich an die Rückseite Alt-Kairos in Richtung der Pyramiden anschließt. Der vierte ist Bulak und zieht sich ein gutes Stück den Nil entlang, und der fünfte und letzte ist die gewaltige Stadt um den Friedhof von Karafa, die sich über viele Meilen nach Süden in Richtung des Roten Meers erstreckt.

Alle vier Stadtteile sind Vorstädte des neuen Kairo, sodass sich eher das Bild eines großen Flickenteppichs als einer gewachsenen Stadt ergibt, und doch grenzen sie alle an einer oder mehreren Seiten aneinander und sind durch zahllose Straßen miteinander verbunden. Vom unteren Ende des Stadtteils Bulak bis zur Südspitze von Karafa misst die Stadt achtundvierzig Meilen in der Länge und vierzehn Meilen in der Breite, wie ich aus eigener leidvoller Erfahrung weiß, da ich die gesamte Strecke an einem einzigen Tag zu Fuß ablief, begleitet von einem Janitscharen zu Pferd, und mir dabei so wunde Füße holte, dass dies einer der schlimmsten Tage auf allen meinen Reisen war.

Die Straßen sind schmal und zum Schutz vor der Sonne fast alle überdacht, mit regelmäßigen Öffnungen, damit Licht hereinfällt. Die Häuser sind in der Regel zwei Stockwerke hoch und aus Lehm oder Ziegeln gebaut. Sie besitzen flache Dächer, auf denen die Menschen nachts schlafen, weil dort die Luft frischer und kühler ist.

An größeren Straßenkreuzungen und Marktplätzen stehen gesattelte Pferde bereit, die man je nach Wegstrecke für wenig Geld mieten kann, um Geschäfte zu tätigen oder sich auch einfach nur in der weitläufigen Stadt umzusehen. Unterwegs kann man die Pferde ganz nach Belieben wechseln, da ihre Besitzer einen auf längeren Wegen mit entsprechend vielen Tieren begleiten, was eine große Annehmlichkeit für erschöpfte Reisende bedeutet.

Kairo ist ein großes Handelszentrum, in dem unzählige Menschen aus aller Herren Länder zusammenkommen. Das Umland ist reich an Seide, Weizen, Obst, Wachs, Honig und einem einzigartigen Balsam, der als Allheilmittel verwendet wird, sowie zahlreichen anderen Handelsgütern, darunter Baumwolle, kostbares Gold- und Silbertuch und die beste Qualität an Satin, Damast, Taft und Grobseide, die man auf der Welt finden kann.

Wegen der hohen Bevölkerungsdichte und der extremen Hitze wird die Stadt oft von der Pest heimgesucht, und das in einem Ausmaß, dass es schon zehntausend Pestopfer an einem einzigen Tag gegeben hat. In Pestjahren, die etwa alle drei Jahre auftreten, kann man fast von einem guten Tag sprechen, wenn nur ein- oder zweitausend Menschen sterben oder nicht mehr als dreihunderttausend in einem ganzen Jahr.

Ein Reisender kann in Kairo Christen aus aller Welt treffen, neben den hier ansässigen koptischen Christen, deren Zahl auf über zweihunderttausend geschätzt wird, sowie der unermesslichen Zahl der Ungläubigen.

Von dem palastartigen Gebäude, in dem der Beylerbey residiert und das auf einem flachen Hügel erbaut ist, hat man einen ausgezeichneten Blick auf den größten Teil der Stadt, die Gärten und Dörfer entlang des Nils und die Tiefebene von Ägypten. Ihre Gesetze und heidnische Religion folgen dem Vorbild Mohammeds, und auch ihre Sitten und Gebräuche sind viehisch und barbarisch wie die der Türken, da sie wie sie große Sodomiten sind und zahllosen anderen diabolischen Lastern nachhängen.

Die besser gestellten Frauen Kairos wie auch im gesamten Königreich tragen Gold- und Silberringe in ihren Nasenflügeln, den Mundwinkeln und der Unterlippe, an denen kostbare Perlen und Edelsteine hängen. Ihre Arme sind mit feingliedrigen Ketten geschmückt und ihre Fußgelenke mit Ketten aus Gold und Silber. Wer sich keinen teuren Schmuck leisten kann, trägt Ringe und Ketten aus Messing, Kupfer, Blei oder Weißblech, da es für sie unvorstellbar ist, sich ohne Schmuck in der Öffentlichkeit zu zeigen.

Genau wie in der Türkei pinkeln die Frauen im Stehen auf der Straße, während sich die Männer dazu auf den Boden knien. Frauen wie Männer tragen Leinenhosen und Lederstiefel, und hätten sie ihr Gesicht nicht verschleiert und trügen längere Kaftane, könnte man sie nicht voneinander unterscheiden.

Die Ägypter haben als Erste Maschinen, Buchstaben und die Schrift erfunden. Unter ihnen gab es große Magier und Astrologen, und bis heute besitzen die Menschen einen scharfen Verstand, doch neigen sie zu Trägheit, Ausschweifung und Luxus. Ihrer Natur nach sind sie fröhliche Gesellen und große Sänger, was angesichts des üppigen Reichtums des Landes und ihres genusssüchtigen Wesens nicht weiter verwundert, da sie Hochmut und Maßlosigkeit begünstigen. Allerdings leben sie wegen des heißen Klimas auch nicht lange. Da Ägypten in der heißen Zone zwischen dem nördlichen und dem südlichen Wendekreis liegt, erreichen nur wenige Menschen ein Alter von sechzig Jahren.

In ganz Ägypten gibt es keinen einzigen natürlichen Brunnen, und die einzige Wasserquelle ist der Nil. Die Einwohner wissen auch kaum, was Regen ist, da sie so gut wie nie welchen zu sehen bekommen, und sollte tatsächlich einmal ein Regenschauer über ihnen niedergehen, bekommen sie davon Ausschlag und zahllose andere Krankheiten. Was aber den Reichtum an Weizen und allen Arten von Obst angeht, kann kein Land der Welt es mit Ägypten aufnehmen. Dafür gibt es im ganzen Königreich keinen Wein und auch keine Weinberge, und Reisende müssen mit dem Wein vorliebnehmen, der aus Kreta, Zypern und Griechenland herübergebracht wird. Der Grund dafür liegt darin, dass sich die arabischen Muslime streng an die Gesetze des Korans halten und weder Wein anbauen noch Weinanbau dulden, da ihnen der Genuss von Wein als Todsünde gilt, wohingegen sie Caffee und Scherbett, ein alkoholisches Mischgetränk, in großen Mengen trinken.

Der Garten, in dem ihr Wunderbalsam wächst, liegt auf der Südseite Kairos und wird von einer sechs Meilen langen

Mauer umschlossen, die Tag und Nacht von den Türken bewacht wird. Als ich in Begleitung eines Janitscharen dorthin kam, verweigerten sie mir den Zutritt, weil kein Christ hineindürfe, und ein Jude schon gar nicht, nachdem die Juden vor nicht langer Zeit die Aufsicht über den Garten hatten und die Balsamgewinnung dabei fast ruiniert hätten. Der Baum, aus dem er gewonnen wird, ist drei Fuß hoch, besitzt breite, dreifach gezackte Blätter und ist das ganze Jahr über grün. Dreimal im Jahr wird er am Stamm und an den Zweigen eingeschnitten und sondert eine rote Flüssigkeit ab, die in Tonschalen am Boden aufgefangen und als Heilmittel verkauft wird.

Unweit dieses Gartens befindet sich in einer Sandwüste der Ort der Mumien, bestehend aus unzähligen in den Fels geschlagenen Höhlen, in denen ein Großteil der Toten Kairos beerdigt sind. Die Leichname, die vollständig erhalten sind und auch keinen Verwesungsgeruch abgeben, werden heute vielfach zu medizinischen Forschungen verwendet. Händler exhumieren ganze Leichen oder Leichenteile, die tiefschwarz sind und an deren Knochen noch das Fleisch hängt, und verkaufen sie an Apotheken, die daraus das Heilmittel Mumia gewinnen.

Nachdem wir uns in der Stadt selbst umgesehen hatten, mieteten die vier französischen Pilger und ich einen Janitscharen, der uns zu den großen Pyramiden bringen sollte, die etwa zwölf Meilen von Kairo entfernt am Nilufer stehen und zu den Weltwundern gezählt werden. Die erste Pyramide, der wir uns von Osten kommend näherten, ist zugleich die höchste und besitzt nach den Ausführungen unseres Dolmetschers eine Höhe von elfhundertsechsundzwanzig Fuß. Jede Pyramide lässt sich über dreihundertneunundachtzig

Stufen ersteigen, die heute allerdings vielfach zerstört sind. Jede Stufe ist drei Fuß hoch und zweieinhalb Fuß breit, woraus sich genau die oben genannte Höhe ergibt, wenn man einen Fuß mit zwölf Zoll veranschlagt. Nachdem ich die Spitze der größten Pyramide erklommen hatte, was mich wegen der zerstörten Stufen einige Mühe kostete, war ich überrascht, mich auf einer quadratischen Plattform zu befinden, die aus einem einzigen Stein gehauen war und nach meinen Messungen eine Kantenlänge von siebzehn Fuß besaß. Für mich ist es ein einziges Rätsel, mit welchen Maschinen sie die Platte in diese Höhe befördert haben. Ich kann es mir nur so erklären, dass sie den Stein auf irgendeine Weise hochgehoben und dann beim Bau der Pyramide langsam mit hinaufgenommen haben, da jede andere Möglichkeit die menschliche Kraft und den Verstand übersteigt. Je länger ich aber dieses eigentümliche Bauwerk betrachtete, desto mehr wuchs meine Bewunderung. Denn als wir uns der Pyramide näherten, war mir die Spitze scharf wie ein Diamant vorgekommen, doch als wir oben standen, war sie so breit, dass wohl gut einhundert Mann darauf Platz gefunden hätten.

Am Fuß der Pyramide stießen wir auf eine große Kammer und gelangten von dort durch einen geraden, engen Stollen in einen rechteckigen Raum mit den Überresten eines mächtigen Sarkophags, in dem vermutlich der Erbauer der Pyramide beerdigt war.

Unser Janitschar schoss von der Spitze der Pyramide mit aller Kraft einen Pfeil ab und glaubte, er hätte den Boden erreicht, doch als wir herabstiegen, fanden wir ihn gerade einmal auf halber Höhe auf den Stufen.

Als Nächstes gingen wir zur mittleren Pyramide, die von Weitem noch höher aussieht als die erste, doch als wir davorstanden, sahen wir, dass sie tatsächlich ein gutes Stück niedriger ist und nur wegen ihres höher gelegenen Orts größer wirkt. Sie ist genauso gebaut wie die erste, besitzt aber keine Stufen, auf denen man hinaufsteigen kann. Auch bei der dritten Pyramide sind sämtliche Stufen mit der Zeit verwittert, doch bieten alle drei allein aufgrund ihrer schieren Masse einen imposanten Anblick, wie gewaltige Berge aus Marmor.

Über die Entstehung der Pyramiden streiten sich die Geschichtsschreiber seit der Antike, sodass ich mich nicht darin einmischen will. Die erste und größte soll aber von Pharao Cheops erbaut worden sein, der dafür 100 000 Arbeiter zwanzig Jahre lang schuften ließ. Allein die Kosten für Knoblauch, Wurzelgemüse und Zwiebeln sollen 1600 Silbertalente betragen haben, und das Fundament soll eine Grundfläche von sechzig Morgen besessen haben. Durch Josephus und zahlreiche andere Autoren ist überliefert, dass die Ziegel, die die Kinder Israels unter dem Joch des Pharaos herstellen mussten, für den Aufbau der Pyramide verwendet und nachher mit Marmor verkleidet wurden. Nicht zu vergessen ist auch die widerliche Tat Cheops', der, als ihm zuletzt das Geld ausging, seine Tochter zur Prostitution zwang und auf diese schändliche Weise den Bau vollendete. Sie selbst forderte neben dem Geld für ihren Vater von jedem Mann, dem sie sich hingab, einen Stein und hatte nachher so viele zusammen, dass sie davon die zweite Pyramide bauen ließ, die beinahe so groß wurde wie die erste. Neben den drei großen Pyramiden gibt es noch eine Reihe kleinerer, von denen einige in der Blütezeit des Römischen Reichs nach Rom geschafft wurden.

Zwischen der Cheops-Pyramide und dem Nil sah ich das riesige Haupt eines Götzen, das auf einem runden Felssockel ruhte und aus einem einzigen Marmorblock geschlagen war.

Es ist ohne den Sockel achthundertfünfzehn Fuß hoch und besitzt einen Umfang von achtundsechzig Fuß. Plinius hat ihm den Namen Sphinx gegeben, allerdings sind die von ihm genannten Maße sehr viel größer. Doch selbst wenn er in seiner Beschreibung irrt, ist die Skulptur, allein aufgrund ihrer Größe und weil sie aus einem Stück ist, einzigartig auf der Welt und zweifellos eines der größten Wunder dieser Erde. Einige behaupten, die Sphinx sei früher ein Orakel gewesen, das den Ägyptern bis zum Sonnenuntergang jede Frage beantwortete.

Auf dem Rückweg zeigte unser Dolmetscher uns eine Stelle am Nilufer, an der im Vorjahr ein venezianischer Kaufmann auf höchst originelle Weise und mit Erlaubnis des Paschas ein riesiges Krokodil getötet hatte, das zweiundzwanzig Fuß lang war und einen Körperumfang von acht Fuß hatte. Vier Jahre lang hatte die Bestie an einer bestimmten Stelle des Flusses, sieben Meilen oberhalb von Kairo, ihr Unwesen getrieben und sechsundvierzig Menschen verschlungen, obwohl sich auf einer Strecke von einer Meile niemand in die Nähe des Ufers wagte und das Land brach lag. Jeden Morgen um acht kam das Tier an Land und lauerte seinen Opfern auf, bevor es gegen zehn Uhr zurück ins Wasser musste.

Der Venezianer war mit dem Schiff nach Alexandria gekommen und weiter nach Kairo gereist. Dort hatte er vom venezianischen Konsul, meinem Erzfeind, von dem großen Schaden erfahren, den das Untier anrichtete, und hatte mit der Erlaubnis des Gouverneurs beschlossen, es zur Strecke zu bringen. Zuerst war er nach Alexandria zu seinem Schiff zurückgekehrt und hatte von dort eine Kanone samt Kanonier nach Kairo geholt. Am Nachmittag des folgenden Tages hatte er das Geschütz mit zwanzig berittenen Janitscharen zu der

Stelle am Fluss gebracht, an der das Krokodil für gewöhnlich seinen Landgang nahm. Dann schlachteten sie einen Esel und spannten den Kadaver, mit dem geöffneten Bauch gut zum Fluss hin sichtbar, etwa 240 Schritte vom Ufer entfernt zwischen zwei Bäume. Noch einmal 240 Schritte landeinwärts wurde die mit Eisensplittern geladene Kanone postiert und auf das Aas gerichtet. Um das Zündloch herum wurde eine Pulverspur gelegt und mit einem Aufbau vor dem morgendlichen Tau geschützt. Daran befestigten sie einen Hahn mit einem brennenden Zündstock und einer langen Schnur, die zu einer vierzig Schritte hinter der Kanone ausgehobenen Grube führte, in der der Kanonier, hinter einem hölzernen Verschlag versteckt, hockte und das Ende der Schnur in der Hand hielt.

Nachdem alle Vorbereitungen getroffen waren, zogen sich die Reiter gegen Mitternacht zwei Meilen zurück. Am Morgen kam das Krokodil zur gewohnten Zeit an Land und marschierte sogleich murrend auf den Kadaver zu. Kaum aber hatte es sich mit den Vorderbeinen an dem Tier hochgezogen und machte sich über dessen Eingeweide her, nutzte der Kanonier die Gelegenheit und zog an der Schnur, woraufhin die Kanone losging und das Krokodil an drei Stellen traf. Die tödlich getroffene Bestie machte einen so furchtbaren Lärm, dass der Kanonier sich in sein Loch duckte und nicht zu rühren wagte. Das Krokodil versuchte sich noch ins Wasser zu schleppen, doch dann verließen es seine Kräfte und es verendete.

Als die Reiter den Kanonendonner hörten, kamen sie herbei, sahen das getötete Tier und befreiten den Kanonier aus seinem Versteck. Dann brachten sie das Monstrum nach Kairo, und seine Haut wurde im Haus des französischen Konsuls in der Eingangshalle aufgehängt, wo ich sie während meines Aufenthalts mit eigenen Augen sah. Der Kaufmann erhielt für seine Tat großes Lob und sollte mit fünfhundert Goldstücken entlohnt werden, die er jedoch aus Stolz ablehnte.

Der Nil tritt einmal im Jahr über die Ufer und versorgt die ganze ägyptische Tiefebene mit Wasser. Die Nilschwemme beginnt gegen Ende Juli und dauert bis Ende August. Vom Strom zweigen über dreitausend Kanäle ab, die das ganze Land mit Wasser versorgen und an deren Bewässerungsgräben sämtliche Städte und Dörfer liegen. Sobald die Kanäle mit Beginn des Hochwassers ausgeschwemmt sind und das Wasser frei von Unrat und Würmern ist, öffnen die Menschen die Deckel ihrer Zisternen und sammeln genügend Wasser für das ganze Jahr. Die vielen Gräben und Kanäle verhindern aber auch, dass der Fluss unkontrolliert über die Uferböschungen tritt, da sonst das ganze Land überschwemmt würde.

Im Nil wimmelt es von gefährlichen Tieren wie Krokodilen, Skorpionen, Wasserschlangen, sonderbar missgestalteten Würmern und anderen monströsen Kreaturen, die eine ständige Plage für die Anwohner und die Reisenden auf dem Fluss sind. Der berühmte Strom ist fast dreitausend Meilen lang und entspringt unterhalb der Äquatorlinie in den *Montes Lunae*, eigentlich aber erst am Tanasee in Äthiopien, von wo aus er als mächtiger Fluss nach Ägypten strömt und sich am Rand des abessinischen Hochlands mit solcher Wucht in die Tiefe stürzt, dass die Anwohner davon taub werden.

Die Ursache für die jährliche Nilschwemme besteht darin, dass, wenn die Sonne in das Sternbild Krebs eintritt und die Nordhänge des äthiopischen Hochlands wärmt, große Schneemengen schmelzen und den Wasserspiegel des Tanasees ansteigen lassen. Wegen der großen Bedeutung des Nils für Ägypten muss der türkische Sultan dem abessinischen Priesterkönig Johannes einen jährlichen Tribut von fünfzigtausend Goldmünzen zahlen, damit er den Zufluss des Nils zum Roten Meer nicht versperrt und Ägypten damit nicht ins Verderben stürzt. Lange Zeit führte Sultan Murad einen erbitterten Krieg gegen die Abessinier, bis er zuletzt um der Wasserversorgung willen nachgeben und der Vereinbarung zustimmen musste.

Das Wasser des Nils ist süßer als das Wasser überall sonst auf der Welt, was zum einen an der starken Sonneneinstrahlung liegt, die das Wasser leichter, reiner und natürlicher macht, zum anderen aber auch an den verschiedenen Böden, denen es entspringt, und an dem weiten Weg, den es bis zum Meer zurücklegt.

Es gehört zu den Eigentümlichkeiten des Nils, dass er zu einer Zeit ansteigt, in der alle anderen Flüsse Niedrigwasser führen, und umgekehrt kaum Wasser hat, wenn anderswo die Flüsse ansteigen. Andererseits ist es bei uns mit der Rhône nicht anders, die von Genf aus ins Mittelmeer fließt und zur gleichen Zeit durch starke Regenfälle und die Schneeschmelze in den Bergen Hochwasser führt.

Nach zwölf Tagen Aufenthalt in Kairo verabschiedete ich mich vom französischen Konsul Monsieur Beauclair, der mich überaus gastfreundlich aufgenommen hatte, und schiffte mich mit den vier anderen französischen Pilgern von Bulak aus ein. Die Außenwand unseres Bootes war zum Schutz vor Krokodilen mit einer doppelten Reihe spitzer Stahlstifte versehen, da die Tiere immer wieder ins Boot springen, einen Passagier schnappen und mit ihm kopfüber in den Fluten verschwinden. Der ärgste Feind der Krokodile ist eine bestimmte Sorte Wasserratten, die ihnen ins offene Maul schlüpfen und von den Bestien aus lauter Übermut verschluckt werden. Die Ratten rächen sich indes, indem sie sich durch den Leib des Tieres fressen und an der Unterseite wieder herauskommen, was zum Tod der Krokodile führt. Im Nildelta findet man auch den sogenannten Adlerstein, der Frauen zu einer schmerzfreien Geburt verhelfen soll. Am meisten aber erfreute mich auf der Fahrt flussabwärts der Anblick eines seltenen Vogels, dessen Gefieder von Weitem in den prächtigsten Farben schillerte. Je näher man ihm kam, desto mehr verblassten die Farben jedoch, was allein an seiner Furcht vor den Menschen liegt.

Nach drei Tagen Fahrt legten wir in Rosetta an und machten uns mit einigen Türken auf den Weg nach Alexandria, das fünfzig Meilen entfernt liegt. Alexandria ist der zweitgrößte Hafen im gesamten Osmanischen Reich. Die Stadt war im Altertum berühmt und wurde von Alexander dem Großen gegründet, doch ist ihre einstige Größe dahin, und man trifft überall auf Ruinen. Es gibt zwei Häfen, von denen der neue mit zwei mächtigen Burgen bewehrt ist, die aber auch zum Schutz des *porto vecchio* dienen. Die Böden im Umkreis der Stadt sind sandig und verderben die Luft, besonders im August, sodass viele Reisende an Roter Ruhr oder anderen schweren Gebrechen erkranken. Während meines Aufenthalts riet mir der Konsul von Ragusa dazu, den Magen warm zu halten, kein Obst zu essen und mich mit kleinen Mahlzeiten zu begnügen, woran ich mich streng hielt. Tatsächlich ernährte ich mich auf meiner gesamten Reise sehr sparsam, oftmals sogar gegen meinen Willen, doch blieb ich dadurch bis zu meiner Rückkehr nach Frankreich gesund, Gott sei es gedankt.

Die Stadt ist mittlerweile sehr verarmt, seit die Gewürze aus Fernost nicht mehr durchs Rote Meer nach Ägypten und dann über Land zum Hafen von Alexandria gebracht werden, von wo aus die Venezianer sie in die ganze christliche Welt verschifften, sondern von den Portugiesen, Engländern und Flamen um die Südspitze Afrikas herum nach Europa gebracht werden. Sowohl Venedig als auch Alexandria haben dadurch große Teile ihres Handels in dieser Region eingebüßt, und wenn Venedig einst den Gewürzhandel mit Europa dominierte, so haben andere Nationen ihnen durch den längeren Seeweg nach Indien diese Vormachtstellung entrissen.

10. Kapitel

Die Heimreise

Fünfzehn Tage lang mussten die vier Franzosen und ich in Alexandria ausharren, bis wir ein Schiff zur Überfahrt fanden. Die Hitze war so groß, dass wir tagsüber nichts anderes taten, als in einem niedrigen Zimmer zu hocken und uns mit Wasser zu benetzen, und die Nächte unter freiem Himmel auf dem Dach des Hauses verbrachten. Zuletzt verabschiedeten wir uns von unserem griechischen Gastwirt und bestiegen ein Schiff nach Ragusa, das uns zurück ins christliche Europa bringen sollte und dessen Mannschaft mich freundlich behandelte und gut versorgte.

Während der Überfahrt starben siebzehn Matrosen und die vier Franzosen, von denen zwei bereits sechzig Jahre alt und ergraut waren. Der Tod der Männer erfüllte uns mit großer Furcht, da in Alexandria die Pest wütete und sie sehr wohl daran gestorben sein konnten.

Die Franzosen hatten zusammen nicht mehr als neunundsechzig Zechinen bei sich, die der Kapitän an sich nahm, und da sie Katholiken waren und wir deshalb ständig in Streit gerieten, wagte ich nicht, das Geld für mich zu beanspruchen. Die Toten wurden zu den Fischen ins Meer geworfen, und wir Übrigen befürchteten, dass uns dasselbe Schicksal blühte, da wir nicht weniger als fünfmal von Seeräubern aus Tunis und Biserta angegriffen wurden. Doch konnten wir sie stets in die Flucht schlagen, da wir ein gutes Schiff hatten und über ausreichend Kanonen und eine fähige und mutige Mannschaft verfügten. Unser Schiff wog sechshundert Tonnen, hatte achtundzwanzig Kanonen an Bord, zwei davon aus Bronze, und achtzig kräftige Matrosen sowie neun Kaufleute und Passagiere. Allein die Größe ängstigte die Angreifer mehr als alle unsere Versuche, uns zu verteidigen, da sie uns immer nur mit drei Schiffen anzugreifen wagten, und selbst dann hatten wir aufgrund der Reichweite der Kanonen und unserer hervorragenden Kanoniere wenig zu befürchten.

Fast täglich konnten wir vom Schiff aus Fliegende Fische beobachten, die mithilfe ihrer Rückenflossen, die aussehen wie Flügel, über die schäumenden Wellen dahinschossen. Erst wenn die Flossen an der Luft trocknen, lassen sie sich zurück ins Wasser gleiten, um im nächsten Augenblick schon wieder daraus emporzuschnellen. Sie können etwa die Länge eines Schiffstaus über Wasser zurücklegen, und man vermutet, dass sie vor Delfinen fliehen, die ihre einzigen Feinde sind. Sie sind etwa so groß und so lang wie eine Makrele, nur gedrungener und mit einem breiteren Kopf.

Auf der Fahrt entlang der afrikanischen Küste mussten wir beständig gegen den Wind kreuzen, sodass wir sieben Wochen lang nichts anderes sahen als die schäumenden Wogen Neptuns. Ganz wie Ovid, der über die Fahrt durch das Ionische Meer schrieb, *nil nisi pontus et aer,* erging es auch uns:

Ganz allein auf des Meeres schäumenden Wogen,
Vom Spiel der Wale in Gefahr gebracht;
Über uns der bestirnte Himmelsbogen,
Und darin zwei Augen für den Tag und die Nacht;
Fernab von der Küste und dem rettenden Land

Liegt unser Schicksal in der Elemente Hand.
Aber da, in der Ferne, kommt Malta in Sicht,
Dies so ruhmreiche Eiland aus kahlem Gestein,
Das unserem Schiff einen sicheren Hafen verspricht,
Seine Küste wird unsere Rettung sein.
Den Anker geworfen, endlich an Land,
Gerettet durch Gottes beschützende Hand.

Der Hauptgrund für das Anlaufen Maltas war die Tatsache, dass unsere Wasservorräte zur Neige gingen. Doch wollte ich lieber hier als in Ragusa an der adriatischen Küste landen, da ich die Stadt schon auf der Hinreise besucht hatte. Nachdem wir vor Anker gegangen waren und das Beiboot zu Wasser gelassen wurde, verabschiedete ich mich von der Mannschaft und ganz besonders vom Kapitän, der für die Überfahrt und Verpflegung nichts weiter haben wollte als einige Andenken aus Jerusalem. Das Boot brachte mich zum Hafen, wo ich in die nächstbeste Taverne ging und mir ein Zimmer nahm.

Die Stadt Malta, von der die Insel ihren Namen hat, besteht aus einem alten und einem neuen Teil. Sie ist groß und dicht besiedelt und von einer unbezwingbaren Stadtmauer umgeben. Darüber hinaus besitzt sie zwei mächtige Festungsanlagen, St. Hermes und St. Angelo, und in einiger Entfernung das Fort St. Michael. Der Großmeister der Malteser, ein Spanier, sowie einige der Ritter empfingen mich aufgrund meiner Pilgerreise nach Jerusalem mit großem Respekt. Zu meiner großen Freude traf ich auch auf einen Landsmann, einen Schotten, der William Douglas hieß und wegen seiner langjährigen und treuen Dienste auf See zum Malteserritter ernannt wurde.

Die Insel mag mit Fug und Recht die Feste der Christenheit genannt werden, obwohl sie karg und von geringer Größe ist und Weizen und Wein jeden Tag von Sizilien herübergeschifft werden müssen. Dennoch bringt sie einen reichen Ertrag an Granatäpfeln, Zitronen, Baumwolle, Orangen, Limetten, Feigen, Melonen und anderen ausgezeichneten Früchten hervor. Die Malteserritter sind eingeschworene Feinde aller Ungläubigen, da der Wahlspruch ihres Ordens lautet, ohne Unterlass gegen sie vorzugehen und sie zu bekämpfen. Es ist ihnen nicht erlaubt zu heiraten, und ein Großteil der Ordensmitglieder sind junge Männer. Der ursprüngliche Grund für das Heiratsverbot war, dass sie ohne Frau und Kinder eher bereit wären, im Kampf für das Christentum ihr Leben zu wagen. Doch trifft dies schon lange nicht mehr zu und ihre Tapferkeit ist weit geringer als zu der Zeit, als sie noch auf Rhodos und im Heiligen Land ihren Sitz hatten, zumal sie in den achtzehn Jahren auf Malta wenig oder gar kein Glück hatten.

Die Insel wurde den Rittern vom Heiligen Johannes durch Kaiser Karl V. und König von Spanien übertragen, nachdem Süleyman der Prächtige sie 1522 von Rhodos vertrieben hatte. Doch genügte dem Sultan auch dies noch nicht und er wollte ihre Macht gänzlich vernichten. Dazu schickte er 1565 eine große Flotte nach Malta, als de Valette Großmeister der Malteser war und die Insel so tapfer gegen die Türken verteidigte, dass sie zuletzt geschlagen wurden und abziehen mussten.

Malta ist etwa dreißig Meilen lang und drei Meilen breit. Der Boden ist aber nur drei Fuß tief, weshalb die Insel weniger fruchtbar ist, als sie dem Klima nach sein könnte. Die Bauern auf der Insel besitzen die dunkle, sonnengebräunte Haut der Mauren und ihre Sprache ist wie das Nordafrikanische ein verdorbenes Arabisch. Das bäuerliche Volk neigt in seinem Handeln zum Extremen, im Guten wie im Bösen. Da ihnen Besonnenheit und ein starker Wille abgehen, können sie ihre Leidenschaften nicht zähmen und lassen sich von ihnen treiben wie von einem reißenden Strom. Sie bekennen sich zur römischen Kirche, besitzen aber keinen tieferen Glauben. Ihre Frauen verhüllen ihr Gesicht züchtig unter schwarzen Tüchern, sind aber gleichwohl der Wollust ergeben.

In der Stadt Malta gibt es viele türkische und arabische Sklaven, die sehr grob behandelt werden, allerdings bei Weitem nicht so grausam wie die christlichen Sklaven auf den Galeeren der Nordafrikaner oder Türken. Nach zwölf Tagen Aufenthalt bestieg ich mit einigen anderen Passagieren ein Schiff, das uns zur sechzig Meilen entfernten Südostspitze Siziliens brachte.

Auf dem Weg zu Fuß entlang der Küste ins fünfzig Meilen entfernte Syrakus stieß ich in einem felsigen Flusstal unweit der Küste auf eine maurische Brigantine mit zwölf Rudern auf jeder Seite, deren Mannschaft Arbeiter von den Feldern verschleppte und sie zu Sklaven machte. Ich hatte das Schiff erst im letzten Moment gesehen und blieb sofort stehen. Im gleichen Moment stürzten etwa zwanzig Korsaren mit Säbeln und Schleudern auf mich zu. Doch weil mir mein Leben und meine Freiheit teuer waren, sprang ich mit Riesenschritten davon und ließ sie bald hinter mir. Nachdem ich ihnen entkommen war, ging ich zu einem Wachturm an der Küste und unterrichtete den Posten davon, dass zwei Meilen entfernt ein Piratenschiff hinter einem Felsvorsprung liege und ich der Besatzung nur mit Mühe entkommen sei. Daraufhin entzündete er auf dem Turm ein Feuer und die Wachen auf den anderen Türmen machten es ihm nach, sodass die gesamte Umgebung gewarnt war. In kürzester Zeit strömten die Bewohner der umliegenden Dörfer zu Fuß oder zu Pferde zusammen, alle gut bewaffnet. Ich schilderte ihnen den Vorfall und brachte sie rasch zu der Stelle, wo die Reiter sofort über sie herfielen, einige von ihnen verwundeten und nach und nach die Übrigen gefangen nahmen, da einige sich zwischen den Felsen versteckt und andere auf den Feldern auf Menschenjagd waren. Zuletzt waren alle gefasst und paarweise in Ketten gelegt. Außerdem konnten sechs der von ihnen gefangenen Sizilianer befreit werden. Da die Männer nach Syrakus gebracht wurden, schloss ich mich ihnen an. Unterwegs dankten mir die Leute ein ums andere Mal und lobten Gott, dass er mich hatte entkommen lassen und ich die Übeltäter entdeckt hatte. Von Syrakus aus wurden die Piraten drei Tage später nach Palermo gebracht, um auf den Galeeren Dienst zu tun, insgesamt sechsunddreißig Mann.

Als Dank für meine Dienste und zur Erholung von den Strapazen meiner Reise lud mich der Gouverneur von Syrakus für drei Tage in sein Haus ein. Bei meiner Abreise wollten er und einige Freunde der Befreiten mir eine größere Summe Gold zur Belohnung geben. Habe ich sie angenommen oder zurückgewiesen? Der geneigte Leser entscheide selbst und frei nach Belieben.

Von Syrakus aus lief ich zunächst fünfzig Meilen bis Catania am Fuße des Ätnas und dann noch einmal fünfzig Meilen bis Messina. Dort bestieg ich ein neapolitanisches Passagierschiff und erreichte nach zwölf Tagen Neapel. Sobald ich an Land gegangen war, sank ich auf die Knie und dankte Gott für meine sichere Heimkehr auf christlichen Boden. In der Stadt traf ich den Grafen von Bothwell und Hauptmann George Hepburn, mit denen ich mich auf den Weg ins einhundertachtunddreißig Meilen entfernte Rom machte, wo ich lediglich die Nacht verbrachte und am nächsten Morgen den Tiber überquerte. Auf meinem Weg in Richtung Alpen kam ich durch die Städte Siena, Florenz, Lucca, Pisa, Genua, Bologna, Parma, Pavia, Piacenza, Mantua, Mailand und Turin. Hinter Turin begann der beschwerliche Weg über die Ligurischen Alpen, über die schon Hannibal unter größten Anstrengungen sein Heer nach Italien geführt hatte, indem er sich mit Feuer, Essig und Wein einen Weg durch Schnee und Felsgestein bahnte. Danach stieg ich zum Mittelmeer hinab und gelangte in die provenzalische Stadt Nizza.

Über Antibes und Cannes ging es weiter nach Fréjus, wo ich übernachten wollte. Als ich ein zwölf Meilen langes Waldstück durchquerte, wurde ich von drei französischen Straßenräubern überfallen, von denen einer sich bereits hinter Nizza an meine Fersen geheftet hatte. Mehr als drei Meilen rannten sie hinter mir her, konnten mich aber nicht einholen und gaben schließlich auf.

Mitten im Wald stieß ich auf ein Wirtshaus, in dem ich zwei Frauen und drei kleine Kinder antraf und beschloss, die Nacht dort zu verbringen. Nachdem ich gegessen hatte und mich schlafen legen wollte, traten plötzlich die drei Straßendiebe in Begleitung des Hausherrn in die Wirtsstube. Sofort fielen sie über mich her, beschuldigten mich, vor ihnen davongerannt zu sein, und drohten mich totzuschlagen. Ich rief den Wirt um Hilfe an, doch er stand nur stumm daneben, da er zu ihnen gehörte, und seine Frau sperrte die Tür zu, damit ich nicht entfliehen konnte. Von Todesangst gepackt, zog ich meinen eingerollten Kaftan vom Rücken, öffnete das Bündel und sagte: »Ihr christlichen Herren, ich kenne euer Leid, denn mir ergeht es nicht anders. Durchsucht meine sämtlichen Kleider und meine Habe, und wenn ihr findet, wonach ihr sucht, lasst mich sterben. Denn ich bin nur ein armer Christ, der nach Jerusalem gepilgert ist und dort das Heilige Grab besucht hat – seht her, hier ist meine Urkunde. Und wenn ich vor euch davongelaufen bin, so schwöre ich, dass es mir nur um mein Leben zu tun war und nicht um mein Geld, denn ich habe keins, überzeugt euch nur selbst! Wie gerne würde ich euch welches geben. Gnädige Herren, bedenkt die vielen Gefahren, die ich unter den Ungläubigen ausgestanden habe, und begeht mit euren christlichen Händen keine Tat, die ohne Gewinn für euch ist und euch nachher nur reut.«

Nach diesen und noch weiteren Beteuerungen sahen sie davon ab, mich und meine Taschen zu durchsuchen, und zogen sich zur Beratung zurück. Schließlich kamen sie überein, dass ich tatsächlich kein Geld hatte und für meine große Ehrlichkeit und wegen meiner Reise zum Heiligen Grab verdiente, am Leben zu bleiben. Daraufhin packten sie meine Sachen wieder ein, ließen Wein kommen und tranken mehrmals auf mein Wohl. Zuletzt wurde ihr Essen gebracht, und sie entließen mich in mein Schlafgemach, zu dem mich die Wirtin führte, wo ich die Tür fest hinter mir versperrte, weil ich immer noch um mein Leben fürchtete.

Doch saßen die Herrschaften vergnügt bei Tisch und verschwanden beim ersten Hahnenschrei zurück in den Wald. Ich hatte die ganze Nacht kein Auge zugetan, und am Morgen vertraute der Wirt mir an, dass ich allein ihm mein Leben verdanke. Außerdem schwor er, den dreien noch nie begegnet zu sein, doch handle es sich gewiss um gemeine Diebe und Mörder.

Ich heuchelte Dank, verabschiedete mich und machte mich auf nach Fréjus, wo ich erfuhr, dass der Wirt verdächtigt wurde, mit ihnen und zahlreichen anderen Mordbuben unter einer Decke zu stecken. Später hörte ich, dass man ihn überführt, gehängt und geviertelt hatte und dass sein Haus dem Erdboden gleichgemacht und auch seine Frau hingerichtet wurde. Außerdem hat der französische König seither eine berittene Wache zum Schutz dieses finsteren und gefährlichen Waldstücks abgestellt. Gleich einem Schiff, das nach einer langen Reise kurz vor der Rückkehr in den Heimathafen in Seenot gerät, erlebte auch ich die größte Gefahr auf meiner ganzen Reise, kaum dass ich französischen Boden betreten hatte und im Vergleich zur zurückgelegten Strecke schon fast wieder zu Hause war.

Nachdem ich dem Allmächtigen für meine Rettung gedankt und seinen Namen gepriesen hatte, setzte ich meinen Weg durch die Provence und das Languedoc fort. In der Nähe von Montpellier traf ich den Vater des französischen Gentleman, den ich in Chania auf Kreta vom Galeerendienst befreit hatte. Er war hocherfreut mich zu sehen und bewirtete mich acht Tage in seinem Haus. Außerdem beschenkte er mich großzügig mit spanischen Goldkronen und bedauerte sehr, dass sein Sohn gerade in Paris weilte.

Anschließend reiste ich weiter nach Barcelona in Katalonien, gab aber meinen ursprünglichen Plan, auch Madrid zu besuchen, wegen der harten Betten und des schlechten Essens auf. Stattdessen nahm ich den direkten Weg durch Aragonien und Navarra, überquerte die Pyrenäen und gelangte nach Pau und Orthez in der Gascogne, und danach weiter über Bordeaux und La Rochelle bis Paris, wo ich meine lange und beschwerliche erste Reise begonnen hatte und sie nun auch beendete. Wenig später machte ich meine Aufwartung am englischen Hof und überreichte dem damaligen König

Jakob und Königin Anna sowie Seiner jetzigen Majestät König Karl meine Geschenke und Andenken vom Jordan und
aus Jerusalem. Neues Ungemach zwang mich, dass ich noch
vor Ablauf eines Jahres aufbrach zu meiner zweiten großen
Reise.

***** ***** ***** ***** ***** ***** ***** ***** *****

Die zweite Reise

11. Kapitel

Durch Europa

V iele widmen sich dem Studium der Wissenschaften und
merken nicht, dass sie die wichtigste vergessen, nämlich
die Wissenschaft der Welt.

Dabei ist vor allem sie es, die Männern Ehre verschafft,
große Fürstenhäuser und Staatsgebilde erblühen lässt und die
Taten und Worte derer, die sie besitzen, bei Groß und Klein
angesehen macht. Erworben werden kann diese Wissenschaft
nur durch das Gespräch und in Gesellschaft erfahrener Männer, durch mündlich oder schriftlich überlieferte Berichte von
Freunden, ihr sorgsames Abwägen der unterschiedlichen Sitten und Gebräuche, und zuvorderst durch Reisende, die die
verschiedenen Erdteile und ihre weit entfernten Orte aufge-
sucht und die Welt aus erster Hand studiert haben und folglich ein umfassendes Bild des menschlichen Daseins geben
können. Ob Unzufriedenheit oder Neugierde den Anstoß zu
meiner zweiten Reise gab, weiß allein ich. Was die Meinung
der anderen betrifft, so ist mir ihr schmeichelndes Lob wie
auch ihr bitterer Tadel herzlich gleichgültig, denn wer das
Gefallen der Menge sucht, will auf dem Markt eher etwas
verkaufen als finden und rückt sich selbst nur ins beste Licht,
anstatt an der Behebung seiner Schwächen und Fehler zu arbeiten. Das ist meine Sache nicht. Ich schreibe, wie ich es für
richtig halte, das muss genügen. Meine leidvollen Erfahrun-

gen gehören mir ganz allein und niemandem sonst, und deshalb kann nur ich allein darüber urteilen. Doch damit genug der Vorrede, kommen wir zur Sache selbst.

So wie meine erste Reise von Paris aus begann, muss ich den Bericht meiner zweiten Reise in London beginnen, von wo aus ich mich zuerst nach Dover begab, nach Calais übersetzte und dann über Gravelines und Dünkirchen nach Ostende gelangte. Zwei Monate lang reiste ich zu Fuß durch die Niederlande, über die es so zahlreiche zeitgenössische Reiseberichte gibt, dass ich nur so viel dazu sagen will: Was ihre Regierung, die Wirtschaft und die Befestigung ihrer Städte und Festungen angeht, sind sie ein Spiegel der Tugend und Wehrhaftigkeit, um nicht zu sagen Europas ganzer Stolz, und wer sich dort umgesehen hat, mag mit Recht sagen, er habe ein Muster der ganzen Welt gesehen.

Hinter Kleve, in Rees, stieß ich auf das Feldlager des Prinzen Moritz von Oranien, nachdem Spinola kurz zuvor Wesel eingenommen hatte. Fünf Wochen lang konnte ich mich frei zwischen beiden Lagern bewegen und wurde von beiden Kriegsherren freundlich empfangen. Spinola lud mich sogar zu sich an die Tafel, und neun Nächte verbrachte ich in seinem zweiten Zelt. Nicht anders verhielt es sich mit dem Prinzen von Oranien, mit dem ich mich mehrere Male unterhielt. Doch wie sehr schmerzte es mich, täglich die Unterdrückung der armen Protestanten in Wesel durch die Spanier zu sehen, die ihnen wie Teufel zusetzten.

Nachdem ich mich von beiden Armeen verabschiedet hatte, machte ich mich in Begleitung eines jungen schottischen Gentleman, David Bruce, des Sohns des Laird von Clackmannan, auf den Weg nach Italien. Kaum waren wir eine holländische Meile hinter Rheinberg, wurden wir von fünf Soldaten überfallen, die uns unsere Mäntel und das Geld aus unseren Taschen abnahmen, und das inmitten eines Dorfes vor den Augen von Frauen und Kindern, doch waren keine Männer in der Nähe, die uns hätten helfen können, da sie alle mit ihren Karren Spinolas Lager versorgen mussten.

Als wir am nächsten Tag Köln erreichten, lösten wir zunächst einige Wechsel ein und besuchten anschließend das vermeintliche Grab der Heiligen Drei Könige, die den Katholiken zufolge hier liegen. Himmel, wie groß ist die Gemeinheit und Niedertracht ihrer Mutterkirche, solche absurden Lügen zu verbreiten, da diese Könige aus dem Osten und aus Chaldäa und nicht aus dem Norden kamen. Wenn sie aber behaupten, sie seien hier gestorben und begraben, so ist dies gewiss nur eine weitere ihrer schändlichen Lügengeschichten, genau wie die vom wandernden Juden, dem Schuster aus Jerusalem, über den in Rom Tausende Anekdoten und Legenden kursieren. Wir besichtigten auch die Häupter der elftausend Jungfrauen, die den Märtyrertod starben, und sahen tatsächlich zahllose in die Kirchenmauer eingelassene Totenschädel, doch der Herr allein weiß, von wem sie stammen.

Danach brachte uns ein Gentleman zu einer Kapelle in einem Rebenfeld, die Kapelle der Wunder hieß, weil sich hier Folgendes zugetragen haben soll: An einem kirchlichen Festtag zur Zeit der Weinlese kam ein Bauer vom Land in die Stadt, sah die Trauben an den Reben vor der Kapelle und stopfte sich damit den Bauch voll. Danach ging er zur Messe und zur Beichte und empfing das heilige Sakrament. Doch als er wieder hinauskam, musste er sich übergeben und erbrach auch die Hostie, die auf der Stelle die Gestalt eines Neugeborenen annahm und hell erstrahlte. Der ungläubige Bauerntölpel rannte zurück zu seinem Beichtvater, berichtete von dem Geschehen und von seiner sündigen Tat, vor Empfang der Kommunion Trauben gegessen zu haben. Der Beichtvater erzählte es seinem Bischof, der mit den anderen Prälaten zu der Stelle eilte und die Erscheinung bestaunte, als wäre ihnen ein Engel erschienen. Zuletzt wickelten sie den Leichnam des göttlichen Kinds in Batist und begruben ihn. Danach ließen sie an der Stelle die Kapelle errichten, in der sich seither unzählige faule Wunder dieser Art ereignet haben sollen. Mehr gibt es von Köln nicht zu berichten.

Auf unserem weiteren Weg rheinaufwärts kamen wir nach Heidelberg, wo ich der Kurfürstin meine Aufwartung machte und ihr einige seltene Andenken aus Jerusalem überreichte. Anschließend ließ ich Monsieur Bruce in Heidelberg und reiste allein nach Nürnberg, um den Tod der sechs Deutschen bekannt zu machen, die auf dem Weg durch den Sinai und in Kairo gestorben waren, da die beiden Freiherren dem Markgrafen von Ansbach unterstellt waren. Nachdem ich einige ihrer Brüder, Schwestern und Anverwandten von ihrem Tod erzählt hatte, brachte man mich zu ihrem Landesfürsten, und ich berichtete ihm in allen Einzelheiten von unserer Reise. Das Land der beiden gestorbenen Freiherren wurde umgehend auf einen Bruder und eine Schwester übertragen, und auch ich erfuhr großen Dank und Lohn und wurde zehn Tage lang fürstlich von ihnen bewirtet. Danach kehrte ich nach Heidelberg zurück und machte mich mit meinem Begleiter auf nach Helvetien, der Schweiz.

Das Land besteht aus dreizehn Kantonen, von denen sechs protestantisch und sechs katholisch sind und der dreizehnte streng zur Hälfte auf beide Konfessionen fällt. Der mächtigste Kanton ist Bern, dessen Gebiet sich bis zum Genfer See und bis wenige Meilen vor die Stadt Genf erstreckt. Die

Schweizer und ihre Dienste sind den meisten christlichen Herrschern wohlbekannt, die ihre Tapferkeit, ihren Kampfesmut und ihre Treue schätzen.

Im Kanton Bern sahen wir eine junge Frau, die seit dreizehn Jahren weder gegessen oder getrunken noch Stuhlgang hatte, wie ihre Eltern, Ärzte und verschiedene Besucher glaubwürdig bestätigten. Obwohl sie ans Bett gefesselt war und ihr ausgemergelter Körper bloß noch aus Haut und Knochen bestand, betete sie regelmäßig zu Gott. Im folgenden Jahr kehrte ihr Appetit zurück und sie heiratete, gebar zwei Kinder und starb fünf Jahre später.

Am nächsten Tag kamen wir nach Genf, mit dessen Bürgermeister, den sieben Ratsherren und den vier Hauptmännern ich bereits bekannt war und wo ich täglich eine andere Einladung erhielt. An einem Abend schenkten mir die Ratsherren eine Bibel, die einer von ihnen ins Italienische übersetzt hatte. Sie erzählten mir auch von einem Pastor aus der Gegend, der drei Frauen aus seinem Sprengel sowie deren drei Töchter geschwängert hatte, und alle zur gleichen Zeit. Für seine schändlichen Ausschweifungen wurde er nach Dijon gebracht und sollte dort hingerichtet werden. Da ich mir dieses Schauspiel nicht entgehen lassen wollte, ließ ich den jungen Bruce in Genf zurück und machte mich gleich am nächsten Tag auf den Weg. Am folgenden Tag traf ich in Dijon ein und wurde Zeuge, wie er im Beisein der drei Frauen und ihrer Töchter, alle *gravidata*, aufgeknüpft wurde. Die Frauen weinten vor Scham und Schande und boten ein Bild des Jammers, während der lüsterne *buggerono* bis zuletzt um Gnade und Vergebung flehte, dass er ihnen die Schenkel gespreizt und sich an ihren armen Leibern vergangen hatte. So viel zur Keuschheit der katholischen Priester, die zwar nicht heiraten dürfen, dafür aber allen erdenklichen Abscheulichkeiten, besonders der Sodomie, frönen, und dies nach Lust und Laune und mit schöner Regelmäßigkeit.

Nachdem ich nach Genf zurückgekehrt war und den Ratsherren vom reuigen Bekenntnis des Verurteilten erzählt hatte, das sie mit großem Interesse hörten, empfahl ich dies leuchtende Zion und seine frommen Kinder Israels dem Schutz des Allmächtigen und überquerte die Alpen nach Turin, dem Sitz des Herzogs von Savoyen, der den wohl größten und prunkvollsten Hof von allen christlichen Herzögen unterhält.

Durch Piemont gelangte ich nach Livorno, dem Seehafen des Großherzogtums Florenz, wo ich Mr Bruce der Obhut eines Galeerenkapitäns und Söldners anvertraute und allein weiter nach Florenz reiste. In Pistoia wurde ich Opfer eines Zwischenfalls, der zuletzt ein glückliches Ende für mich nahm. Als ich mir nach dem Mittagessen den Marktplatz ansah, bemerkte ein *bargello* oder Polizeihauptmann den Griff meines französischen Dolchs, den ich in der Tasche trug. Sofort ergriff er mich, brachte mich zum Gefängnis und sperrte mich in eine Zelle, nachdem er mir den Dolch und mein sämtliches Geld abgenommen hatte. Noch in der Nacht machte er sich auf nach Florenz und legte dem dortigen Richter ein von ihm selbst stammendes Stilett vor, und der Richter verurteilte mich zu einem Jahr Galeerendienst oder der Zahlung von einhundert Dukaten. Anschließend blieb der Polizeihauptmann noch drei Tage in Florenz. In der Zwischenzeit wandte ich mich an den Herzog von Pistoia, einen ehrbaren Gentleman, der mir eine Unterredung in seinem Haus gewährte. Dort berichtete ich ihm von der heimtückischen Tat des *bargello* und erklärte, ich hätte nie ein Stilett besessen und er habe es nur als Vorwand benutzt, um sich in den Besitz meiner zweiundsiebzig Goldstücke zu bringen. Der Herzog ließ daraufhin den *bargello* einbestellen, und er musste vor meinen Augen seine Tat eingestehen.

Zuletzt bekam ich mein Gold und meinen Dolch zurück, und der *bargello* wurde mit Frau und Kindern aus der Stadt verbannt. Obendrein verfügte der Herzog, dass man mir fünfzig Goldflorentiner aus der Stadtkasse zur Entschädigung zahlte, woraufhin ich den Schurken für sein Ränkespiel pries, das ihm selbst den Hals gebrochen und mir eine so fürstliche Belohnung eingebracht hatte.

Ich dankte Gott für das segensreiche Abenteuer und zog weiter nach Florenz, wo ich einen gewissen John Brown traf, der mich auf dem Weg nach Sizilien begleitete. Über Rom, Neapel und Salerno gelangten wir nach Cosenza, der Hauptstadt Kalabriens, die von einem Statthalter regiert wird und wo wir drei Tage blieben. Die Stadt ist aufgrund ihrer abgeschiedenen Lage und der dünn besiedelten Umgebung ohne jeden Reiz, und alle, die etwas auf sich halten, wohnen in Neapel.

Als wir in die höher gelegenen Bergregionen Kalabriens kamen und einen zwölf Meilen langen Gebirgskamm entlangwanderten, wurden wir auf halber Strecke von bewaffneten Banditen überfallen. Mit erhobenen Händen flehte ich um mein Leben und erzählte von meinen Abenteuern und meiner weiten Reise, woraufhin sie ihre Pistolen sinken ließen. Nachdem sie mein Patent aus Jerusalem gelesen hatten, zogen sie ihre Tücher vom Gesicht und zollten mir anerkennenden Respekt, obwohl es die übelsten Mordbuben waren. Zuletzt versprachen sie, uns kein Haar zu krümmen, und führten uns zur Bekräftigung in ein dichtes Gehölz zu ihrer

Hütte, wo sie uns mit gutem Wein bewirteten und uns auf angenehmste Weise zu unterhalten versuchten.

Weil in der Umgebung vierzig weitere Banditen ihr Unwesen trieben, begleitete uns einer von ihnen bis kurz vor Castelluccio, doch musste ich schwören, dass ich dem dortigen Baron nicht ihr Versteck verriet und ihm auch nichts von der Begegnung mit ihnen sagte, was ich gerne tat und woraufhin ich mich herzlich und mit aufrichtigem Dank von ihm verabschiedete.

Diese Mörder und Banditen kommen bei Nacht in jede freie Stadt und suchen Zuflucht in Kirchen oder Spitälern, wo sie sich mit ihren Freunden, Frauen und Liebschaften treffen und sich so sicher fühlen, als wären sie gänzlich unbescholten, da sie in Spitälern und Kirchen dem Arm des Gesetzes entzogen sind. Dies ist altes kalabrisches Recht, das auch fast überall im spanischen Herrschaftsgebiet gilt.

Bei unserer Ankunft in Castelluccio zeigte sich der Baron der Stadt sehr erstaunt, dass ich den Weg über die Berge heil überstanden hatte, und sagte, er selbst reise nur mit dem Schiff nach Neapel, obwohl er vierzig Mann Begleitschutz habe.

Auf dem Weg durch das kalabrische Bergland war ich durch mehrere kleine Dörfer gekommen, in denen griechischstämmige Albaner wohnten, deren Vorfahren vor den Türken aus Albanien geflohen waren und die, obwohl aus ihrer Heimat vertrieben, Fremden gegenüber ausgesprochen freundlich sind.

Von Castelluccio stiegen wir zur Hafenstadt Molino hinab, nachdem wir von Neapel aus vierhundert Meilen zu Fuß zurückgelegt hatten, und setzten über die nur zwei Meilen breite Meerenge nach Messina über. Dort begegneten wir einem jungen Schotten, William Wylie aus Edinburgh, der von Palermo auf dem Weg nach Venedig war. Ich gab ihm John Brown als Begleitung mit und brachte beide am nächsten Tag zur Fähre nach Kalabrien.

Gemäß dem italienischen Sprichwort »Lieber allein als in schlechter Gesellschaft« durchquerte ich Sizilien bis nach Trapani, von wo aus ich nach Afrika übersetzen wollte, aber kein Schiff fand. Also kehrte ich wieder um und verbrachte eine Nacht in der Stadt Saramuzza, in der ein junger Baron residierte. Am nächsten Tag wollte ich ins acht Meilen entfernte Castelfranco, ebenfalls Sitz eines jungen Barons. Nachdem ich in aller Frühe aufgebrochen war, sah ich auf halber Strecke die beiden jungen Männer, die sich kurz zuvor an der Stelle duelliert und gegenseitig getötet hatten und deren Pferde ganz in der Nähe an einen Strauch angebunden waren. Voller Entsetzen näherte ich mich den beiden Toten und sah, dass sie Kleidung aus kostbarer Seide trugen, woraus ich schloss, dass es sich um die beiden Edelmänner handeln musste, da der Gastwirt mir in der Nacht zuvor erzählt hatte, dass die beiden Männer sich um die Liebe einer jungen Adligen stritten. Und so war es zum Duell gekommen und sie hatten sich aus Stolz gegenseitig getötet.

Ich muss allerdings gestehen, dass ich, als ich sie am Boden liegen sah, ihre Taschen durchsuchte und zwei mit spanischen Goldkronen gefüllte Seidenbeutel bei ihnen fand, was mein Herz vor Freude höherschlagen ließ, und ich zog auch insgesamt fünf Ringe von ihren Fingern und vergrub sie mit den Geldbeuteln eine halbe Meile von der Stelle entfernt im Boden. Dann lief ich zurück, sprang auf eines der Pferde und galoppierte damit nach Saramuzza und berichtete meinem Wirt von dem Geschehen. Als er das Pferd sah, schrie er er-

schrocken auf und rannte zum Schloss zur Mutter des Edelmanns. In Windeseile waren sie, ihre Kinder und das ganze
Dorf zu Fuß und zu Pferde zu der Stelle unterwegs, einige
von ihnen nur halb angekleidet. Bei ihrer Ankunft brachen
alle in lautes Jammern und Wehklagen aus, dass es einem fast
das Herz brach. Als ich ihren tiefen Kummer sah, ging ich,
ohne mich zu verabschieden, fort, holte die Geldbeutel aus
dem Versteck und eilte damit nach Castelfranco, wo meine
traurige Nachricht den gleichen Tumult und ein großes Ge-
renne auslöste.

Es gehört zu den Wechselfällen des Lebens, dass einem
der Reichtum zuweilen in den Schoß fällt, ob zu Recht
oder Unrecht, mag ich hier nicht entscheiden, doch gehörte
jetzt mir, was zuvor ihnen gehörte, und um es nicht wieder
zu verlieren, marschierte ich am nächsten Tag dreißig Meilen bis Terranova und schiffte mich am nächsten Morgen
nach Malta ein. Dort traf ich auf ein Schiff aus London, die
Matthew, die nach Konstantinopel unterwegs war und mit
deren Mannschaft ich drei feuchtfröhliche Tage an Land
verbrachte, ganz besonders mit ihrem Zahlmeister George
Clarke, der offenbar in meinem Schädel einen maltesischen
Weinberg anpflanzen wollte und dabei fast selber sein Leben
ließ.

Am vierten Tag segelten sie weiter und ließen mich allein
zurück, doch hatte ich das große Glück, dass acht Tage darauf ein französisches Schiff aus Toulon eintraf, das sich auf
der Rückreise von der östlichen Mittelmeerküste befand und
auch in Tunis anlegte und mit dem ich drei Tage später in Tunis landete. Ich will noch hinzufügen, wie viel Geld in den
beiden Geldbeuteln war, nämlich etwas über dreihundert
spanische Dublonen. Die mit Diamanten besetzten Ringe

wurden auf einhundert maltesische Zechinen geschätzt, acht Shilling das Stück, allerdings bekam ich etwas weniger dafür. Das Gold jedoch war mein wertvollster Beistand und wie Homers *Ilias* unter Alexanders Kopfkissen mein beständiges *vademecum*.

12. Kapitel

Die Staaten der Berberei

Tunis ist die Hauptstadt der gleichnamigen Provinz und der gesamten östlichen und nördlichen Berberei, besitzt zehntausend feste Häuser und steht an der Stelle der einstigen Stadt Karthago. Die Stadt liegt an einer Bucht, in die das Meer einen etwa eine Meile breiten Einschnitt gefressen hat, der einen geräumigen und sicheren Hafen für Handelsschiffe und Galeeren bietet. Hafen und Stadt werden durch die mächtige Festung Goletta geschützt, die sich auf einem hohen, weit ins Meer hineinragenden Felsvorsprung befindet und der Sitz des türkischen Paschas und einer großen Garnison Soldaten ist. Die Festung selbst ist gut mit Waffen, Männern, Artillerie und Munition bestückt.

Die Provinz Tunis erstreckt sich zwischen den Grenzen der Provinz Constantine im Westen und der Stadt Tripolis im Osten und hat eine Länge von achtzig Meilen. An ihrer Küste liegt auch die Stadt Biserta, in deren Hafen die sechs gefürchtetsten und schnellsten Korsarenschiffe im ganzen Osmanischen Reich liegen. Die Stadt Tripolis wurde einst vom Meer hinweggespült und danach etwas weiter südlich wieder aufgebaut. Früher wurde die Stadt von Handelsschiffen aus Genua, Ragusa und Venedig angelaufen, doch ist sie inzwischen fest in der Hand von Dieben und Piraten, so wie alle Hafenstädte zwischen Ägypten und Marokko. Die Provinzen entlang der nordafrikanischen Küste bestehen alle nur aus einem schmalen Streifen und reichen kaum mehr als vierzig Meilen ins Landesinnere hinein.

In Tunis begegnete ich dem einst berühmten englischen Piratenkapitän John Ward, der zum Islam übergelaufen war, nachdem man ihm die Rückkehr nach England verweigert hatte, und sich in Tunis einen prächtigen Palast aus Marmor und Alabaster erbaut hatte. Ich fand ihn in Begleitung von fünfzehn englischen Renegaten, die alle das gleiche betrübliche und dennoch zutiefst verächtliche Schicksal teilten. Der alte Ward, ihr Gebieter und Meister, zeigte sich jedoch versöhnlich und gab mir einen Geleitbrief für meine Reise nach Algier mit. Während meines zehntägigen Aufenthalts speiste ich auch mehrmals an seiner Tafel, doch zog ich es vor, die Nächte an Bord meines französischen Schiffes zu verbringen.

Nachdem ich zuletzt meinen Passierschein vom türkischen Pascha und eine Sicherheit für mein Leben und mein Geld bekommen hatte, machte ich mich mit einer Karawane von vierzig maurischen Tuchhändlern und einhundert mit Seide, Baumwolle und anderen Stoffen beladenen Kamelen auf den Weg durch die Provinzen Constantine und Bejaia. Auf unserer ganzen Reise (die Nächte verbrachte ich in einem Zelt) kamen wir durch ein sehr angenehmes und fruchtbares Land, reich an Wein, Roggen, Gerste, Weizen und allen Arten von Obst, gesäumt von zahlreichen, dicht bevölkerten Dörfern, von denen ich mir wünschte, sie würden gar nicht existieren oder es würden zumindest Christen darin wohnen.

Der größte Feind auf dieser Reise im September 1615 war die Sonne, die unerbittlich heiß vom Himmel brannte, doch hatten wir ausreichende Vorräte an Wasser, Wein und Verpflegung. Nach sieben Tagen erreichten wir das Gebiet der Provinz Tlemcen.

Dieses in jeder Hinsicht reiche Land wird seit Langem von numidischen Sarazenen und arabischen Berbern heimgesucht, die von den Bergen kommen und über die maurischen Ackerbauern herfallen und sich das holen, was sie zum Leben brauchen. Tlemcen hatte ehemals vier Provinzen, jetzt aber nur noch zwei, und die gleichnamige Hauptstadt umfasste einst achtzehntausend Wohnhäuser. Doch ist die Stadt durch die sechsjährige Belagerung und Eroberung durch Jussuph, den König von Fes, ihre spätere Besetzung durch Karl V. und die langen Kriege zwischen ihrem Scherifen oder König und den Türken immer weiter geschrumpft und jetzt beinahe verlassen, und der größte Teil der Provinz gehört zum Hoheitsgebiet des Paschas von Algier.

Zwölf Tage nach unserem Aufbruch von Tunis kamen wir schließlich in Algier an, wo ich mich dankbar von den Führern der Karawane verabschiedete und Quartier im Haus eines spanischen Renegaten nahm, der eine finstere Spelunke und eine spartanische Herberge betrieb. Auf dem gesamten zweihundertvierzig Meilen langen Weg brauchte ich keinerlei Wegezoll zu bezahlen und geriet auch nie in Gefahr, da der Landstrich trotz seiner unzivilisierten Bevölkerung sicher ist.

Die Stadt Algier liegt trapezförmig an den Hängen eines flachen Gebirgszugs und ist zur Meerseite hin gut durch Erdwälle, Bollwerke und Kanonen geschützt. Die beiden Wälle zur Landseite hingegen bieten wenig Schutz und sind spielend zu überwinden. Die Stadt hat einen Umfang von drei Meilen und zählt etwa dreißigtausend Einwohner.

Algier wird von einem türkischen Pascha regiert, dem eine

Garnison von sechstausend Janitscharen untersteht. In ihrem Hafen liegen zweihundert Korsarenschiffe, die ständig christliche Handelsschiffe überfallen und ausplündern und der verderbten Stadt dadurch zu einem sagenhaften Reichtum verholfen und sie zum Erzfeind der Christenheit gemacht haben. Zudem ist sie mittlerweile ein eigenes Königreich. Eine weit ins Meer hinausreichende Mole schützt die Schiffe im Hafen vor starken Nordwinden, die diesen Küstenstreifen sehr gefährlich machen. Zur Zeit meines Aufenthalts waren die meisten Einwohner vor der großen Hitze in die Berge geflüchtet. In allen Städten der berberischen Küste fliehen die Bewohner in den Monaten Juli bis September vor der großen Hitze, sodass die Städte praktisch wehrlos sind und es für die christliche Seefahrt der einzig mögliche Zeitpunkt für einen Überraschungsangriff wäre.

Ich sah zahllose Sklaven, die meisten von ihnen Spanier, die in der Stadt alle Arten von Diensten und auf dem Land schwere Feldarbeit zu verrichten hatten und obendrein noch von ihren Besitzern auf niederträchtigste Art mit Stöcken und Knüppeln geschlagen wurden. Ich konnte meine Herberge auch nur in Begleitung von drei oder vier christlichen Sklaven verlassen, die mich vor dem Pöbel auf der Straße schützten, da sie weder einem Fremden noch einem freien Europäer gegenüber irgendeine Form von Respekt zeigen.

In Algier fiel mir auch die besondere Verschlagenheit der Türken auf, die den Piraten der berberischen Staaten nicht nur die Raubzüge gegen die spanische Seefahrt gestatten, sondern auch dulden, dass sie die Schiffe aller christlichen Nationen im Mittelmeer plündern und ihre Mannschaften versklaven, mit Ausnahme der Franzosen. Und dies ungeachtet der Tatsache, dass wir mehrere Botschafter nach Konstantinopel entsandt haben, die dort aber weniger Vertreter ihres Staates als vielmehr bloß geduldete Gäste sind. Warum auch sollten die christlichen Herrscher mit den Türken Verhandlungen über friedliche Beziehungen und den Handel untereinander führen, solange ihre eigenen Untergebenen, die Berber, jede Sicherheit ausschließen? Wenn folglich ein kleineres Schiff sich ohne ausreichende Verteidigung, wie es gerade unsere englischen Schiffe immer wieder tun, ins Mittelmeer wagt und dann von Piraten aufgebracht und die Mannschaft versklavt wird, sollten sie nicht für viel Geld freigekauft werden, sondern ihre verdiente Strafe erhalten und als Sklaven ihr Dasein fristen, weil sie sich so leichtsinnig in Gefahr gebracht haben, ohne für ihre Sicherheit sorgen zu können.

Bei den Berbern gilt der Hochzeitsbrauch, dass die Braut unmittelbar nach der Eheschließung in der Moschee in einem Zug von Freunden und Angehörigen und mit viel Musik und Tanz zum Haus des Bräutigams gebracht und dort von ihm in ein Privatgemach geführt wird, in dem außer ihnen noch eine alte Frau in einer Ecke des Zimmers hockt. Dann wohnt der Bräutigam der Braut bei und stellt mittels eines Leinentuchs, das unter ihr liegt, ihre Jungfernschaft fest. Die alte Vettel zieht anschließend das blutbefleckte Tuch unter ihr weg, hält es dem Bräutigam zur Kontrolle hin und läuft dann damit durch das ganze Haus und zeigt es allen Freunden des Paares. Dabei ruft sie laut: »Die Braut ist entjungfert!« Die Anwesenden antworten mit lautem Jubel und danken der Alten für die gute Nachricht. Wenn aber die Braut keine Jungfrau mehr ist, schickt der Bräutigam sie mit Schimpf und Schande zurück zu ihren Eltern und die ganze Feier wird auf der Stelle abgeblasen. Wurde aber ihre Jungfräulichkeit bestätigt, wird den ganzen Tag ausgelassen gefeiert und zur Musik verschiedener Instrumente getanzt.

Am zweiten Abend feiern die Frauen der beiden Familien unter sich, und am siebten Tag nach der Hochzeit wird zu einem Festmahl geladen, zu dem der Vater der Braut alle Speisen zum Haus seines Schwiegersohns bringen lässt. Erst am Morgen nach dem Fest verlässt der Bräutigam zum ersten Mal nach der Trauung das Haus und geht auf den Markt, um dort Fische als Symbole für Glück und Wohlstand zu kaufen, wie es in fast allen nordafrikanischen Ländern üblich ist. Auf allen diesen Feiern tanzen Männer und Frauen getrennt, und beide Gruppen haben auch ihre eigene Musik und ihre eigene Art von Vergnügungen.

Nach einem anderen Brauch geben die Eltern, wenn ihre Kinder zu zahnen beginnen, ein Fest für alle Kinder des Dorfes, das nach einem bestimmten Zeremoniell abläuft, ein Brauch, der auch in einigen Gebieten Italiens noch zu finden ist.

Überall in der Berberei tragen die Frauen Armreifen und Ringe in den Ohren, aber anders als die Ägypter nicht in der Nase und den Lippen. Außerdem malen sie sich ihre Finger- und Fußnägel rot an, da ein weißer Nagel als anstößig gilt. Die Männer gehören zu den besten Reitern und Bogenschützen in ganz Afrika und sind stolze Pferdezüchter. Ihrem Wesen nach sind sie lebhaft, tapfer und ausdauernd, und alle folgen dem Wort des Propheten Mohammed, wenn auch auf eine oberflächlichere Art als die Türken. Einige sind dem türkischen Sultan unterstellt, andere dem König von Marokko und wieder andere ihren Stammesfürsten.

Nach zwölf Tagen Aufenthalt in Algier hatte ich das Glück, einem französischen Edelsteinschneider zu begegnen, einem Monsieur Chatteline aus der Provence, der unterwegs nach Fes war und mit dem ich mich einer Karawane von achtundzwanzig algerischen Kaufleuten, zwei Janitscharen und einem Dolmetscher anschloss.

Unsere Reise, die einige auf Maultieren und andere zu Fuß zurücklegten, während Esel unser Gepäck und den Proviant trugen, führte uns an den Küstenstädten Salé und Tetouan vorbei und ging dann drei Tage lang landeinwärts durch fruchtbares und dicht besiedeltes Land, dessen Bevölkerung jedoch roh und primitiv war. Dennoch mussten mein Begleiter und ich keine Wegezölle zahlen, da sie anders als die Türken und Araber in Asien keine Tribute von Europäern verlangen. Sie verstanden auch nicht, wer wir waren, da wir in Gesellschaft der Algerier reisten und wie sie gekleidet waren. Lediglich mein Gesicht hatte eine hellere Farbe, und ich wünschte oft, es wäre so schwarz wie ihres gewesen. Auf unserer teils beschwerlichen, teils angenehmen Reise bekamen wir überall starken Wein, ausgezeichnetes Brot und die besten und größten Hühner weltweit, dazu reichlich Feigen, Obst, Oliven und köstliches Öl. Unterwegs kamen wir an zahllosen Dörfern vorbei, deren Häuser aus Lehm erbaut waren und flache Dächer hatten, wie es in Asien und ganz Afrika üblich ist.

Am vierten Tag stiegen wir aus der Ebene in gebirgiges Gelände hinauf, das aber ebenfalls fruchtbar war und wo ich hier und dort die Zelte von Küstenbewohnern sah, die vom Meer in die kühlere und frische Luft der Berge geflüchtet waren. Auf den schattigen Hängen sah ich auch überall Schafe und Ziegen, die Schafe ungewöhnlich groß und mit breiten Schwänzen, die bis zum Boden reichen und beim Verkauf sechzehn, achtzehn oder zwanzig Pfund und mehr wiegen.

In der angenehm frischen Bergluft fiel das Wandern leicht, und am Morgen des siebten Tages erreichten wir Fes. Einer der Kaufleute brachte den Franzosen und mich zu einer großen maurischen Herberge und Schenke, wo wir so freundlich und respektvoll behandelt wurden wie nur je im ganzen osmanischen Herrschaftsgebiet, obwohl wir dessen Grenzen bereits verlassen hatten und uns im Königreich Marokko befanden.

Die Stadt Fes liegt auf zwei Hügeln. Im Tal dazwischen, durch das ein reißender Fluss in Richtung Süden fließt, befindet sich das Zentrum, zugleich der schönste und bevölkerungsreichste Teil der Stadt, die genau unter dem Wendekreis des Krebses liegt. Über den Fluss spannen sich insgesamt siebenundsechzig Brücken aus Stein und Holz, die beide Stadthälften miteinander verbinden. Das Tal ist zwei Meilen lang und eine halbe Meile breit und enthält neben fünf Marktplätzen zahlreiche großartige Paläste, prunkvolle Moscheen, Schulen, Spitäler und einhundert prunkvolle Gasthöfe, von denen noch der kleinste den König mit seinem gesamten Gefolge empfangen könnte. Die Wohnhäuser sind meist drei oder vier Stockwerke hoch, mit großen, offenen Fenstern, langen Galerien, geräumigen Zimmern und flachen Dächern. Die Straßen sind alle überdacht und mit großen Lichtöffnungen versehen, und in den Geschäften und Werkstätten zur Straße werden Waren aller Art verkauft.

Männer wie Frauen tragen lange Hosen, keine Strümpfe und rote oder gelbe Schuhe, die an der Ferse mit Eisen beschlagen und an der Fußspitze mit weißem Horn verstärkt sind. Außerdem tragen sie lange Gewänder aus Leinen oder Baumwolle und darunter bunte Seidenwämser, und das einfache Volk auf der Straße behandelt Fremde weit freundlicher als in Konstantinopel oder irgendwo sonst im türkischen Reich.

Die Frauen gehen unverschleiert und tragen flache, runde Hauben aus Stroh oder feinem Schilfrohr auf dem Kopf, um sich vor der Sonne zu schützen. Überdies sind sie ganz und gar zuchtlos und bereit, ihren wollüstigen Männern auf beide Arten zu Diensten zu sein. Sie werden auch nicht so streng gehalten wie die türkischen Frauen und dürfen sich überall frei bewegen.

Fes besitzt zwölftausend legale Freudenhäuser, in denen die Kurtisanen gut versorgt und einmal in der Woche ärztlich untersucht werden. Das Schlimmste aber ist, dass im Sommer dreitausend Lustknaben in den Straßen ihre Dienste anbieten. Ich selbst habe gesehen, wie Männer am helllichten Tag mitten auf dem Marktplatz ihre Lust an diesen verderbten Knaben befriedigten, ganz ohne Scham oder Angst vor Strafe, und danach unbekümmert weitergingen.

Die beiden Berge im Osten und Westen sind mit Straßen und zweistöckigen Häusern überzogen, doch findet man dazwischen auch bezaubernde Gärten, und an den steilsten Hängen hat man Moscheen und Wachtürme errichtet. Auf den Kuppen und rund um die Stadt stehen etwa dreihundert Windmühlen, die größtenteils zu den Moscheen und den beiden großen Schulen gehören, in denen die Schüler nach dem Koran unterrichtet werden.

Die Hauptmoschee besitzt siebzehn große Türme sowie zahllose kleinere Türmchen und Spitzen und hat vierunddreißig Eingänge. Der Innenraum ruht auf dreiundzwanzig Säulenreihen mit je achtundvierzig Säulen und enthält zahllose Seitenschiffe, Chöre und Rotunden. An jeder Säule hängt eine Ölleuchte, und jeden Abend werden im Innern neunhundert Lichter entzündet, für die allein einhundert Diener angestellt sind, die täglich zweihundert Dukaten kosten. Neben der Großen Moschee gibt es in der Stadt noch über vierhundertundsechzig weitere Moscheen, fünfzig davon sehr prachtvoll gebaut und innen wie außen mit erlesenem Zierrat geschmückt. An den Decken befinden sich Mosaiken mit kunstvoll eingearbeiteten Goldmustern, und die Wände und Säulen sind aus grauem Marmor, durchsetzt mit weißem Alabaster, wie auch in der Großen Moschee, die Monsieur Chatteline und ich dreimal in Begleitung unseres muslimischen Gastwirts aufsuchten, der von den Priestern eine entsprechende Vollmacht für uns erwirkte.

In der Stadt gibt es jede nur erdenkliche Verpflegung für Mensch und Tier, und sie ist zweifellos der angenehmste Ort in ganz Nordafrika, mit einhundertzwanzigtausend Wohnhäusern und einer Million Bewohnern. Tatsächlich ist Fes eine ganze Welt für sich, rangiert zwar hinter Kairo, aber noch vor Konstantinopel und erst recht vor Aleppo, welches die vier größten Städte sind, die ich je gesehen habe.

Die Bewohner sind sehr fromm und gewissenhaft in ihren Gebetspflichten, doch gibt es große Festtage, an denen sie ausgelassen tanzen und feiern und sich mit Stierkämpfen, Maskenumzügen, öffentlichem Gesang und Prozessionen vergnügen. In der Vergangenheit hat es unter den Mauren von Fes und Marokko eine Reihe bedeutender Herrscher und Gelehrter gegeben, allen voran die almohadischen Herrscher Al-Mansur, Al-Mumin und Abu Jakub Jussuph, gottesfürchtige Männer, unter deren Herrschaft die berühmtesten Mediziner und Philosophen unter den Heiden wirkten, etwa Avicenna, Al-Rasi, Ibn Masarra, Averroes und viele andere, die von den marokkanischen Königen gefördert wur-

den, deren Herrschaft sich zu der Zeit über die ganze nordafrikanische Küste und Spanien erstreckte. In Spanien gibt
es noch heute zahlreiche ihrer Gelehrtenschulen (wenn auch
ohne große Bedeutung), ein Zeichen für ihre einstige Frömmigkeit und Gelehrsamkeit, die bis heute fortwirkt, sieht
man einmal davon ab, dass sie Wein trinken, obwohl der
Koran es verbietet. Außerdem gehen zahlreiche sportliche
Wettkämpfe, Turnierspiele und der Stierkampf im heutigen
Spanien auf sie zurück, und auch die Römer haben vieles von
ihnen übernommen.

Fes ist auch die Stadt der Dichter, die über viele Dinge
schrieben, vor allem aber über die Liebe, über die sie in ihren
Versen ohne jede Scheu und Scham sprechen. Einmal im Jahr,
an Mohammeds Geburtstag, findet ein Dichterwettstreit zu
Ehren des Propheten statt. Am Nachmittag versammeln sich
alle Dichter auf dem Marktplatz und nehmen nacheinander
auf einem erhöhten Sitz Platz, von dem aus sie ihre Verse vor
dem Publikum deklamieren. Der Sieger des Wettstreits darf
sich ein Jahr lang »Dichterfürst« nennen und wird vom Statthalter der Stadt ausgezeichnet. Zur Zeit der Meriniden lu-
den die Herrscher sogar das Volk und die Dichter zu sich in
den Palast ein, und sie mussten ihre Verse zum Ruhme Mohammeds von einer hohen Tribüne herab vor ihnen vortragen. Der Sieger bekam vom König einhundert Goldmünzen,
ein Pferd, eine Sklavin und die Robe des Dichterfürsten, und
alle anderen bekamen fünfzig Goldmünzen als Anerkennung
ihrer Leistung. Ein wahrlich edles Verhalten, von dem ich
wünschte, es wäre auch unter europäischen Herrschern verbreitet, ganz besonders auf unserer Insel, denn dann würden
die klügsten und wortgewandtesten Köpfe darum wetteifern,
sich in der Eleganz ihres Stils und im Reichtum ihrer Er-

findungen zu übertreffen, und die Dichtkunst würde nicht so daniederliegen wie jetzt, da niemand ihre Vertreter achtet oder belohnt.

13. Kapitel

Durch die Sahara

Insgesamt blieben wir siebzehn Tage in Fes, an denen wir uns täglich mit einigen äthiopischen Kaufleuten trafen, von denen manche christlichen Glaubens waren. Da Monsieur Chatteline nirgends Diamanten oder andere Edelsteine erwerben konnte, rieten sie uns, nach Arawan zu gehen, einer Stadt an der nördlichen Grenze Äthiopiens, wo er eine große Auswahl an Steinen zu günstigen Preisen finden würde, und gaben ihm auch eine genaue Wegbeschreibung der dreißig Tage dauernden Reise. Zuletzt fasste er den Entschluss, dorthin zu gehen, und versuchte auch mich für den Plan zu gewinnen, bis ich seinem Drängen aus Neugier auf das unbekannte Land nachgab.

Für die Reise mieteten wir einen maurischen Dolmetscher, der Italienisch sprach, sowie ein Zelt und zwei maurische Sklaven als Führer und Beschützer, wofür wir insgesamt achtundfünfzig Sultaninen zahlten (achtzehn englische Pfund und vier Shilling). Außerdem verpflichteten wir zum Schutz unseres Lebens und Geldes sechs ihrer Landsleute beim türkischen Gouverneur als Bürgen.

Nachdem wir noch ein Maultier zum Transport von Proviant, Wasser und Gepäck erworben hatten, mussten wir unserem Herbergswirt pro Kopf und Übernachtung zwanzig Aspern (vierunddreißig Shilling) zahlen. Danach begleiteten uns die äthiopischen Kaufleute noch etwa zwölf Meilen vor die Stadt, woraufhin wir uns freundlich von ihnen verabschiedeten und unseren Weg fortsetzten. In den ersten sieben Tagen quälte uns einzig die große Hitze, doch kamen wir ungehindert voran und trafen unterwegs immer wieder auf Menschen in Zelten oder vereinzelte Dörfer.

Als wir am achten Tag durch schwieriges und felsiges Gelände kamen, erlitt Monsieur Chatteline, der das lange Reisen zu Fuß nicht gewohnt war, einen Schwächeanfall, und wir setzten ihn zusätzlich zu unserem Gepäck auf das Maultier. Zuletzt gelangten wir nach Ahansal, der südlichsten Stadt der Provinz Fes, bestehend aus eintausend Wohnhäusern und gut gesichert mit einer Stadtmauer und einer Garnison Soldaten, die dem marokkanischen König untersteht. Hier befiel den Franzosen ein starkes Fieber, sodass wir fünf Tage rasteten und auf Besserung warteten, doch verschlechterte sich sein Zustand noch mehr und er wollte umkehren, was mir ganz und gar nicht passte. Ich überließ ihm deshalb einen der beiden Sklaven, der ihn nach Fes zurückbringen sollte, während der Dolmetscher und der zweite Sklave mich zum vorher vereinbarten Preis weiter begleiteten, was ich schon bald bitter bereuen sollte.

Nachdem wir Ahansal hinter uns gelassen hatten, kamen wir durch das Gebiet der Agaroer, deren Anführer kaum mehr als ein Tuch tragen, während das einfache Volk gänzlich unbekleidet umherläuft. Sie kennen weder Dörfer noch Flüsse und Ackerbau, doch sahen wir große Mengen Vieh, darunter Schafe, Ziegen, Kamele, Dromedare und gute Pferde. Das Volk besitzt einen eigenen Emir, der allein seinen Launen folgt und dem sie willenlos unterworfen sind. Dennoch besitzen sie auch eine eigene Religion, eine primitive Form des

Islam. Ihr Vieh tränken sie an Quellen, während das Weideland mit dem Tau der Nacht und sie selbst mit dem wenigen Wasser auskommen müssen, das sich in Mulden am Boden sammelt. In den sechs Tagen unserer Durchreise wurden wir immer wieder von den Wilden bedrängt und einige Male auch mit Stöcken geschlagen, und sie wollten wissen, wer ich sei und wohin ich wolle, sodass der Dolmetscher alle Mühe hatte, mich vor ihnen zu schützen und mein Leben zu retten.

Kaum waren wir der Gefahr entronnen, begegneten wir am siebten Tag einem noch primitiveren Stamm von Jemeniten, die meisten von ihnen hellhäutige Mauren, ein noch gemeineres Volk als die Neger. Auch wenn einige von ihnen immerhin ihre Blöße bedeckten, ist ihr Gesinnung doch weit niederträchtiger als die der Agaroer. Sie werden von einem Scherifen regiert, dessen Garde aus Frauen und jungen Knaben besteht, und scheinen lieber ganz ohne Religion zu leben, als sich irgendeiner Gottheit zu unterwerfen.

Da mein Dolmetscher den weiteren Weg und seine Gefahren nicht kannte, mussten wir einen jemenitischen Führer anheuern, der uns bis zur äthiopischen Grenze bringen sollte. Tatsächlich aber führte er uns fünf Tage lang nach Südosten, also fast in die entgegengesetzte Richtung, und stahl sich am sechsten Tag davon, entweder aus Furcht wegen seines Irrtums oder aus Berechnung, da wir ihm bereits die Hälfte des vereinbarten Lohns bezahlt hatten. Nachdem der Schurke fort war, gingen wir am nächsten Tag in der einmal eingeschlagenen Richtung weiter und kamen bis zum Abend nur durch menschenleeres, gebirgiges Land, das allein von wilden Tieren bewohnt wurde.

Am Abend schlugen wir unser Zelt am Fuß eines Felsens auf und ließen die ganze Nacht über ein Feuer brennen, um

Raubtiere fernzuhalten, wie wir es auch in den kommenden Nächten machten. Früh am nächsten Morgen marschierten wir weiter ins Landesinnere, wo wir auf Nomadenstämme zu stoßen hofften, um unsere Vorräte aufzufrischen und nach dem Weg zu fragen, doch begegneten wir weder an diesem noch an den folgenden sieben Tagen irgendeiner Menschenseele. Da unser Proviant und unser Wasser aufgebraucht waren, hatten wir in dieser Zeit nichts außer etwas Tabak zu kauen und mussten unseren Durst mit unserem eigenen Urin stillen.

Auf unseren Wegen lauerten überall Schlangen im weichen Sand, und zwischendurch kamen wir an Felsklüften vorbei, in deren Höhlen wilde Tiere hausten, deren heisere Schreie wir nachts hörten. Tagsüber bekamen wir einige zu Gesicht, vor allem Schakale, Bären und Wildschweine sowie vereinzelt Wildkatzen, Tiger und Leoparden, die wir mit Schüssen in die Luft vertrieben oder indem wir etwas Pulver verbrannten, dessen Geruch alle wilden Tiere in die Flucht schlägt.

Diese riesige Wüstenfläche gehört zum Land der Berdoa, einer der vier alten libyschen Stämme, und ist Teil der Libyschen Wüste. Am vierten von insgesamt sieben Tagen, die wir in der Wüste verbrachten, verließ meinen Dolmetscher, dem es ein Rätsel war, wie ich die Hitze, den Hunger und die Strapazen der Reise aushalten konnte, der Mut, und er zwang mich, unter der Androhung, mich zu töten, umzukehren und nach einem Dorf zu suchen. Daraufhin änderten wir unseren Kurs in nordöstlicher Richtung, gelenkt von meinem Kompass, und stießen am achten Tag auf neunhundert nackte Wilde vom Stamm der Sabunken, fünfhundert von ihnen Frauen, und alle mit Pfeil und Bogen bewaffnet.

Sie hatten in der Nacht dreihundert benachbarte Berdoaner überfallen und ihnen sechstausend Schafe und Ziegen sowie anderes Vieh geraubt. Ihr Emir empfing uns in Begleitung von einhundert Reitern, alle mit eisenbewehrten Kurzspießen bewaffnet, versprach uns freies Geleit und ließ uns etwas zu essen bringen.

Der Stammesführer war lediglich mit einem karmesinroten Seidentuch bekleidet, das ihm von der Brust bis halb über die Hüfte reichte. Über der nackten Schulter hingen bunte Bänder, und um die Stirn hatte er wie einen Kranz eine bunte Schärpe gebunden. Die Beine waren nackt, nur die Waden waren mit roten Seidenbändern umwickelt, und an den Füßen trug er gelbe Schuhe. Sein Bart war wie sein Gesicht von der Sonne gebräunt und er mochte wie ich dreiunddreißig Jahre alt sein. So verwerflich wie seine Existenz ist auch seine Religion, denn er und alle vier Stämme Libyens verehren den Knoblauch als ihren Gott, errichten ihm zu Ehren Altäre, ernennen Priester und huldigen ihm mit heidnischen Ritualen, da der Knoblauch ihre Hauptspeise ist und sie ihm aufgrund seiner Kraft göttliche Qualitäten zuschreiben. Sein gesamtes Gefolge war nackt, bis auf den Leibpagen, der genauso gekleidet war wie sein Herr.

Nachdem er seine Reiter fortgeschickt hatte, unterhielt er sich eine Stunde mit mir und schenkte mir zum Schluss seinen Bogen und einen Köcher mit Pfeilen, die ich nach meiner Rückkehr Seiner Majestät, Prinz Karl, zum Geschenk machte.

Es gibt noch ein komisches Geheimnis ihre Frauen betreffend, das ich nachher mehrmals dem damaligen König Jakob erzählte, dem ich auch drei Zertifikate von meinen Wanderungen durch die Wüste zeigte, eines davon von Kapitän

Ward nach Berichten meines Dolmetschers in Tunis ausgestellt, die mir mit allen meinen anderen Patenten inzwischen von der Inquisition in Malaga geraubt wurden.

Der Berberfürst riet uns, von dort aus nach Tunis zu gehen, und gab uns für vier Tagesreisen einen Führer mit auf den Weg, dessen Preis er selbst bestimmte. Zugleich kam ich nicht umhin, auch meinen Dolmetscher mitzunehmen, mit dem ich für die Reise bis Tunis eine Summe von fünfundvierzig Sultaninen vereinbarte.

Der einheimische Führer, dem ich fünf Sultaninen (fünfunddreißig Shilling) geben musste, führte uns auf sicheren und von Zeltdörfern gesäumten Wegen, in denen wir täglich frisches Wasser, Brot, Knoblauch und Zwiebeln und zweimal sogar Hühner für zwanzig Aspern (zwei Shilling) das Stück bekamen, die wir über dem Feuer brieten oder, um die Wahrheit zu sagen, einfach nur in der Sonne rösteten und halb roh verzehrten. Am Nachmittag des fünften Tages setzte unser Führer uns wohlbehalten in einem vierhundert Zelte zählenden Numidenlager ab, das in einem angenehmen Tal zwischen zwei Quellen lag und wo wir uns neun Tage lang von den Strapazen der Reise erholten.

Im Lager sah ich Hufschmiede, die ganz ohne Glut Hufeisen und Nägel hämmerten, da das Eisen alleine durch die Hitze der Sonne weich wird und auf dem Amboss geschlagen werden kann. Gleiches habe ich auch in Asien gesehen. Ich könnte hier noch weitere Einzelheiten anfügen, wenn ich dafür die Zeit und das Geld für Papier und den Setzer hätte.

Nach neun Tagen setzten wir unsere Reise fort, wobei wir für jeden Tagesmarsch einen neuen Führer anheuerten und von den wilden Berberstämmen der Bergregionen zu den zivilisierten Stämmen an der Küste hinabstiegen und schließlich, nach einer beschwerlichen und gefahrvollen Reise, sicher nach Tunis gelangten. Hier entließ ich meinen Dolmetscher und den Sklaven, da ich nach den überstandenen Gefahren nicht mehr auf ihre Dienste angewiesen war und auch Kapitän Ward mir dazu riet. Während meines Aufenthalts in Tunis ließ Kapitän Ward mir zweimal durch einen Diener die großen Brutöfen zeigen, in denen die Eier nicht von Hennen, sondern von der Hitze ausgebrütet werden. Dazu wird der Ofen zuerst mit warmem Kameldung ausgelegt und darauf kommen die Eier. Dann wird die Klappe geschlossen und einmal am Tag Hitze von einem Feuer hinter dem Ofen durch Röhren unter den Kameldung geleitet, und zwar so, dass er genau die Temperatur einer Glucke hat. Nach zwanzig Tagen schlüpfen die Kücken, pro Ofen etwa dreihundert bis vierhundert Stück, und jede Unachtsamkeit fällt auf den Betreiber zurück, da er nur für die lebenden Tiere bezahlt wird. Diese Öfen sind fast überall in Afrika verbreitet und erklären, warum es dort so viele Hühner gibt.

Fünf Wochen lang saß ich in Tunis fest, bis endlich am 14. Februar 1616 ein holländisches Schiff, die *Mermaid* aus Amsterdam, auf ihrem Weg von Tetouan nach Malta und Venedig im Hafen anlegte.

Zur gleichen Zeit landete auch ein Kapitän Danser in Tunis, ein Flame, der einst ein berühmter Pirat und gefürchteter Feind der Mauren gewesen war. Jetzt kam er im Auftrag des französischen Königs, um zweiundzwanzig französische Schiffe auszulösen, die der türkische Provinzgouverneur nur deshalb aufgebracht hatte, um Danser nach Tunis zu locken, obwohl er die Seeräuberei längst aufgegeben und in Marseille geheiratet hatte.

Nach seiner Ankunft schickte er zunächst zwei französische Gesandte an Land, um dem Pascha seine Grüße ausrichten zu lassen. Tags darauf besuchte der Pascha mit zwölf Begleitern Danser auf seinem Schiff, der ihn ob dieser großen Ehre mit Fanfarenstößen und Kanonendonner empfing und mit ihm auf sein Wohl trank. Noch größer war seine Freude, als der Pascha am nächsten Morgen alle zweiundzwanzig Schiffe ohne jede Gegenleistung freigab.

Nachdem sie auf den glücklichen Ausgang angestoßen hatten, lud der Pascha ihn zum Essen in seine Festung ein. Tatsächlich stand der unselige Danser am nächsten Tag mit zwölf seiner Leute vor der Festung und wurde von zwei Wachen hineingeführt. Doch sobald er die Zugbrücke passiert hatte, wurde das Tor hinter ihm geschlossen und seinem Gefolge der Zutritt verweigert. Allein wurde Danser vor den Pascha geführt, der ihn anklagte, zahlreiche Korsarenschiffe überfallen und deren Besatzung kaltblütig abgeschlachtet zu haben. Daraufhin wurde er enthauptet und der Leichnam in den Burggraben geworfen. Seine beiden Schiffe wurden von den Kanonen des Forts unter Feuer genommen, konnten aber ihre Trossen kappen und mit viel Glück entkommen. Dansers zwölf Begleiter aber schickte der Pascha zurück zu ihren Schiffen und ließ sie unbehelligt nach Marseille segeln.

Gewiss ein schönes Beispiel für das diplomatische Geschick der Türken. Ein Bubenstück, das ihnen so leicht kein Europäer nachmacht.

14. Kapitel

Nach Malta und Sizilien

Kurz darauf setzte das holländische Schiff seine Fahrt fort, und ich verabschiedete mich vom großherzigen Ward und seinen trotzigen Renegaten. Schon drei Tage später landeten wir bei günstigem Wind in Malta, wo ich an Land ging und meinen alten Freund William Douglas begrüßte.

Am fünften Tag meines Aufenthalts wurde ich Zeuge, wie ein spanischer Soldat und ein Malteserknabe auf dem Scheiterhaufen verbrannt wurden, weil sie in der Öffentlichkeit Sodomie betrieben hatten. Noch am selben Tag flohen über einhundert *bardassi*, oder Lustknaben, aus Angst vor dem gleichen Schicksal nach Sizilien, ohne dass auch nur einer ihrer Freier sich rührte, so verbreitet ist das Laster auf der Insel.

Dann verließ ich Malta und landete am nächsten Morgen in Sizilien, das sechzig Meilen entfernt liegt. Der Boden ist überaus fruchtbar und bringt eine reiche Ernte an Roggen und Weizen hervor, dazu findet man auf der Insel Wein, Zucker, Reis, Olivenöl, Salz, Alaun, alle Arten Obst und Gemüse, hochwertige Seide und reiche Erzvorkommen. An der Küste vor Trapani wachsen die besten Korallen der Welt, die im Wasser grün und weich sind, an Land jedoch rot und hart werden, und die auch im Roten Meer und im Persischen Golf vorkommen.

Die meisten Städte und Dörfer im Hinterland befinden

sich auf den höchsten Bergen und Erhebungen, was zwei Gründe hat: Zum einen dient es der besseren Verteidigung gegen Überfälle, da einige Berghänge so steil sind, dass ein einziger Verteidiger mühelos fünfhundert Angreifer zurückschlagen kann. Zum Zweiten sind die Bewohner auch vor der großen Hitze im Tiefland geschützt und bleiben dadurch gesund, da in heißen Gebieten nichts besser vor Krankheit schützt als kühle und frische Luft.

Die Dörfer liegen oft sechs, zehn, fünfzehn oder zwanzig Meilen auseinander, ohne irgendwelche Häuser dazwischen, mit Ausnahme einiger Stifte oder Wirtshäuser an den Straßen. An den Hängen rund um die Dörfer liegen Weinfelder, und auf den ebenen Flächen wird ausnahmslos roter Weizen angebaut, dessen Qualität unvergleichlich ist und aus dem das beste Brot hergestellt wird. Einige Böden und Täler der Insel sind so fruchtbar, dass ein Weizenkorn einen hundertfachen Ertrag bringt.

Die meisten Sizilianer sind geborene Redner, dazu schlagfertig und gute Unterhalter, allerdings nur Fremden gegenüber. Untereinander hingegen sind sie voller Neid, Misstrauen und Jähzorn und stets bereit, für jedes noch so geringe Unrecht Rache zu üben. Dennoch sind sie umgänglicher als die Italiener, die ihre Widersacher hinterrücks bei Nacht umbringen, wohingegen die Sizilianer den gerechten Zweikampf pflegen.

Sie sind von Natur aus wissbegierig und immer an Neuigkeiten interessiert, besitzen einen flinken Verstand und eine reiche Erfindungsgabe in allen Künsten und sind große Geschichtskenner. Tatsächlich begegnete ich wiederholt Leuten, die so gut mit der Geschichte Großbritanniens vertraut waren, dass ich nur staunen konnte.

Bei beiden Aufenthalten in diesem Königreich, besonders beim zweiten, der mich um die ganze Insel herumführte
(und ich durchquerte sie obendrein dreimal), sah ich nie einen
Bettler um Brot oder Almosen bitten, so groß ist der Reichtum der Insel. Und ich wage sogar aus eigener Erfahrung zu
behaupten, dass noch der ärmste Mensch auf Sizilien so gutes
Brot isst wie der mächtigste Herrscher der Christenheit. Die
Bevölkerung ist überaus gutmütig, klug, redegewandt und
umgänglich. Ihre Sprache ist in vielen Ausdrücken dem La-
teinischen näher als dem Italienischen, das sie mit einem ganz
eigenen Dialekt sprechen. Zwar sind sie ein wenig geschwät-
zig und weibisch, gleichwohl aber ausgesprochen freundlich
gegenüber Fremden.

In den Monaten Juli und August ziehen die Bewohner
der Dörfer und Weiler im Hinterland zu Fuß und zu Pferde
hinab in die Städte an der Küste, um sie gegen Angriffe der
Türken zu verteidigen. In dieser Zeit müssen sie für ihren eigenen Unterhalt aufkommen, während für den Rest des Jahres die Bewohner selbst für ihre Sicherheit sorgen müssen.

Lange Zeit litt das Königreich unter der Plage von Auf-
ständischen und Banditen, bis der kampferprobte Herzog von
Osuna 1611 Statthalter wurde und im ersten Jahr fünfhundert
Personen festnehmen ließ, von denen ein Teil gehängt, ein
anderer begnadigt und ein dritter zum Galeerendienst verurteilt wurde, sodass binnen zwei Jahren seiner vierjährigen
Amtszeit in ganz Sizilien kein Straßenräuber mehr im Gefängnis saß, was es bis dahin noch nie gegeben hatte. Er war
kein tyrannischer Herrscher (anders als so manche Herrscher
heute), war gefeit gegen Launen ebenso wie gegen Schmei-
cheleien und diente der Gerechtigkeit, indem er Recht und
Gesetz durchsetzte, wie etwa in seinem klugen Vorgehen ge-

gen die Jesuiten von Palermo, deren Ambitionen er mit seiner ganzen Autorität entgegentrat, und dies sehr zu Recht. Den Hintergründen hier in allen Einzelheiten nachzuspüren, würde zu weit führen, wenn es auch überaus interessant wäre. In gleicher Weise ging er gegen einen angesehenen Mann vor, einen Gemeindepriester aus derselben Stadt, der den Diener eines Ritters in einem Bordell getötet hatte, den Bruder eines Schuhmachers. Der Kardinal hatte dem Priester daraufhin lediglich untersagt, ein Jahr lang die Messe zu lesen, ohne jede Wiedergutmachung für den Tod des Mannes. Der Statthalter jedoch ermunterte den Bruder des Getöteten, den Priester zu erschießen, und verzieh jenem die Tat. Zwar durfte der Schuhmacher ein Jahr lang sein Handwerk nicht ausüben, doch bekam er vom Statthalter in der Zeit zwei Shilling pro Tag für seinen Unterhalt.

Mir sind aus der Zeit seiner Regierung so viele außergewöhnliche Beispiele bekannt, die zu erzählen Stunden dauern würde und die eine Erbauung für jeden verständigen Menschen wären. Später wurde Osuna Statthalter von Neapel und ist erst jüngst in Spanien gestorben.

Wanderungen entlang der sizilianischen Küste sind ausgesprochen gefährlich, besonders am frühen Morgen, wenn man unversehens auf ein als Fischerboot getarntes Piratenschiff stößt und sich im Handumdrehen als Sklave wiederfindet. Denn die Piraten machen Jagd auf Feldarbeiter, die von ihnen an die berberische Küste verschleppt werden, ungeachtet der mächtigen Wachtürme, die in Sichtweite zueinander rund um die gesamte Insel stehen. Die Piraten kommen gewöhnlich bei Nacht, und wenn sie in der Frühe rechtzeitig entdeckt werden, warnen die Wächter auf den Türmen die Bewohner der Dörfer. In kürzester Zeit eilen die Männer herbei, und oft gelingt es ihnen, die hinter Klippen oder in versteckten Buchten liegenden Schiffe zu überraschen. Auf allen christlichen Inseln im Mittelmeer sowie entlang der Küsten von Italien und Spanien finden sich solche Wachtürme.

Die größte Sehenswürdigkeit Siziliens vom Altertum bis heute ist der Ätna. Da ich ihn auf meiner ersten Reise nur aus der Ferne gesehen hatte, besorgte der Bischof von Randazzo mir auf eigene Kosten einen Führer, der mir den Berg aus der Nähe zeigen sollte. Nachdem wir den mühsamen und mit einiger Kletterei verbundenen Aufstieg von der Ostseite her geschafft hatten, näherten wir uns nach zwölf Meilen der zweiten Fumarole, der größten der drei gegenwärtig aktiven Fumarolen des Berges, dessen riesiger Krater einen Durchmesser von etwa fünfhundert Ellen hat und wie ein tiefes Tal zwischen einer senkrechten Felswand und dem Hauptmassiv liegt und dessen lodernde Flammen und knisternder Rauch einen Furcht einflößenden Anblick bieten.

Nachdem ich mich dem Kraterrand so weit genähert hatte, wie der Führer es zuließ – der Grund unter unseren Füßen war warm und ist wegen der vielen Löcher für unkundige Wanderer sehr gefährlich –, stiegen wir drei Meilen weiter hinauf zum Gipfel, wo die beiden anderen Fumarolen aus dem Fels traten. Sie waren allerdings deutlich kleiner als die mittlere, von der sie ihre Nahrung beziehen. Zwischen den beiden oberen Fumarolen lagen sogar vereinzelte Schneefelder, und das im Juli. Genau hier hat sich der Philosoph Empedokles in die Feuerschlünde gestürzt, um den Ruf zu erlangen, er sei zum Gott geworden.

Beim Abstieg auf der Nordostseite sahen wir zuletzt die dritte und tiefste Fumarole, eine knappe Meile oberhalb des Bergsockels auf der Höhe von Randazzo, und wenn nicht ein schwefeliger Fluss Stadt und Berg trennen würde, müssten die Bewohner fürchten, vom Lavastrom verbrannt zu werden. Beim letzten Ausbruch am 25. Juni 1614 wälzte sich über Tage ein glühender Lavastrom den Berg hinab und zerstörte die Wein- und Olivenfelder zweier Barone. Der spanische König jedoch bot ihnen als Ausgleich für ihr Unglück Land der Krone zur Bewirtschaftung an. Ich selbst habe noch die Spuren der Lavamassen gesehen, die sich vom Gipfel des Ätnas mehr als zwanzig Meilen weit in die Ebene hinabgewälzt hatten.

Berühmt waren in der Vergangenheit die tyrannischen Regenten Siziliens. Dionysios der Ältere und Dionysios der Jüngere waren beides abscheuliche Tyrannen, doch der dritte Dionysios war der schlimmste und bei der Bevölkerung so verhasst, dass sie ständige Verwünschungen gegen ihn ausstießen und ihm den Tod wünschten. Nur ein altes Mütterchen betete um sein Leben. Als man sie danach fragte, gab sie zur Antwort: »Von seinem Großvater über seinen Vater bis zu ihm ist es jedes Mal schlimmer geworden, sodass nach ihm nur noch der Teufel kommen kann, und darum wünsche ich ihm ein langes Leben.«

Nachdem sie es den Römern entrissen hatten, blieb das Königreich bis zum Jahr 1281 unter der Herrschaft der Franzosen, bis Peter von Aragon einen Volksaufstand so geschickt einfädelte, dass mit dem Geläut zur Abendvesper alle Franzosen grausam abgeschlachtet wurden und die Insel so an das Haus Aragon fiel und heute zu Spanien gehört.

Ein sizilianisches Sprichwort besagt (denn sie kennen beide), dass die Franzosen klüger sind, als sie aussehen, und die Spanier klüger aussehen, als sie sind. Und so wie der Spanier noch in der schwersten Niederlage seinen ganzen Stolz behält, so verzweifelt und mutlos ist der Franzose bereits, wenn ein Unheil nur droht. Spanier und Franzosen sind in allen Dingen grundsätzlich verschieden und pflegen unterschiedliche Gewohnheiten. So auch im Reiten, das sie beide nur unvollkommen beherrschen. Der Spanier reitet wie ein Affe auf einem Kamel, die Knie und Fersen an der Seite fest angepresst, sodass er wie ein Schiff mit Schlagseite bei stürmischer See im Sattel hockt. Der Franzose hingegen steht fast im Steigbügel, drückt seinem Pferd die Sporen in die Seite und fuchtelt wild mit den Armen, geradezu wie die Türken auf dem Bairamfest, wenn sie sich an zwei Seilen zwischen zwei Bäumen in die Luft schnellen lassen und vor Schreck mit den Armen rudern.

Die sizilianischen Frauen sitzen wie Männer im Sattel, und wenn sie zu zweit reiten, sitzt der Mann hinter der Frau. Stirbt ein Freund oder Bekannter, trauern die Frauen einen ganzen Monat lang zweimal am Tag, indem sie so laut jammern, stöhnen und die Hände zusammenschlagen, als werde ganz Sizilien von den Korsaren überrannt, ohne aber eine echte Träne zu vergießen oder tatsächlich betrübt zu sein, denn schon im nächsten Augenblick können sie wieder lachen und ausgelassen plaudern. Die gleiche Art der Totenklage wird auch bei den Türken gepflegt und bei allen orientalischen Völkern Asiens.

Zuletzt ist die Insel auch berühmt für die bedeutenden Gelehrten, die sie hervorgebracht hat: Archimedes, den großen Mathematiker; Empedokles, den Begründer der Rhetorik; Euklid, den Erfinder der Geometrie; Diodorus Siculus, den berühmten Geschichtsschreiber, und Aischylos, den ersten Tragödiendichter, der bei einem Spaziergang auf dem Feld erschlagen wurde, weil ein Adler sein kahles Haupt für einen Felsen hielt und eine Schildkröte darauf fallen ließ, die seinen Schädel zerschmetterte.

Am 20. August 1616 erreichte ich Messina und machte dort Bekanntschaft mit einem ehrenwerten englischen Gentleman, Mr Stydolf, einem Kammerdiener des Königs, der mich sehr zuvorkommend und freundlich behandelte. Er reiste in Begleitung eines Landsmanns von mir, Mr Wood, heute Diener des Grafen von Carlisle, James Hay. Sie kamen von Malta und wollten weiter nach Neapel, wo ich erneut mit ihnen zusammentraf – doch davon später.

Im Hafen von Messina lagen sechzig christliche Schiffe, die zur jährlich am 17. August stattfindenden Messe gekommen waren, auf der Waren aller Art gehandelt werden, vor allem jedoch Rohseide. Dreißig dieser Schiffe liefen anschließend aus, um die Küsten Griechenlands von Piraten zu säubern.

Während meines Aufenthalts kam durch einen glücklichen Zufall auch mein guter Freund Mr Matthew Douglas, der Hofchirurg Seiner Majestät, von Italien herüber, der sich dem Vergeltungszug gegen die Ungläubigen an der griechischen Küste anschließen wollte und dessen Gegenwart ich nach der langen Zeit unter Fremden als höchst angenehm empfand.

Außerdem traf ich den einst angesehenen englischen Edelmann Sir Francis Verney wieder, dem ich sechs Wochen zuvor in Palermo begegnet war und der jetzt sterbenskrank im Spital lag. Nachdem er sein beachtliches Erbe durchgebracht hatte, hatte er England verlassen und war in Tunis zum Islam übergetreten. Wenig später fiel er Sizilianern in die Hände und wurde zwei Jahre lang Galeerensklave, bevor ihn ein englischer Jesuit unter der Bedingung, dass er sich wieder zum

Christentum bekehre, freikaufte. Danach war er einfacher Soldat und starb nun allein und unter elendsten Bedingungen. Ich sorgte für sein Begräbnis, so gut es mir eben möglich war, und beklagte die Unverlässlichkeit des Schicksals, das ihm eine so edle Geburt und ein so unwürdiges Begräbnis zugedacht hatte. Fürwahr – *sic transit gloria mundi.*

* * * * * * * * * *

15. Kapitel

Noch einmal Italien

Nachdem ich sechzehn Tage in Messina gewartet hatte, legte eine Flotte neapolitanischer Galeeren auf der Rückreise von Apulien im Hafen an, und ihr Kommandant, der Marchese della Santa Cruce, nahm mich an Bord, und wir überquerten die schmale Meerenge zwischen Sizilien und Italien. Gleich nach dem Auslaufen gerieten wir in zwei gegenläufige Strömungen, die unsere Schiffe mit unbändiger Kraft hin und her warfen, wenngleich die See weit weniger gefährlich war als die schottische Pentland-Förde, die die Provinz Caithness von den Orkney-Inseln trennt und in der ein unerfahrener Seemann rasch Schiff und Leben verlieren kann.

Nach vier Tagen erreichten wir Ischia, die größte zu Neapel gehörende Insel. Es gibt dort eine heiße Quelle, in der man in kürzester Zeit Fisch oder Fleisch auf äußerst schmackhafte Weise garen kann. Auf der Weiterfahrt sahen wir ein Piratenschiff, brachten es auf und fanden an Bord sechzehn Mauren und sechs Christen – drei Männer, zwei Frauen und einen Jungen, die sie bei einem Überfall auf das Festland verschleppt hatten. Wir gaben den Feldarbeitern die Freiheit zurück und schmiedeten die Piraten an die Ruderbänke, damit sie unter blutigen Peitschenschlägen bis an ihr Lebensende Galeerendienst leisteten.

Nach unserer Ankunft in Neapel dankte ich Gott für meine sichere Heimkehr auf christlichen Boden und machte mich am nächsten Morgen auf nach Pozzuoli, um mir die Altertümer anzusehen. Begleitet wurde ich von Mr Stydolf und Mr Wood, die ich zuvor in Messina getroffen hatte, sowie einem Führer.

Zuerst besichtigten wir die gewaltige, zwei Meilen lange Brücke, die der römische Kaiser Caligula zwischen Pozzuoli und Baia auf der anderen Seite der Bucht errichten ließ und von der noch einige mächtige Bogen, Säulen und Bruchstücke erhalten sind. Als Nächstes sahen wir uns den durch ein Erdbeben aufgeschütteten Monte Nuovo an, durch den der Lago Lucrino trocken gelegt wurde. Am Fuß des mächtigen Hügels sahen wir auch die Überreste von Ciceros Villa.

Danach kamen wir zum Tempel des Apollo an der Ostseite des Lago d'Averno. Der See ist rund und von anmutigen Hügeln umgeben. Er ist nur knapp eine Meile breit, doch soll er laut Auskunft unseres Führers sehr tief sein. An seiner Westseite liegt die Stadt Cumae, wo Äneas landete, als er vor Dido floh, der Königin von Karthago und Schwester Pygmalions, des Königs von Tyros.

Auf unserem Weg entlang des Seeufers kamen wir zur Sibyllengrotte. Der Eingang zur Grotte führt durch einen engen, dunklen Gang, der in den Berg geschlagen wurde, sodass unser Führer eine Fackel entzündete und voranging. Zu Beginn war der Gang sehr hoch und endete vor einer feuchten Erdwand. Von dort wandten wir uns nach rechts und gelangten durch einen geraden, niedrigen Gang in die Grotte der Sibylle, die mit kunstvollen Mosaiken verziert war. Hier soll sie mit dem Teufel zusammengehockt und ihre Prophezeiungen aufgeschrieben haben. Anschließend führte uns der

Führer durch einen schmalen Gang, durch den wir nur seitwärts hindurchpassten und der in einer großen, hohen Höhle endete. An der Decke hingen zahllose längliche Steine, von denen viele abgebrochen und herabgestürzt waren.

In der Haupthöhle, wo die Sibylle ihre Mahlzeiten einzunehmen pflegte, erstreckte sich ein dunkler See, der gut einen Meter tief war. Vom anderen Ende her vernahmen wir ein seltsames Geräusch, das an das Quaken von Fröschen, das Zischen von Schlangen, das Summen von Bienen oder das Knurren von Wölfen erinnerte. Als wir den Führer nach der Ursache fragten, sagte er, es seien Drachen und fliegende Schlangen, die uns zur Umkehr mahnten. Der arme Kerl hatte furchtbare Angst, doch ich erwiderte lachend, so etwas gebe es nicht, und da auch Mr Stydolf neugierig geworden war, ließen wir die beiden anderen stehen und machten uns an die Erforschung der Höhle. Nachdem wir über Steine, die knapp aus dem Wasser ragten, bis zur Mitte vorgedrungen waren, erlosch plötzlich die Fackel in meiner Hand, da sie so tief unter der Erde keinen Sauerstoff mehr fand. Wir riefen nach dem Führer, doch wurde unsere Stimme vielfach von den Wänden zurückgeworfen und war nicht zu verstehen, und der arme Mann wagte auch nicht, uns zu Hilfe zu kommen.

In der pechschwarzen Finsternis war es unmöglich, über die Steine zurückzufinden, sodass ich ins hüfttiefe Wasser stieg und meinem Begleiter den Weg von einem Stein zum nächsten zeigte. Ich muss allerdings gestehen, dass ich große Angst hatte, von Wasserschlangen gebissen zu werden, zumal das unheilvolle Gezische immer näher kam. Indem wir den Rufen des Führers folgten, gelangten wir zuletzt zurück zum Eingang der Höhle und von dort durch die beiden Gänge ins Freie.

Als verdienter Lohn für meine große Neugier war ich bis zur Hälfte nass und mit Schlamm bespritzt, doch trocknete meine Kleidung rasch an der heißen Sonne.

In der Zeit unseres Aufenthalts landeten die französischen Galeeren, die den Prior von Frankreich, Chevalier de Vendôme, von Malta zurück in seine Heimat brachten, im Hafen von Venedig. Vor der tunesischen Küste war ihnen durch Zufall ein englisches Kriegsschiff, das unter Kapitän Pennington fuhr, in die Hände gefallen. Ich ging sofort an Bord des englischen Schiffs und traf dort zu meinem großen Bedauern einen Landsmann, George Gib aus Borrowstoneness, mit kahl rasiertem Schädel an die Ruderbank geschmiedet. Er war der Lotse des Schiffs gewesen, nachdem sein eigenes Schiff zweimal von den Türken überfallen worden war und er es zuletzt von Würmern zerfressen in Sardinien wiedergefunden und in Neapel verkauft hatte. Gerührt von seinem unverdienten Elend, versprach ich ihm, bei meiner Rückkehr nach England mithilfe seiner Freunde zu erwirken, dass Seine Majestät einen Brief an den Herzog von Guise, den Admiral der französischen Flotte, richte, um seine Freilassung zu fordern. Doch verlor er kurz darauf alle Hoffnung und starb in Marseille.

Nach unserer Abreise aus Pozzuoli kamen wir zur Schwefelgrube von Solfatara. Dabei handelt es sich um einen runden Krater auf einer kleinen Anhöhe, in dem sich drei Fumarolen befinden. Zwei davon stoßen Feuer und Rauch aus, während die dritte nur nach starken Regenfällen aktiv wird und dann schwarzes, kochendes Wasser sechs Fuß hoch in die Luft schleudert, solange der Regen andauert.

Anschließend zeigte uns der Führer die Grotta del Cane. Wirft man einen Hund hinein, ist er auf der Stelle tot, doch tauch man ihn in den vor der Grotte liegenden See, ist er gleich wieder lebendig. Am Eingang der Grotte fanden wir einen Mann, der eigens dort mit einem Hund wartet, doch verlangte der Kerl einen so unverschämt hohen Preis, dass ich es lieber selbst versuchen wollte. Mr Stydolf öffnete die Tür zur Grotte und ich lief bis zur gegenüberliegenden Seite und brachte in jeder Hand einen warmen Schwefelklumpen mit. Die Italiener schworen daraufhin, ich müsse mit dem Teufel im Bunde stehen, und sagten: »Erst im letzten Jahr war ein französischer Gentleman hier, der sich großspurig hineinbegab und sogleich darin umkam. Er liegt gleich neben dem Eingang begraben, als Warnung für alle leichtsinnigen und unbelehrbaren Besucher.« Die Geschichte stimmte zwar, doch ließ ich mich davon nicht einschüchtern und ging ein zweites Mal hinein, trotz des Protests meiner beiden Begleiter. Als ich zehn Schritte in die Grotte hinabgestiegen war, machte mich die feuchte, stickige Hitze ganz benommen, sodass ich nur mit Mühe zurück zum Ausgang gelangte, doch war der Schwindel gleich verflogen, nachdem ich wieder frische Luft geatmet und einen Schluck Wein getrunken hatte. Der Besitzer des Hundes wollte sich nun selbst vergewissern, band ein Tau um die Hinterpfote des Tieres und warf es einige Schritte weit in die Grotte, wo es sofort mit heraushängender Zunge verstarb. Sein Herr zog den Hund heraus, warf ihn in den See und träufelte Wasser in seine Ohren, aber er kam nicht wieder zu sich. Da rief der arme Mann: »Wehe mir! Ich bin verloren. Was soll ich jetzt machen? Der Hund war mein einziger Verdienst.« Aus Mitleid gab der gnädige Herr ihm das Doppelte der zuvor von ihm geforderten Summe.

In Neapel erzählte Mr William Stydolf mehreren seiner und meiner Landsleute von meinem Abenteuer in der Grotta del Cane, das sie zuerst kaum glauben wollten. Erst nachdem wir ihnen versichert hatten, dass es genau so gewesen sei, erklärten sie, bislang sei noch kein Mensch lebend aus der Grotte herausgekommen, was auch einige Neapolitaner bestätigten.

Danach verabschiedete ich mich von meinen Freunden und machte mich über Montecassino auf den Weg nach Rom. Zehn Meilen vor Capua begegnete ich dem ärmsten Bischof der Welt, der wie bereits alle seine Vorgänger nicht mehr als zwölf Pence am Tag zum Leben hatte. Tatsächlich gibt es in Italien so manchen Marquis, Grafen, Baron oder Edelmann, der sich nicht gleichzeitig einen eigenen Diener, einen Hund, ein Pferd, einen guten Anzug und ein anständiges Essen leisten kann, denn so vornehm sie sich aufführen, so bescheiden sind ihre Verhältnisse.

In Rom suchte ich heimlich Quartier für eine Nacht und unterhielt mich früh am Morgen eine Stunde mit meinem Landsmann Simeon Grahame, der mich noch vor Sonnenaufgang aus der Stadt brachte. Unterwegs kehrten wir in einer Schenke an der Landstraße ein und wollten gar nicht mehr fort, bis wir uns zuletzt trennten und in entgegengesetzter Richtung davongingen.

Bevor ich jedoch Rom den Rücken kehre, möchte ich den Papisten in unserem Land das schändliche Leben und den grausamen Tod der meisten ihrer Päpste ins Gedächtnis rufen.

Denn war es nicht der achtzehnjährige Lotterbube Johannes XII. alias Johannes XIII., der den Lateran, ihre große Kirche in Rom, in ein Freudenhaus verwandelte? Oder Benedikt IX., der als gerade zwölfjähriger Knabe auf den Stuhl kam und sich später der Hexerei befleißigte? Ein anderer Papst hatte den Beinamen *unum pecus* – ein wahrer Esel, weil er am Morgen zahlreiche großzügige Geschenke machte und sie am Abend alle wieder zurücknahm. Und welch ein gemeiner Dieb war nicht Bonifatius VII., der die Schätze der Peterskirche raubte? Oder der Sodomit Papst Sixtus IV., der Bordelle für beiderlei Geschlechter einrichtete und seinen Kardinälen in den heißen Sommermonaten den Verkehr mit Lustknaben erlaubte? Und gab es nicht den Gottesleugner Papst Leo X., der die Evangelien für eine Fabel hielt? Oder den Häretiker Honorius I., der sich zum Monotheletismus bekannte und dafür von sechs Konzilen mit Kirchenbann belegt wurde? Oder Papst Gregor XII., der öffentlich einen Meineid schwor? Und dann der Nekromant Silvester II., der sich mit Leib und Seele dem Teufel verschrieb, um auf den Papststuhl zu gelangen? Und war Johannes XI. nicht der uneheliche Spross von Papst Sergius III.? Oder der Hexenmeister, Zauberer und Geisterbeschwörer Hildebrand, bekannt als Papst Gregor VII., der sich auf alle grausamen und diabolischen Praktiken verstand? Er war derjenige, der die Hostie ins Feuer geworfen hat. War nicht Innozenz III. der Satz eingebrannt: *non est innocentius, imo nocens vere* – er ist nicht unschuldig, sondern wahrhaft verderbt? Welch ein gemeiner und grausamer Mörder war nicht Johannes XII., in Rom geboren, der einem Kardinal die Nase und einem anderen den Daumen abschneiden ließ, weil sie seine sämtlichen Laster aufgeschrieben und dem deutschen König Otto I. gemeldet hatten?

Welch ein unmenschlicher und blutdürstiger Papst war doch Stephanus VII., der, nachdem er die Dekrete seines Vorgängers Formosus rückgängig gemacht hatte, dessen Leichnam exhumieren, ihm die Finger abschneiden und ihn den

Vögeln auf dem Feld zum Fraß vorwerfen ließ? Was für ein Unmensch war Papst Sergius III., der zunächst seinen Vorgänger Christopherus ins Gefängnis sperren ließ und dann den Leichnam seines Widersachers, Papst Formosus, exhumieren und ihn enthaupten ließ, als wäre er noch am Leben?

Welche Grausamkeit musste Johannes XVII. erdulden, dem man, nachdem man ihn seiner Ämter enthoben hatte, die Augen ausstach, Nase und Gliedmaßen abschnitt und ihn anschließend aufknüpfte? Und dann der Giftmischer Papst Damasus II., der seinen Vorgänger Clemens II. vergiftete, um auf den Papststuhl zu gelangen, und dann selbst noch im ersten Monat seiner Amtszeit starb? Oder der rachsüchtige Papst Bonifatius VII., der, nachdem er die Petruskirche ausgeraubt hatte und nach Konstantinopel geflohen war und dort erfuhr, Papst Johannes XIV. sei wieder in sein Amt gesetzt, sofort nach Rom zurückkehrte, ihm die Augen ausstach und ihn anschließend in der Engelsburg verhungern ließ! Welche grausame Verfolgung musste der in Gaeta bei Neapel geborene Gelasius II. erleiden, der zuerst von den Römern in den Kerker geworfen und dann mit Steinen durch die Straßen getrieben wurde und elendig starb! Seinen Nachfolger Gregor VIII. ließ Kalixt II., der Bruder des Herzogs von Burgund, absetzen, im Kerker verhungern und bestieg dann selbst den päpstlichen Stuhl.

Welche tiefe Verehrung zeigten die Führer Roms, als sie Papst Lucius II. mit einem Steinwurf töteten? Und herrschte nicht fünfzig Jahre lang eine schändliche Zwietracht in der römischen Kirche, als Urban VI. und seine Nachfolger das Papstamt in Rom bekleideten und Clemens VII. und seine Nachfolger als Gegenpäpste in Avignon residierten? Schlimmer noch! Unter Sigismund, dem König von Ungarn und

Böhmen und späteren römisch-deutschen Kaiser, hat es sogar drei Päpste gegeben: Benedikt XIII. in Avignon, Johannes XXIII. in Bologna und Gregor XII. in Rimini. Da sei die Frage erlaubt, ob jeder von ihnen einen eigenen Schlüssel für die Pforten von Himmel und Hölle hatte.

Wie wenig Glauben besaß Papst Johannes XXII., der die Unsterblichkeit der Seele bestritt? Und war Papst Clemens V. nicht ein Hurenjäger und Trunkenbold? Stand Papst Bonifatius VIII. nicht in dem Ruf, ein Dieb und Wüstling zu sein, der achte Nero Roms? Oder der jähzornige Papst Julius II., der dem Krieg näherstand als der Lehre Christi und die Schlüssel des Heiligen Petrus, das Sinnbild seines Amts, in den Tiber warf? Gab es einen schlimmeren Verleumder der Lehre Christi als Paul III., der mit seiner Cousine, Laura Farnese, im Bett überrascht und von ihrem Ehemann schwer verwundet wurde? Er trieb Unzucht mit seiner eigenen Tochter und vergiftete deren Ehemann, und dann lag er seiner Schwester bei und vergiftete sie und auch die eigene Mutter. Und war nicht Julius III. ein unverhohlener Sodomit und furchtbarer Gotteslästerer? Oder Papst Eugen IV.? Auch er ein abscheulicher Verleumder der Kirche, der vom Basler Konzil als unbelehrbarer und böswilliger Häretiker verurteilt wurde. Papst Johannes XXIII. wurde vom Konstanzer Konzil wegen Häresie, Ämterhandel, Mord, Zauberei, Ehebruch und vor allem Sodomie abgesetzt. Und welch ein abscheulicher Unmensch war Papst Johannes XIII., der Inzest mit seinen beiden Schwestern beging und sich obendrein mit der Konkubine seines Vaters, Stephana, vergnügte. Beim Würfelspiel rief er den Beistand des Teufels an und trank auf dessen Wohl. Ein Wüstling der übelsten Art, der zuletzt beim Ehebruch überrascht und getötet wurde.

Der bereits erwähnte Bonifatius VIII. kam auf den Papststuhl, indem er seinem Vorgänger Coelestin V. mit verstellter Stimme durch eine Wand aus Schilfrohr zur Abdankung riet, als spräche eine Stimme vom Himmel. Und ich selbst weiß noch, wie Papst Paul V. vor zwanzig Jahren Carlo Borromeo, den Erzbischof von Mailand, heiligsprach, obwohl er für sein ausschweifendes Leben bekannt war, und das fünfzehn Jahre vor der üblichen Zeit; vierzigtausend Dukaten genügten, ihm Gebete, Wunder, Sündenvergebung und Wallfahrten zuzugestehen und sogar einen eigenen Orden nach ihm zu benennen. Der arme Bischof von Lodi hingegen, ein allem Vernehmen nach gottgefälliger und barmherziger Mann, wurde nach seinem Tod nicht heiliggesprochen und wird es auch zukünftig nicht, weil er ohne großes Vermögen starb und auch keine reichen Freunde hat.

Ich könnte unzählige weitere Geschichten dieser Art anführen, wenn ich die Zeit und Muße hätte, doch will ich dies bei anderer Gelegenheit tun und lieber mit dem Bericht meiner Reise fortfahren.

16. Kapitel

Durch Osteuropa

Nachdem ich mich von meinem Landsmann Simeon Grahame in der Schenke bei Rom verabschiedet hatte, setzte ich meinen Weg durch Umbrien und die Romagna fort, einen Landstrich, in der die Stadt Ravenna die Hausherrin ist und der Papst der Hausherr. Über Ferrara und Padua gelangte ich nach Venedig, wo sich gerade eine Armee zum Feldzug gegen die kroatischen Uskoken in Gradisca und Erzherzog Ferdinand, den heutigen deutschen Kaiser, rüstete. Den Oberbefehl führte Graf von Mansfeld, mit dem ich nach Pula übersetzte und anschließend an der Belagerung von Gradisca teilnahm, wovon ich bereits bei der Schilderung meiner ersten Reise berichtet habe.

Während sich die beiden Armeen anheulten wie die Wölfe Hyrkaniens, wanderte ich durch die fruchtbaren Täler Kärntens, der Kraina und der Steiermark bis nach Wien. Die gesamte Region gehört zum habsburgischen Herrschaftsgebiet, bis auf einen Teil der Kraina, der unter dem Joch der Türken ächzt. Bei meiner Ankunft in Wien fand ich den Ruf der Stadt hinsichtlich ihrer Größe, ihrer Befestigungen und ihres Reichtums ganz und gar nicht bestätigt. Die Stadt liegt auf einem flachen runden Hügel und hat einen Umfang von knapp zwei englischen Meilen. Die umliegenden Vorstädte sind mindestens doppelt so groß wie die eigentliche Stadt, und ich habe auf meinen Reisen hundert andere Städte gesehen, die besser befestigt waren. Auch mit ihrem Reichtum ist es nicht weit her, da Wien weitab vom Meer liegt und allenfalls den bescheidenen Wohlstand einer Stadt im Binnenland besitzt.

Bei meinem Aufenthalt begegnete ich dem türkischen Botschafter, der mit dem Schiff über die Donau nach Konstantinopel reiste. In seinem Gefolge war ein griechischer Dolmetscher, ein gewisser Gratianus, der sehr freundlich zu mir war und den ich nach Pressburg und weiter nach Komorn begleitete, das an der äußersten Grenze des habsburgischen Reiches liegt. Hier trennte ich mich von meinem geschätzten Begleiter und setzte meine Reise durch Ungarn fort.

Der ungarische Boden bringt im Überfluss alle Dinge hervor, die dem Wohl des Menschen dienen, und seine Weine sind so süß, dass sie sich mit den Weinen aus Heraklion messen können. Außerdem ist das Land so reich an Vieh, dass es ganz Europa mit Rinder- und Ziegenfleisch versorgen könnte.

Die Ungarn sind Nachfahren der Hunnen, die aus Skythien und der Tatarei stammen. Ihre ersten Ansiedlungen waren auf neun Kreise verteilt, die die Germanen *hagas* nannten und die sie mit Erd- und Holzwällen umgaben. Diese Wälle waren zwanzig Fuß hoch und ebenso breit, waren zusätzlich mit Bollwerken und Erdtürmen befestigt, und auf ihnen wuchsen Obstbäume und Gemüse. Jeder Kreis hatte einen Durchmesser von zwanzig holländischen Meilen, und im Inneren lagen, jeweils in Rufweite voneinander, ihre Städte, Dörfer und Höfe.

Die Ungarn sind seit jeher ein diebisches, verschlagenes und hinterlistiges Volk, und keiner traut dem anderen über den Weg. Ihr gegenseitiges Misstrauen und die Arglist ihrer Anführer waren zugleich auch der Grund, warum sie unter die Herrschaft der Ungläubigen gerieten. So haben korrupte Ratgeber und maßlose Herrscher noch immer den Ruin ihres Königreichs herbeigeführt. Ein Herrscher aber, der sein Amt klug und gerecht und zum Wohl seiner Untertanen ausübt, der in allem das rechte Maß findet und seine Talente zu nutzen weiß, muss die Kraft der Jugend mit einer ernsten Gesinnung verbinden. Ein solcher Mann wird weder den Launen seiner Jugend nachgeben noch dem störrischen Eigensinn des Alters erliegen, wie wir es so oft in diesen verkommenen Zeiten erleben.

Wohin ich auch kam, überall wuchs das Korn höher als mein Kopf, der Wein rankte über die Spaliere hinaus, das Gras reichte mir bis zu den Knien, und die Bäume der Wälder schienen die Wolken zu berühren. Wollte ich dies in allen Einzelheiten beschreiben, hätte ich gewiss mehr Arbeit damit als mit jedem anderen Land auf meinen Reisen. Das Königreich selbst ist in zwei Teile geteilt, das obere und das untere Ungarn. Der obere, größere und fruchtbare Teil ist unter türkischer Herrschaft, während der kleinere Teil zum Gebiet des Kaisers gehört.

Die ungarische Meile ist die längste der Welt und entspricht sechs schottischen oder neun englischen Meilen, sodass ich an keinem Tag mehr als sechs Meilen zurücklegte. Ihre Sprache ist grundverschieden von jeder anderen Sprache, und doch ist der größte Teil der Bevölkerung, sowohl unter türkischer als auch unter habsburgischer Herrschaft, protestantisch.

Es gibt einen breiten ungarischen Adel, der jedoch provinziell und ungebildet ist, den Luxus liebt und zudem jenem abscheulichen Laster frönt, das der Schandfleck der gesamten südländischen Welt ist.

Nachdem ich ganz Ungarn durchquert hatte, gelangte ich zuletzt in die Walachei, in deren tiefen Wäldern zahllose Banditen ihr Unwesen treiben und auch ich überfallen wurde und nur mit Mühe mein Leben retten konnte. Ich kehrte deshalb um nach Tokaj in Oberungarn und machte mich von dort auf nach Transsilvanien.

Das Land wird von hohen, unpassierbaren Bergen umschlossen und kann nur an fünf Stellen betreten werden, sodass es praktisch uneinnehmbar ist. In seinem Innern breitet sich ein dreißig Meilen langes und sechs Meilen breites Tal aus, das sechs hübsche Städte zieren. Im Talgrund selbst wächst nichts außer Weizen, Roggen, Gerste, Erbsen und Bohnen. An den unteren Hanglagen wird ausschließlich Wein angebaut und oben auf den Bergen liegen die Weiden für Kühe, Schafe, Ziegen und Pferde. Jeder sorgt so für den anderen, denn die Bewohner im Tal versorgen die beiden anderen Teile mit Lebensmitteln und bekommen von ihnen Wein, Fleisch, Butter und Käse, und jeder hat das, was er zum Leben braucht.

Die Menschen sind überaus freundlich und selbst die einfachsten Leute sprechen fließend Latein, wie überall in Ungarn. Die Bevölkerung ist ausschließlich protestantisch, allerdings konnte ich nicht mit ihrem Wojwoden, oder Statthalter, sprechen, weil er krank im Bett lag. Die Region ist ein freies Fürstentum, untersteht aber dennoch der osmanischen Oberhoheit.

Nachdem ich dies fromme Land verlassen und die Berge im Norden überquert hatte, gelangte ich nach Moldawien, wo ich zum Empfang in einem Wald an der Grenze von sechs

Straßenräubern überfallen wurde, Ungarn und Moldawiern. Zwar konnte ich sie erweichen, mich am Leben zu lassen, doch nahmen sie mir sechzig ungarische Golddukaten und meine türkischen Kleider ab und ließen mich splitternackt in der Wildnis zurück. Immerhin gaben sie mir meine Patente, Siegel und Papiere zurück.

Zu ihrer Sicherheit banden sie mich nackt ein Stück abseits des Wegs mit einem Seil an einem Baum fest, banden mir außerdem die Hände hinter den Rücken und erklärten, sollte ich um Hilfe rufen oder ihre Pläne durchkreuzen, kämen sie noch vor Sonnenuntergang zurück und würden mich töten, anderenfalls käme ich frei.

Doch selbst als es dunkel geworden war, kam niemand, und ich verbrachte die Nacht zitternd am Baum aus Furcht vor Wölfen oder Wildschweinen. Schließlich fanden mich am nächsten Morgen dank Gottes Fügung einige Schäfer, die mich losbanden, in eine ihrer langen Kutten steckten und mir ein Stück Fleisch zu essen gaben. Anschließend brachte mich einer von ihnen zum fünfzehn Meilen entfernten Anwesen ihres Herrn, des Barons von Starhulds, ein moldawischer Protestant, in dessen Haus ich fünfzehn Tage lang blieb und durch dessen Großzügigkeit und die seiner großherzigen Nachbarn ich für meine Verluste mehr als entschädigt wurde. Er drängte mich aber, ihr Land nicht weiter zu bereisen, da die Türken allen Fremden misstrauten, nachdem sie es erst vor Kurzem einem christlichen Fürsten entrissen hatten, den ich selbst in Konstantinopel im Haus des Botschafters Sir Thomas Glover kennengelernt hatte.

Ich folgte dem Rat des Edelmanns, bedankte mich aufrichtig für die genossene Gastfreundschaft und machte mich mit einem Führer auf die zweitägige Wanderung durch einen

Teil Podoliens, den äußersten Zipfel Polens an der Grenze zur Tatarei. Unterwegs fand ich die Hälfte des Landes durch Einfälle der Tataren entvölkert und zerstört. Von hier wollte ich weiter in die Tatarei, fand aber niemanden, der mir einen Geleitbrief ausstellen konnte, sodass ich stattdessen nach Krakau an der Südgrenze Polens zu Ungarn reiste.

Die Tatarei erstreckt sich auf einer Länge von eintausendachthundert Meilen. Im Osten grenzt sie an China, im Süden an das Kaspische Meer, im Norden an Russland und im Westen an Podolien und Moldawien. Die Tataren verstehen sich weder auf die Kriegskunst noch sind sie so tapfer wie die Türken oder so mannhaft wie die Polen, die jene auf dem Feld stets besiegen. Dennoch fallen sie immer wieder in das polnische Grenzgebiet ein und verbreiten unter der Bevölkerung Angst und Schrecken.

Der Khan oder Herrscher der Tatarei besitzt bei seinen Untergebenen ein so hohes Ansehen, dass sie ihn als Sohn Gottes, Mann Gottes oder Seele Gottes verehren. Diese heidnische Anbetung geht zurück auf einen gewissen Rangavistah, der nach seiner Ernennung zum Herrscher ihren Gehorsam auf die Probe stellen wollte und seinen höchsten Statthaltern befahl, ihre Kinder mit den eigenen Händen zu töten. Trotz der Maßlosigkeit und Grausamkeit des Befehls schnitten sie ihren Nachkommen vor den Augen ihres Gebieters und der versammelten Menge die Kehlen durch, weil sie das einfache Volk fürchteten, das den Herrscher für den Abgesandten Gottes hält. Seither hängt das Schicksal der Tataren ganz von den Launen und dem Willen ihres Königs ab, dem sie blind gehorchen und dessen Befehlen sie niemals zu widersprechen wagen.

Über den abgöttischen Brauch, bei seinem Tod seine treusten Weggefährten bei lebendigem Leib im Grab einzumauern, damit sie ihm im Paradies dienen, möchte ich mich nicht weiter auslassen, genauso wenig wie über den Aberglauben des gemeinen Volks, das die Eltern nach deren Tod verspeist und anschließend die Knochen verbrennt, was wir allein den Hexen vorbehalten und was für die Würmer nicht mehr viel übrig lässt.

Nach meiner Ankunft in Krakau, der Hauptstadt Polens, wenngleich sie ohne große Bedeutung ist, traf ich mehrere schottische Kaufleute, die mich freundlich begrüßten, ganz besonders die Brüder Dickson, zwei ebenso ehrbare wie wohlhabende Männer. Ich hatte auch das große Glück, dem Grafen von Thurn zu begegnen, dem vornehmsten der böhmischen Adligen, der kurz zuvor aus dem Gefängnis in Prag ausgebrochen und von Böhmen hierher geflohen war, nachdem er dem damaligen König Matthias II. in seinem Privatgemach unerschrocken gedroht und ihm im Beisein der Königin gesagt hatte: »Sieh, dies ist die rechte Hand, die dabei half, dir die Krone aufzusetzen, und dies ist der Fuß, der sie wieder heruntertreten wird!«

Ich blieb zehn Tage bei dem Geflohenen und leistete ihm Gesellschaft, da seine einzige Begleitung sein Diener war. Sosehr seine ganze Haltung seine hohe Geburt verriet, so vertraulich und ungezwungen war er doch zugleich im Gespräch. Zuletzt trafen seine Gefolgschaft und sein Vermögen ein sowie zahlreiche böhmische Grafen und Adlige, die zu seinen Freunden zählten, und ich nahm still und leise meinen Abschied. Über Lublin, wo die Richter Polens ein halbes Jahr lang Sitzungsperiode haben, kam ich nach Warschau, der Residenz von König Sigismund, der nach dem Tod seiner Frau deren Schwester heiratete, beides Schwestern des jetzigen Kaisers Ferdinand II., eine Hochzeit, die eher zu den Sabunken in der Libyschen Wüste als zu einem christlichen Fürsten oder Hirten passt. Aber wie auch immer: Papst Paul V. gab ihm dazu den kirchlichen Segen – und wies ihm gleichzeitig den Weg ins Fegefeuer.

Polen ist ein großes und mächtiges Königreich, bekannt für seine guten Reiter und seine große Gastfreundschaft gegenüber Fremden. Das Land besitzt einen stolzen Adel, einen umgänglichen Landadel und ein derbes gemeines Volk. Der weitaus größte Teil der Bevölkerung ist von Statur vierschrötig, mit Stiernacken, breiten Hüften und kräftigen Beinen sowie rohen, grobschlächtigen Gesichtern und gehört mit den Armeniern zu den größten und kräftigsten Menschen der Erde.

Der Boden bringt einen unglaublichen Reichtum an Getreide hervor, sodass Polen zur Kornkammer für ganz Westeuropa geworden ist und es außerdem mit Honig, Wachs, Flachs, Eisen und anderen Gütern beliefert. Und es lässt sich beinahe sagen, dass es mehr eine Ziehmutter für unsere schottischen Jünglinge ist, die jedes Jahr in großer Zahl hierher geschickt werden, als dass es sich wie eine leibliche Mutter um das Wohl und die Aufzucht der eigenen Kinder sorgt, ganz abgesehen von den dreißigtausend schottischen Familien, die sich hier niedergelassen haben. Und deshalb verdient Polen in diesem Sinne durchaus Mutter unseres Gemeinwohls genannt zu werden, der unsere reichsten Kaufleute ihren Wohlstand verdanken, oder zumindest einen großen Teil davon.

Ich beschloss daher, mich nicht weiter in diesem uns so vertrauten Land umzusehen, und reiste in der Kutsche eines jungen Kaufmanns, William Bailey aus Clydesdale, dem ich zu tiefem Dank verpflichtet bin, ins einhundertfünfzig Meilen entfernte Danzig.

In Danzig lag ich drei Wochen lang sterbenskrank danieder, sodass meine Landsleute bereits ein Grab für mich aushoben. Zuletzt jedoch beschied der Allmächtige, mich wieder gesund werden zu lassen, und ich schiffte mich nach Helsingör in Dänemark ein. Sobald ich halbwegs genesen war, fuhr ich mit einem flämischen Schiff weiter nach Stockholm, doch verschlechterte sich mein Gesundheitszustand nach fünf oder sechs Tagen wieder und ich beschloss, auf dem schnellsten Weg nach England zurückzukehren.

Zuletzt fand ich einen Platz auf einem Schiff aus Ratcliff, mit dem ich über die Ostsee zurück nach Helsingör segelte, dort drei Tage Aufenthalt hatte und dann bei stürmischer See und Gegenwind die norwegische Felsküste hinauffuhr, wo wir beinahe Schiffbruch erlitten.

Nachdem der Sturm sich gelegt und der Wind gedreht hatte, erreichten wir nach sieben Tagen sicher den Londoner Hafen, und ich beendete meine zweite Reise dort, wo ich sie auch begonnen hatte.

Die dritte Reise

17. Kapitel

Irland

Nun, da ich den Bericht meiner ersten und zweiten Reise abgeschlossen habe, muss ich von dem ehrgeizigen Plan und dem unseligen Ausgang meiner dritten Reise berichten. Durch Gottes gütige Vorsehung war ich unzähligen Gefahren entronnen, hatte dreimal auf See Schiffbruch erlitten, war auf meinen Reisen mehrfach ausgeraubt worden, wurde täglich von Raubtieren und giftigen Schlangen bedroht, von Straßendieben in Europa und Wilden in Afrika fünfmal meiner Kleider beraubt, litt schlimmste Entbehrungen und Not und musste sengende Hitze, beißenden Hunger und Durst, Kerkerhaft und Kälte erdulden – und doch konnten diese beinahe unbeschreiblichen Leiden niemals die Flamme meiner Leidenschaft ersticken, und Neugier trieb mich zu meiner dritten Reise, sodass ich wie der reumütige Äneas sagen kann:

O socii – neque enim ignari sumus ante malorum,
O passi graviora, dabit deus his quoque finem.

Teure Gefährten – wir sind ja nicht unkundig im Leiden,
Ihr, die ihr Schlimmeres erlebt, ein Gott wird dieses auch
enden.

Doch will ich methodisch vorgehen und dem unwissenden Leser einige Gründe nennen, warum ich mich auf dieses so waghalsige Unternehmen einließ.

Der erste und wichtigste Grund war der Wunsch, alle Länder Europas bereist zu haben, sowohl unter christlicher wie unter muslimischer Herrschaft, und dazu fehlten mir nur noch Irland und der Süden Spaniens.

Der zweite Grund lag in dem ehrgeizigen Vorhaben, nachdem meine Reisen mich durch ganz Europa geführt hatten, noch tiefer in den afrikanischen Kontinent vorzudringen als auf meinen ersten Reisen, nämlich bis nach Abessinien, dem Reich des legendären Priesterkönigs Johannes.

Ausgestattet mit Geleitbriefen und Empfehlungsschreiben Seiner Majestät an alle Könige, Fürsten und Herzöge auf meinem Weg, sagte ich unserem glücklichen Königreich Lebewohl und landete am 21. August 1619 in Dublin. Dort suchte ich Sir Oliver St. John auf, den inzwischen verstorbenen Viscount Grandison, der damals Vizestatthalter war und der mich mit größter Freundlichkeit und Ehrerbietung empfing. Die gleiche herzliche Aufnahme fand ich auch bei allen anderen vornehmen und hohen Herren der Insel, die mir Führer und manchmal auch Wachen zum Schutz mitgaben und mich in ihren Häusern großzügig bewirteten.

In der Zeit vom ersten September bis Ende Februar bereiste ich fast das gesamte Königreich, bis auf den Nordwesten von Connaught. Wider Erwarten fand ich das Land sehr fruchtbar, und sein einziger Makel sind die Menschen, die Bewohner unserer Kolonien ausgenommen, deren herausragende Merkmale ihre Dummheit und Trägheit sind.

Das Land ist in vier Provinzen unterteilt, auch wenn einige das Gebiet im Osten und Westen von Meath als fünfte

Provinz zählen, das jedoch gemeinhin zu Leinster gezählt wird. Die vier Provinzen sind: Leinster, Munster, Ulster und Connaught. Die Böden in Munster, der südlichsten Provinz, sowie in großen Teilen Leinsters sind um nichts schlechter als die besten Böden Englands. Die Insel besitzt durchaus ansehnliche Ausmaße und ist beinahe kreisrund. Der größte Fluss ist der Shannon, der einhundertsechzig Meilen lang ist und in dem sich zahllose kleine Inseln befinden.

Eines kann ich mit Sicherheit sagen: In Irland gibt es mehr Flüsse, Seen, Bäche, Küsten, Moore, Tümpel und Sümpfe als in der ganzen übrigen christlichen Welt. Auf meiner Reise in den Wintermonaten hatte ich täglich das Vergnügen, mein Pferd bis zum Bauch im Morast versinken zu sehen, Sattel und Reiter wurden über und über mit Schlamm bespritzt, und ich und meine Begleiter mussten oft sogar schwimmen, um unser Leben zu retten, sodass ich mit Fug und Recht sagen kann, nie zuvor ein solches Labyrinth aus Flüssen, Bächen und Tümpeln durchquert zu haben, was man allein daran sieht, dass ich in den fünf Monaten meiner Reise sechs Pferde verschliss und selbst mindestens ebenso erschöpft war wie das am meisten geschwächte Tier.

Mit einigem Spott erinnere ich mich an eine Episode, als ich das seltene Glück hatte, mit einem leutseligen Bischof zu Tisch zu sitzen. Nachdem wir uns eine ganze Weile unterhalten hatten, wurde der gute Mann ungehalten, weil ich seine Gattin mit »Mistress« angeredet hatte, worauf ich »Madam« oder »Frau Bischöfin« zu ihr sagte, was ihn aber nur noch wütender machte.

Doch kommen wir zum allgemeinen Bericht meiner Reise. Niemand kann bestreiten, dass die Berber Nordafrikas, die spanischen Mauren, die Türken und die Iren die trägsten und saumseligsten Menschen unter der Sonne sind. Ich wage sogar zu behaupten, dass der gemeine Ire ein noch roheres und primitiveres Dasein führt als der unzivilisierte Araber, der götzendienerische Turkmane oder der den Mond anbetende Carmei und dass er sein Leben mit mehr Mühsal hinbringt, als er Freude daran empfindet.

Das einfache Volk wohnt in drei bis vier Meter hohen Rundhütten aus Stroh, Torf und geflochtenen Zweigen. Menschen und Vieh leben darin in einem Raum, und oft genug ist der Untergrund so morastig, dass sich bei Regenwetter nirgends ein trockener Schlafplatz findet. Sie kleiden sich in Hemden aus grober Wolle oder Leinen und ernähren sich nicht weniger armselig und kärglich.

Schließlich besitzt dieses lediglich dem Namen nach christliche Volk einen so heidnischen katholischen Glauben, dass weder die Bevölkerung noch ein Großteil ihrer Priester das Mysterium der heiligen Messe verstehen, die sie täglich feiern, noch die Bedeutung Jesu in seiner göttlichen oder menschlichen Gestalt. Fragt man einen Iren nach seinem Glauben, sagt er, er halte es wie schon sein Vater und Urgroßvater, und Hunderte der Gebildeten unter ihnen wollten von mir wissen, ob Jerusalem und das Heilige Grab in Irland lägen und ob das Heilige Land an das »Fegefeuer« des heiligen Patrick grenze.

Jedes Mal bei Vollmond, und ich versichere, dass es die Wahrheit ist, rufen sie die fahle Göttin der Nacht an und erbitten von ihr Schutz und Gesundheit für ihr Vieh, und wenn sie selbst krank, entzündet oder von der Krätze befallen sind, erflehen sie ebenfalls Heilung vom Mond und übertreffen in ihrer götzendienerischen Anbetung sogar noch die Berberstämme der Libyschen Wüste. Abgesehen von ihrer grenzenlosen Einfalt sind sie vor allem dafür zu bedauern, von gleich drei Herren ausgebeutet zu werden: dem Grundbesitzer, dem sie die Pacht schulden; dem protestantischen Geistlichen, dem der Kirchenzehnt zusteht; und dem katholischen Pfarrer, für dessen Unterhalt sie zu sorgen haben. Und wenn ihre irischen Herren eine Reise nach Dublin unternehmen oder in ihrem Haus ein großes Fest geben wollen, müssen diese armen Seelen dafür aufkommen, dass sie mit einer reich gedeckten Tafel aufwarten können oder die Kosten ihrer Reise gedeckt sind.

Welch eine sklavische Knechtschaft müssen diese armseligen Kreaturen erdulden, von denen die meisten ein Leben lang nicht einmal zu einem Drittel ausreichend Nahrung, warme Kleidung oder im Winter ein anständiges Dach über dem Kopf haben und deren jämmerlicher Anblick und ihr lautes Wehklagen mich oft tief im Herzen rührte.

Was ihren niederen Adel betrifft, so sind die, die in London erzogen wurden, weit vornehmer als die Daheimgebliebenen, die lediglich die eigenen primitiven Umgangsformen kennen. Auf meiner ganzen Reise sah ich nicht einen einzigen Menschen sein Glas auf das Wohl Seiner Majestät erheben und konnte auch niemanden dazu ermuntern, wohingegen sie bereitwillig in jeden anderen Trinkspruch einfallen und mit einem anstoßen, bis sie in das unverständliche Kauderwelsch ihrer Großväter verfallen. Tatsächlich sind sie Fremden gegenüber äußerst freigebig, und jeder bessere Gentleman hat in seinem Haushalt spanischen Sherry und irischen Whiskey und zecht in fröhlicher Runde mit seiner Frau, dem Pfarrer und seinen Freunden, als säße man in einer der königlichen Tavernen von Neapel.

Neben vielen anderen Gefahren gibt es vor allem zwei

Dinge, vor denen man sich in Acht nehmen muss, nämlich vor Straßenräubern und irischen Rebellen und vor Priestern und Papisten. Von beiden sei hier berichtet.

Die irischen Rebellen sind entschiedene Gegner aller christlichen Grundsätze und einer geordneten Regierung und eine große Geißel für die englischen Siedler, sowohl innerhalb wie außerhalb des von England regierten Gebiets, da sie Tag und Nacht von diesen rechtlosen Blutsaugern belästigt werden. Trotz der Grausamkeit, mit der sie bei jeder Gelegenheit Mord und Totschlag an den schottischen und englischen Siedlern verüben, finden sie jederzeit den Schutz der Kirche, da die Priester großzügig mit dem Geld der Getöteten und Ausgeraubten bestochen und somit gefügig gemacht werden. Und wenn ihre auf so schändliche Weise erworbenen Pfründen erloschen sind, kehren sie zu ihren Geldgebern zurück wie Hunde zu ihrem Erbrochenen und können daher weder je verlässliche Diener des Königs noch ihres Landes sein, es sei denn, man ginge mit harter Hand gegen sie vor und knüpfte zur Abschreckung einen nach dem anderen auf. Anderenfalls wird das Land nie zur Ruhe kommen, weil die Priester die Rebellen wie Jagdhunde mal auf diesen und mal auf jenen hetzen, zu ihrem bloßen Vergnügen, aus einer zufälligen Laune heraus und weil die allgemeine Unordnung im Land ihre eigene Macht stärkt.

Ein weiteres Übel sind ihre sektiererischen Messen, die zu unterbinden ich den Himmel und Seine Majestät anflehe. Die für das Fernbleiben vom protestantischen Gottesdienst verhängten Strafgelder, über die sie aufgrund unserer laschen Durchsetzung nur lachen, dienen nur dem einen Zweck, das wahre Licht der christlichen Lehre zu verfinstern und ihre himmelschreiende religiöse Einfalt zu vermehren. Dennoch hat mich der tägliche Umgang mit ihnen gelehrt, dass es nie ein aufrührerischeres Volk gegen unseren König und unsere Kirche gegeben hat, und zwar aus zwei Gründen. Einmal weil wir selbst es an Glaubenseifer und Disziplin fehlen lassen und zum anderen wegen der offiziellen neun Pence Strafe für das Fernbleiben vom Gottesdienst, die je nach Lust und Laune der Verwaltungsbeamten mal höher und mal niedriger ausfallen.

Doch will ich lieber von zwei bemerkenswerten Eigenarten berichten, die mir im Norden Irlands begegneten. Das ist zum einen die Art und Weise, in der sie ihre Äcker pflügen, indem sie den Pflug einfach an den Schwanz des Pferdes binden, ohne jedes Geschirr, sondern lediglich mit Hanf oder Seil am Schweif festgebunden, drei oder vier in einer Reihe nebeneinander, und hinter jedem der armen Tiere ein Mann, der den Pflug hält. Eine primitivere Art der Landbestellung habe ich bei noch keinem Volk gesehen. Selbst die Carmei, die nichts von zivilisiertem Ackerbau verstehen, graben den Boden mit Holzwerkzeugen um. Die Iren aber, die täglich Tausende schottischer und englischer Bauern bei der Feldarbeit sehen, können und wollen sich einfach nicht an den Gebrauch eines Geschirrs gewöhnen und halten so starrköpfig an ihren alten Gebräuchen fest, bis sie dafür mit Strafen belangt werden. Und selbst dann zahlen die meisten noch lieber ihre zwanzig Shilling Strafe im Jahr, als dass sie ihre althergebrachte Tradition aufgeben.

Das zweite einprägsame Erlebnis war der Anblick von Frauen, die unterwegs auf der Straße oder bei der Arbeit im Haus ihre Brüste über die Schulter gelegt hatten und so die Kinder auf ihrem Rücken stillten, ohne sie in den Arm nehmen zu müssen. Solche Brüste wären meines Erachtens bestens dazu geeignet, aus ihnen Geldbeutel für unsere ostindischen und westindischen Kaufleute zu machen, da sie über einen halben Meter lang und weicher als jedes gegerbte Leder sind.

Um nicht zu weitschweifig zu werden, will ich auf die weitere Schilderung ihrer Gebräuche verzichten. Vor meiner Weiterreise möchte ich mich aber gerne noch an einige unserer Kirchenmänner richten, denn die schmerzhaften Worte eines Freundes sind immer noch besser als das falsche Lob eines Schmeichlers, und nur die Liebe und die Wahrheit lassen sich nicht verhehlen. Viele scheinheilige Heuchler haben dieses hohe Amt angestrebt, ohne tatsächlich berufen zu sein, sei es aus Gedankenlosigkeit, der Hoffnung auf ein geruhsames Leben oder aus schierer Not, sich irgendwie durchschlagen zu müssen. So verderbt sind die Sitten unserer Zeit, dass selbst Menschen mit einfachsten Gaben Pastoren werden können, und sogar Soldaten, die nichts anderes gelernt haben, als mit dem Gewehr umzugehen, trotz ihrer Geistlosigkeit dieses ehrbare Amt bekleiden. Daneben gibt es die vermeintlichen Gelehrten, die ihr armseliges Schullatein selten oder gar nicht anzubringen wagen, es sei denn, sie haben sich vorher genügend Mut angetrunken. Und dennoch belaufen sich selbst die geringsten Kirchenstipendien auf einhundert, zweihundert, ja sogar dreihundert oder vierhundert Pfund im Jahr.

Auf die Frage, was sie mit dem Geld machen oder wofür sie es verdienen, kann ich nur antworten: Sowenig sie es verdienen, so bereitwillig geben sie es mit vollen Händen aus. Messen und Andachten lesen sie keine und sind dazu auch gar nicht in der Lage. Ihr Gotteshaus ist die Bierstube, die irischen Priester ihre Gemeinde, spanischer Sherry ihr Gebet, Tabakrauch ihr Psalmgesang, Branntwein ihr letzter Segen und selige Trunkenheit ihre ganze Lehre.

Möge Gott für Besserung sorgen, denn es ist ein trauriger Anblick, und wenn es so bleibt wie bei meinem Besuch, wäre es sehr viel besser, die Gelder für den Kirchenzehnt und die Kirchenpacht direkt unter den Armen und Bedürftigen zu verteilen, als die dicken Bäuche dieser unnützen und gottlosen Schmarotzer zu stopfen!

Tatsächlich sind solche und andere Fälle von Ausschweifung der größte Hinderungsgrund für die Bekehrung des Landes, denn schwarze Schafe wie diese, die ihren privaten Genuss über die Ehre Gottes stellen, schrecken die Leute mehr ab, als dass sie auch nur eine Seele zum protestantischen Glauben bekehren.

Was die Tiefe ihres Glaubens angeht, so ist dazu zu sagen, dass die meisten protestantischen Geistlichen in einem katholischen Haushalt leben und ihre Frauen, Kinder und Hausangestellten glühende Papisten sind. Zudem bekehren sich viele dieser Kirchenmänner in ihrer Todesstunde zum katholischen Glauben. Dennoch will ich beim Leser nicht den Eindruck erwecken, ich wolle den gesamten protestantischen Klerus Irlands verteufeln. Gott bewahre, denn es gibt unter ihnen auch viele fromme und gottesfürchtige Männer, die ihre Berufung ernst nehmen und wie Leuchtfeuer aus der unfähigen Masse herausragen. An diese tapferen Vorkämpfer geht meine Klage, denn es schmerzt, mit ansehen zu müssen, wie Hanswürste ihr Possenspiel mit den tiefsten Mysterien unserer Erlösung treiben.

18. Kapitel

Spanien und die Inquisition

N ach meinem stürmischen und verregneten Aufenthalt in Irland schiffte ich mich am 27. Februar 1620 von
Youghall in der Provinz Munster auf einem kleinen französischen Kauffahrer nach St. Malo in der Bretagne ein. Von dort
ging ich nach Paris, wo mir die Machwerke zweier verderbter
und boshafter Autoren in die Hände fielen, eins davon ein gemeiner Traktat gegen das Leben und die Herrschaft unserer
hochverehrten Königin Elisabeth, das andere eine Schmäh-
schrift auf Königin Anna von Dänemark, die zu der Zeit gerade verstorben war.

Doch ist dies nur der gerechte Lohn für unsere falsche Bewunderung der Franzosen, besonders solcher verstiegener
Einzelgänger, die nur an ihren eigenen Vorteil denken und jedes Entgegenkommen schamlos ausnutzen, um uns als Dank
für unsere Großherzigkeit einen Tritt zu verpassen und auf
übelste Weise zu verleumden.

Wollen wir tatsächlich wie die Affen jede ihrer neuen Ma-
rotten nachmachen? Und können wir von ihrer Lebensweise
und ihrem Auftreten irgendetwas lernen, was sie nicht selbst
den Italienern abgeschaut haben? Denn die Franzosen sind
erstens Nachahmer, zweitens Verwerter, drittens Verführer
und viertens Verbreiter unsinniger Lehren aller Art.

Doch will ich meine Anmerkungen zu Frankreich mit drei

Hinweisen abschließen, die sich jeder Reisende zu Herzen nehmen sollte. Erstens sollte man nirgends etwas essen oder trinken, ohne vorher den Preis vereinbart zu haben, um nachher nicht zähneknirschend eine gesalzene Rechnung bezahlen zu müssen. Zweitens sollte man unterwegs nie in einer Herberge absteigen, die in der Nähe eines Tümpels oder Grabens liegt, weil das Quaken der Frösche einem sonst jeden Schlaf raubt und fast um den Verstand bringt. Und drittens sollte man, sofern man nicht in aller Herrgottsfrühe aufstehen will, niemals an den Hauptstraßen einer Stadt Quartier suchen, weil die *sabots,* oder Holzschuhe, der Bauern einen solchen Lärm auf dem Pflaster machen wie die aufeinanderschlagenden Schilde zweier Armeen oder wie das Pferd des Odysseus, das in das unglückliche Troja gezogen wird.

Doch nun zu meiner weiteren Reise. Von Paris aus gelangte ich nach Pau in der Provinz Béarn. Von dort folgte ich dem Gave de Pau bis Bayonne, überquerte den Bidasoa, den Grenzfluss zwischen Frankreich und Spanien, und betrat am 19. Juni 1620 die Provinz Biskaya. Als Nächstes gelangte ich in die Provinz Navarra und ihre Hauptstadt Pamplona. Danach ging es in östlicher Richtung weiter nach Saragossa, der Hauptstadt des Königreichs Aragon. Dort kehrte ich um und gelangte auf dem Weg, der nach Santiago de Compostela in Galicien führt, durch Altkastilien oder das Königreich Burgos nach Santo Domingo. Hier begegnete ich zwei französischen Gecken, die mir in der Kathedrale der Stadt ein ganz besonderes Wunder zeigen wollten.

Nachdem wir die Kirche betreten hatten, sah ich, dem mächtigen Altar gegenüber, in einem Eisenkäfig hoch über meinem Kopf zwei schneeweiße Hühner. Auf meine Frage, was es mit den Hühnern auf sich habe, erwiderten einige Spanier: »Komm mit, wir erzählen dir die Geschichte.« Dann gingen sie mit mir hinauf in den Chor und erzählten folgende Begebenheit.

Ein Vater und sein Sohn aus dem französischen Bourbonnais kamen auf dem Weg nach Santiago de Compostela hier vorbei und übernachteten in einer Herberge. Nachdem sie zu Abend gegessen und bezahlt hatten, schlich der Gastwirt in ihre Kammer, wo sie bereits schliefen, und steckte seine Geldbörse in den Lederbeutel des jungen Mannes.

Als sich die beiden ahnungslosen Pilger früh am nächsten Morgen auf den Weg machten, wurden sie vom Richter der Stadt aufgehalten, und der Gastwirt zog seine Geldbörse aus der Tasche des Sohns hervor. Daraufhin wurde er umgehend an Ort und Stelle aufgeknüpft und anschließend am Galgen hängen gelassen. Der Richter aber behielt zur Strafe ihr gesamtes Geld.

Der untröstliche Vater setzte dennoch seine Wallfahrt nach Santiago de Compostela fort. Als er dort eintraf und seine Gebete gesprochen hatte, erschien ihm die Muttergottes von Montserrat und sagte: »Deine Gebete sind erhört worden, und deine Klage hat mein Herz gerührt. Steh auf und kehre nach Santo Domingo zurück, denn dein Sohn lebt.« Dies tat er und fand ihre Worte bestätigt, denn der Sohn lebte, dreißig Tage nach dem schlimmen Geschehen, und sagte zu ihm: »Vater, geh zu unserer Herberge und sage dem Wirt, ich lebe, und bringe ihn hierher.« Sofort eilte der Mann in die Stadt und traf den Gastwirt bei Tisch an, als er gerade zwei gebratene Hühner teilen wollte, und sagte: »Mein Sohn lebt. Komm mit und überzeuge dich selbst.« Der Wirt aber erwiderte lächelnd: »Er hängt bestimmt so lebendig am Galgen wie diese beiden Hühner lebendig auf dem Teller liegen.«

Im gleichen Moment flogen die beiden gebratenen Tiere mit Kopf, Flügeln, Federn und Füßen vom Teller auf und umkreisten dreimal den Tisch. Der bestürzte Wirt gestand sofort seine Schuld, und man hängte ihn anstelle des Sohnes auf. Sein Wirtshaus aber steht seither allen Pilgern auf dem Weg nach Santiago de Compostela offen.

In Erinnerung an dieses Wunder werden bis heute zwei Hennen in der Kirche gehalten und ständig durch neue ersetzt, weil sie alle im Bauch der Priester landen. Und ich wage zu behaupten, dass selbst König Philipp III. keine fetteren Hühner auf dem Tisch hat, da die Tiere als heilig gelten und von den Besuchern der Messe zweimal am Tag reichlich Futter bekommen. Ich könnte noch Seiten mit ähnlichen absonderlichen Wundergeschichten der katholischen Kirche füllen, doch will ich dies bei anderer Gelegenheit tun und mit meinem Bericht fortfahren.

Von Santo Domingo aus wanderte ich durch das Hochland von Asturien bis nach Galicien, doch war die Landschaft karg, die Leute arm und die Verpflegung dürftig, sodass ich weiter nach Portugal ging, aber auch dort war es nicht viel besser. Nach zwanzig Tagen beschwerlichen Kletterns kehrte ich nach Salamanca in Kastilien zurück, berühmt für seine Universität, deren Studenten jedes Jahr über das ganze Land ausschwärmen und es durch ihr Betteln, ihre Raufhändel und Betrügereien verunsichern. Danach überquerte ich den Gebirgszug, der Altkastilien und Neukastilien trennt, stieg auf der Südseite ab und gelangte nach El Escorial, der Residenz König Philipps III.

Das Schloss steht ganz allein als ein mächtiges Geviert am Rand eines steilen Berghangs, von wo aus man nach Süden einen weiten Blick bis auf die Berge hinter Toledo hat. Der rechteckige, palastartige Klosterbau ist vier Stockwerke hoch, drei davon aus Granit, das vierte mit blauem Schiefer bedeckt. Rund um das Mauerwerk laufen drei hohe Fensterreihen nach der Art der Franzosen. An den vier Ecken erheben sich hohe Türme, auf deren Spitzen jeweils ein goldener Globus thront. In der Mitte steht eine Kirche mit einer runden Bleikuppel, flankiert von zwei quadratischen Kirchtürmen, deren Spitzen die Kuppel noch überragen, was sehr hübsch aussieht. Die Kirche selbst besitzt keine frei stehenden Außenmauern oder eigene Eingänge, sondern wird über die beiden Hauptpforten betreten, die zu den elf sie umgebenden Innenhöfen führen. Außerhalb der Mauern befinden sich nur einige wenige Verwaltungsgebäude. Das Bauwerk gleicht weit mehr einem Kloster als einem königlichen Palast, da einhundertfünfzig Kartäusermönche ständig hier leben und der König bei seinen Aufenthalten nur einen kleinen Teil bewohnt. Bei meinem Besuch war von ihm nichts zu bemerken, sodass ich es zuerst gar nicht glauben wollte, bis ich ihn mit eigenen Augen sah. Tatsächlich tritt er so bescheiden auf wie bei uns ein kleiner Landadliger und hatte es auch in den neun Wochen zuvor nicht anders gehalten. Das Bauwerk selbst ist noch beeindruckender als das Serail des Sultans in Konstantinopel, auch wenn dieses eine größere Zahl an Einzelgebäuden und eine größere Grundfläche besitzt. Der Escorial wurde von Philipp II. erbaut, der auch den Hof von Valladolid hierher verlegte. Er befindet sich einundzwanzig Meilen von Madrid entfernt, das ich im Anschluss besuchte.

Der größte Teil Spaniens ist gebirgiges Land, mit trockenen, unfruchtbaren Böden und einer geringen Bevölkerung. Das Land ist so dünn besiedelt, dass ich in Zentralspanien an zwei Tagen vierundfünfzig Meilen zurücklegte, ohne auf irgendein Haus oder Dorf zu treffen, abgesehen von zwei *ventas,* oder Schenken, am Weg. Oft liegen die Dörfer fünfundzwanzig Meilen auseinander und sind durch zahllose *sierras,* oder Gebirgsketten, getrennt. Das Wandern ist beschwerlich und die Unterkünfte sind spartanisch und zumeist ohne Betten. Auch bekommt man nirgends eine warme Mahlzeit, es sei denn, man kauft selbst die Zutaten und lässt sie zubereiten oder kocht selbst. Das heißt, man kauft irgendwo Feuerholz, das Fleisch beim Metzger, Wein in der Schenke, Obst, Öl und Gemüse in der *bodega* und schleppt dann alles zu seiner Unterkunft. So muss der müde Wanderer schuften oder fasten, und vielerorts ist für kein Geld der Welt irgendetwas zu bekommen.

Der Hochmut der Spanier und die Höhe der Berge ihres Landes scheinen mir in einer Beziehung zu stehen. Jene versuchen mit grenzenlosem Ehrgeiz die ganze Welt unter ihre Herrschaft zu zwingen, wie diese durch ihre grenzenlose Höhe den Himmel in Furcht und Schrecken versetzen, als wollten sie Jupiter von seinem Thron stoßen. Und so macht der kleinwüchsige Spanier sich im Innern zu eigen, was seine Berge ganz äußerlich kennzeichnet.

So großen Wert der Spanier auf seinen Stolz legt, ohne je bereit zu sein, dafür zu kämpfen, so sehr rühmt er sich seiner Herkunft, die er von Tubal, dem Neffen Noahs, herleitet. Doch wie oft ist diese Linie in der Folgezeit durch fremde Einflüsse vermischt, wenn nicht gar ausradiert worden, sei es durch die Invasion der Phönizier, die Einfälle der Griechen und Karthager, die Eroberung und Besiedlung durch die Römer, die Flut der Goten, Hunnen und Vandalen und zuletzt durch die erdrückende Tyrannei der Mauren, deren sklavisches Joch sie achthundert Jahre lang nicht abschütteln konnten, das in ihrer Geschichtsschreibung vielfältige Spuren hinterlassen hat. Aus alldem wird ersichtlich, dass ihr Wesen Einflüsse vieler verschiedener Nationen aufweist, wenngleich keine Eigenschaft besonders daraus hervorsticht.

Ihre Sitten sind ein Spiegel ihrer Abstammung, und ihre natürlichen Charakterzüge sind geprägt durch die lange Herrschaft der Mauren, die ihnen am deutlichsten ihren Stempel aufgedrückt haben.

Man findet in Spanien die ärmsten Bauern der Welt, deren Wehklagen Steine erweichen könnten. Ihre Dörfer sind so zerlumpt wie die Zeltsiedlungen der Sabunken, Garamanten oder Beduinen, ohne Gärten, Hecken, Einfriedungen, Scheunen oder Remisen, und ihre Trägheit bei der Bewirtschaftung des Bodens die Folge der maurischen Herrschaft.

Was Fleiß, Erfindungsgabe und Tugenden angeht, sind sie so dumpf wie ihre maurischen Vorfahren. Allerdings muss ich zugeben, dass die spanischen Nonnen frommer als ihre italienischen Schwestern sind – denn sie geben sich allein Mönchen und Priestern hin, die italienischen Nonnen hingegen halten sich für vornehmer und suchen die Nähe von Edelleuten. Der Spanier speist und trinkt sparsam, wenn er selbst die Rechnung trägt, doch wird er eingeladen, langt er bei Tisch beherzter zu als jeder andere.

Nach meiner überstürzten und heimlichen Abreise aus Madrid gelangte ich sicher ins sechsunddreißig Meilen entfernte Toledo. Die Stadt liegt auf einem zerklüfteten Felsplateau oberhalb des Flusses Tajo und ist der oberste Bischofssitz Spaniens, gleichwohl aber ein unansehnlicher und elender Ort. Und obwohl die Spanier mir überall von Toledo vorschwärmten, besitzt die Stadt weder Schönheit, Größe noch Reichtum.

Von Toledo aus überquerte ich die Sierra Morada, die das Königtum Granada von Neukastilien trennt, und gelangte nach Granada, der Hauptstadt Andalusiens. Es war die letzte Zuflucht der Mauren bis zur glorreichen Rückeroberung des Landes durch König Ferdinand von Kastilien und seine Frau Isabella im Jahr 1499. Sie befindet sich am Fuß der Sierra Nevada, was übersetzt »schneebedecktes Gebirge« heißt, da auf seiner Spitze das ganze Jahr über Schnee liegt, und wird zum Teil von zwei Flüssen eingeschlossen. Granada ist die Hauptstadt und das Verwaltungszentrum von ganz Südspanien. Sie besitzt eine große und mächtige Festung, die von den Mauren erbaut wurde, ein wahrhaft königlicher Palast. Ich besichtigte darin die Höfe und Schlafgemächer der maurischen Könige, geschmückt mit einzigartigen Mosaiken, die jede neuere Baukunst weit übertreffen.

Meine nächste Station war Antequera, wo ich Mr Woods, einen Kaufmann aus London, traf, der gerade aus Venedig kam und dem ich mich auf der Weiterreise nach Malaga anschloss. Nach einem anstrengenden Fußmarsch trafen wir noch am Abend dort ein und nahmen getrenntes Quartier. Gleich am nächsten Morgen ging ich zum Hafen, da ich von einem französischen Schiff aus Toulon erfahren hatte, das in Kürze nach Alexandria wollte. Dies kam meinen Reiseplänen sehr entgegen, da ich von Alexandria durch Ägypten und über das Rote Meer bis nach Abessinien zum Hof des Priesterkönigs Johannes wollte, sodass ich umgehend mit dem Kapitän die Kosten für Überfahrt und Verpflegung aushandelte.

Fünf Tage nach meiner Ankunft, am 27. Oktober 1620, ging ein englisches Flottenkommando, das Jagd auf algerische Piraten machte, in der Bucht vor Malaga vor Anker. Das plötzliche Auftauchen der Schiffe versetzte die Bewohner in Angst und Schrecken, weil sie einen Überfall der Piraten befürchteten. Die ganze Nacht über läuteten die Glocken der Festung Sturm, und die Männer griffen unter lautem Trommelschlag zu den Waffen, während die Frauen und Kinder Schutz in der höher gelegenen Burg außerhalb der Stadt suchten. Ich selbst wartete mit den anderen auf den Angriff des Feindes. Als aber der Morgen anbrach und wir die englischen Flaggen erkannten, fuhr Don Gaspar Ruiz de Peredas, der Gouverneur der Stadt, zum Schiff des englischen Generals, Sir Robert Maunsell, um die Engländer offiziell zu empfangen. Danach kehrte er an Land zurück und schickte die Männer mit ihren Waffen nach Hause.

Am Nachmittag und am darauffolgenden Tag kamen mehrere Hundert Engländer an Land, darunter viele gute Freunde und Bekannte aus London und vom Hof, mit denen ich bis Sonntag früh ausgelassen feierte. Danach ging ich an Bord der *Lion,* das Schiff Seiner Majestät, wo ich freundlich vom General empfangen wurde und bis zum nächsten Morgen blieb. Dann teilte er die Flotte in drei Geschwader und ließ die Segel setzen, woraufhin ich den unseligen Entschluss traf, mit einem Fischerboot an Land zurückzukehren, und damit mein Schicksal besiegelte, obwohl der General mir angeboten hatte, mich mit nach Algerien zu nehmen, doch hatte ich meine Wäsche, die Briefe und meinen Reisebeutel in der Herberge und musste ablehnen.

Und damit beginnt der traurige Bericht meiner Leiden. Denn kaum war ich wieder in der Stadt und versuchte unerkannt zu meiner Herberge zu gelangen, da ich noch in der Nacht auf das Schiff nach Alexandria wollte, als ich plötzlich in einer schmalen, menschenleeren Gasse von neun *alguaciles,* oder Polizeibüttel, umringt und überwältigt wurde. Sie warfen mir einen schwarzen Wollmantel über und drückten mir die Kehle zu, damit ich nicht schrie. Dann zerrten sie mich zum Haus des Gouverneurs und sperrten mich in einen niedrigen Raum.

Kurz darauf erschien der Gouverneur, dessen Bekanntschaft ich zuvor gemacht hatte, und ich sagte betrübt zu ihm: »Ehrenwerter Herr und Gebieter, ich bitte Euch gnädigst um Auskunft, warum man mich festgenommen hat und gewaltsam vor Euch führt, denn ich bin mir keines Vergehens bewusst.« Er gab jedoch keine Antwort, sondern schüttelte nur den Kopf und ließ mich in eine kleine Kammer sperren und befahl seinen Leuten, den Kommandanten der Stadt, Don Francisco de Córdoba, den Alkalden sowie einen Gerichtsschreiber zu holen, und schärfte ihnen ein, meine Festnahme bis auf Weiteres geheim zu halten. Dann ging er zur Andacht.

Bei seiner Rückkehr waren auch die anderen eingetroffen, woraufhin die Wachen entlassen, die Türen verschlossen und ich vor die vier hohen Herren geführt wurde, die auf Stühlen Platz genommen hatten. Daneben stand ein Schreibpult, auf dem Feder und Papier für mein Geständnis bereitlagen. Nach einem langen Schweigen fragte mich der Gouverneur nach meiner Nationalität, wie oft und wie lange ich außerhalb meines Landes gewesen sei, wohin ich wolle und seit wann ich mich in Spanien aufhielte, und ich gab bereitwillig Antwort.

Anschließend brachte man mich zurück in meine Kammer. Kurz darauf kam Don Francisco zu mir und fragte, ob ich in Sevilla gewesen sei oder gerade von dort käme. Dann strich er mir über die Wange und sagte mit einem Judaslächeln: »Lieber Bruder und Freund, gestehe, dass du in Sevilla gewesen bist, denn dein Verhalten verrät deine Unaufrichtigkeit, und es ist besser, du sagst gleich die ganze Wahrheit.«

Ich erwiderte, ich hätte nichts zu verbergen, worauf er zu den anderen zurückkehrte und ihnen von meiner Weigerung, ein Geständnis abzulegen, berichtete. Erzürnt ließen sie mich erneut vorführen und setzten ihre Anschuldigungen fort. Zuerst forderte mich der Gouverneur auf, einen Eid zu schwören, auf alle seine Fragen wahrheitsgemäß zu antworten, was ich auch tat.

Dann wollte er von mir wissen, ob der englische General ein Herzog oder hoher Herr sei und warum er nicht habe an Land gehen wollen, was zuerst ihren Verdacht geweckt hatte. Als Nächstes fragte er, ob ich seinen und die Namen der anderen Kapitäne kennte, welche Pläne sie verfolgten und ob ich vor meiner Abreise aus England von ihrem Vorhaben gewusst hätte. Der Sekretär schrieb unterdessen jede seiner Fragen und meiner Antworten gewissenhaft mit.

Ich gab auf die ersten beiden Fragen pflichtschuldig Antwort, verneinte aber, dass ich vom Auslaufen der Flotte gewusst hätte, worauf alle vier empört aufschrien und der Gouverneur mir wütend entgegenhielt: »Du verlogener Spitzbube! Du bist ein Spion und Verräter und hast dich allein deshalb neun Monate in Sevilla aufgehalten, um etwas über die Rückkehr der spanischen Karibik-Flotte zu erfahren und die englische Flotte darüber zu informieren, damit sie unsere Schiffe überfallen können. Nur das ist der Grund deiner Reise und dein durchtriebener Plan!«

Überrascht von den Vorwürfen, wiederholte ich noch einmal den Auftrag der englischen Flotte und beteuerte, nur zufällig mit ihnen zusammengetroffen zu sein, doch fuhr er drohend dazwischen und sagte, man habe mich an Bord der Schiffe wie auch an Land im vertrauten Umgang mit allen Kapitänen sowie mit weiteren dreihundert Vornehmen und Seeleuten gesehen, sodass von einem zufälligen Zusammentreffen nicht die Rede sein könne. »Wir haben dich genau beobachtet, und bei deiner Verhaftung kamst du gerade vom Schiff des Generals, wo du heute früh an der Sitzung des Kriegsrats teilgenommen und ihnen mitgeteilt hast, wann mit der Rückkehr der königlichen Armada zu rechnen sei. Und darum bist du ein *espía*, ein Verräter und ein schändlicher *bellaco*. Wir haben nicht vergessen, wer unseren Handelsposten auf Saint Thomas niedergebrannt hat, ein schlagendes Beispiel dafür, was das Wort der Engländer in Friedenszeiten gilt. Und deshalb können die Lutheraner und Söhne Satans von uns aufrechten Katholiken kein Vertrauen mehr erwarten.«

Ich drängte ihn, einige ehrbare Kaufleute herbeizuholen, die mich, ihr Land und die englische Flotte von den erhobenen Beschuldigungen entlasten könnten, doch wollten sie dies nicht, um meine Festnahme nicht bekannt werden zu lassen. Schließlich bat ich ihn, eine Wache zu meiner Herberge zu schicken und meinen Beutel zu holen, in dem er ein Entsendungsschreiben meines Königs als Beweis für meine Aufrichtigkeit finden werde. Der Vorschlag gefiel ihm, da er sich davon Hinweise auf meine geheimen Pläne und auf meine Unterredungen mit der englischen Flotte erhoffte. Sofort ließ er unter strenger Geheimhaltung die Tasche herbeischaffen, ohne dass mein Herbergswirt etwas von meinem Verbleib erfuhr. Vor seinen Augen öffnete ich die Tasche und zeigte ihm die Empfehlungsschreiben mit der Unterschrift und dem Siegel Seiner Majestät, die meine geplante Reise nach Abessinien bestätigten, sowie den Geleitbrief aus seiner Hand, doch ließ er sich wenig davon beeindrucken.

Danach zeigte ich ihm meine verschiedenen Patente, Siegel und das große Siegel von Jerusalem, meine Passierscheine und mein Empfehlungsbuch mit den handschriftlichen Eintragungen und Wappen zahlreicher Könige, Herzöge, Fürsten, Statthalter, Barone, Grafen, Lehnsherren und Gouverneure, in Prosa und in Versen, auf Griechisch, Lateinisch oder in ihrer jeweiligen Muttersprache, in denen sie mir ihr Wohlwollen aussprachen und um Unterstützung auf meiner Reise baten. Doch auch das schien ihn nicht zu besänftigen, sondern sein Misstrauen eher noch zu vermehren. Daraufhin nahmen sie die Tasche mit allen meinen Papieren an sich und sperrten mich ein drittes Mal ein. Am Abend, als es bereits dunkel geworden war, erschien der Gouverneur und befahl mir, das Protokoll meiner Aussagen zu unterschreiben, was ich bereitwillig tat, obwohl sie mich nach wie vor zu einem Geständnis drängten. In der Zwischenzeit hatten die vier beraten, wo sie mich einsperren wollten. Der Alkalde wollte mich mit ins Stadtgefängnis nehmen, doch der Gouverneur hielt dagegen und sagte: »Damit ihn seine Landsleute nicht sehen, erscheint es mir ratsamer, ihn hierzubehalten.«

Nachdem entschieden war, mich heimlich im Palast des Gouverneurs festzuhalten, erschien der Wachkommandant und bat um die Erlaubnis, mich nach Geld durchsuchen zu dürfen. Dies wurde ihm gewährt, und er entnahm meinen Taschen elf holländische Dukatonen. Danach zog er mich vor aller Augen bis aufs Hemd aus, untersuchte meine Kleider und entdeckte die im Bund meines Wamses eingenähten 137 Goldmünzen. Nachdem der Gouverneur das Gold gezählt hatte, das sich auf einen Wert von 548 Dukaten belief, sagte er zu der Wache: »Kleide ihn wieder an und sperre ihn bis nach dem Abendessen in die Kammer.« Dann steckte er der Wache die elf Dukatonen zu, während er selbst das gesamte Gold an sich nahm, das für meine Reise nach Abessinien bestimmt war, wovon er nachher 200 Dukaten für den Bau eines Kapuzinerklosters in der Stadt abzweigte und die restlichen 348 Dukaten für sich behielt.

Gegen Mitternacht holten mich der Wachmann und zwei muslimische Sklaven aus meiner Kammer und brachten mich über einige Treppen in einen Raum im rückwärtigen Teil des Palastes, der auf den Garten ging und gleich über der Sommerküche lag. Dort legten sie zwei Eisenschellen um meine Fußgelenke und befestigten sie an den beiden Enden einer schweren, über einen Meter langen Eisenstange, sodass ich weder sitzen, gehen, stehen oder mich umdrehen konnte, sondern die ganze Zeit mit gespreizten Beinen auf dem Rücken liegen musste, da das Eisen dreimal so schwer war wie ich selbst.

Angesichts meiner elenden Lage und des monströsen Eisengestells an meinen Füßen klagte ich vor der Wache und den beiden Sklaven: »Da seht, wie groß Gottes Gerechtigkeit ist und wie der Himmel dieses so verdiente Schicksal über mich verhängt hat, dass meine Beine und Füße, die mich fast um den gesamten Erdkreis getragen haben, nun starr in Schellen und Eisen liegen. O törichter Stolz! O rasender Ehrgeiz und blinde Neugier! Dies ist der gerechte Lohn für dein eitles Streben, das dich erst um die ganze Erde und zuletzt in dieses dunkle Kerkerloch getrieben hat. Wie wahr ist doch das Wort: ›Der Mensch denkt, doch Gott lenkt!‹ Um wie viel glücklicher hätte ich als einfacher Schäfer sein können!«

So beklagte ich laut den Lauf der Welt, woraufhin sie mir

einige tröstende Worte sagten und gingen. Kurz darauf kamen sie zurück und brachten mir ein Stück gesottenes Hammelfleisch, ein Weizenbrot und einen kleinen Becher Wein, die erste und einzige richtige Mahlzeit, die mir in meiner gesamten Kerkerzeit gewährt wurde. Danach ging der Wachmann, dessen ich erst wieder unter sehr viel unerfreulicheren Umständen ansichtig wurde. Zuvor wies er die beiden Sklaven an, mir bei meinem unbequemen Mahl zu helfen, anschließend die Tür zu verschließen und den Schlüssel beim Verwahrer des Silberzeugs, einem Spanier namens Areta, abzuliefern.

Wenig später ging auch einer der beiden Sklaven, der sich zum Christentum bekehrt hatte, und ich blieb allein mit dem Türken Hazir zurück, der mir das Essen reichen und in der Nacht vor meiner Zelle wachen sollte. Er wollte von mir wissen, weshalb man mich eingesperrt hatte, und ich erwiderte: »Der einzige Grund ist, dass man die friedlichen Absichten der englischen Flotte missverstanden hat und mich als Spion anklagt.«

Sogleich fiel der einfältige Sklave auf die Knie, hob seine Hände und rief: »Bruder, o Bruder, übe dich in Gleichmut, denn dir steht ein furchtbarer Prozess und eine grausame Bestrafung bevor, vielleicht sogar der Tod. Wenn es mir nicht bei meinem Leben verboten wäre, würde ich zu deinen Landsleuten gehen und ihnen auf Knien von deinem Schicksal berichten!« Dann wünschte er mir unter Tränen eine gute Nacht, verschloss die Tür und lieferte den Schlüssel wie befohlen ab.

Am nächsten Tag kam der Gouverneur allein in meine Zelle. Erneut drängte er mich, ein Geständnis abzulegen, und versprach, sich für meine Begnadigung einzusetzen und dafür zu sorgen, dass es mir in der Zwischenzeit an nichts fehle. Als ich jedoch weiterhin auf meiner Unschuld beharrte, wurde er zornig und schwor, bei unserem nächsten Wiedersehen werde er durch Folter ein Geständnis von mir erzwingen. Dann stürmte er wutentbrannt davon. Ich hörte noch, wie er Areta befahl, niemanden außer dem Sklaven in meine Nähe zu lassen. Alle zwei Tage sollte er mir drei Unzen schimmeliges Schwarzbrot bringen sowie ein *fuleto* Wasser, etwa eine halbe Maß, und ich sollte weder Bett, Kissen oder Laken erhalten. »Sorge dafür«, setzte er hinzu, »dass das Fenster seiner Kammer zugemauert wird, die Türritzen doppelt mit Sackleinen versperrt werden und noch ein zweites Schloss angebracht wird. Um ihn ganz von der Außenwelt abzuschirmen, soll er auch keine Stimmen oder Schritte hören, bis ich mein Ziel erreicht habe. Und dir, Hazir, befehle ich, bei deinem Leben und der Androhung schlimmster Folter weder mit ihm zu reden noch den englischen Kaufleuten in der Stadt etwas von seinem Verbleib zu sagen.«

Alle seine Anweisungen wurden umgehend befolgt, worauf meine Zelle sich in ein finsteres Loch verwandelte und mein Magen von Hunger gepeinigt wurde. Mein Schädel dröhnte vom Geläut der Glocken, meine Augen sehnten sich nach Licht und mein hilflos am Boden liegender Körper spiegelte mein ganzes Elend. In tiefster Verzweiflung dämmerte ich dahin, zählte die Stunden und wünschte mir am Morgen den Abend und am Abend den nächsten Morgen herbei.

Da ich nur alle zwei oder drei Tage von meinem stummen Bewacher ein karges Mahl vorgesetzt bekam, schwanden meine Kräfte rasch, sodass der Gouverneur, sobald er Erlaubnis aus Madrid erhalten hatte, noch vor Weihnachten mit der Folter beginnen wollte, anstatt bis nach dem Dreikönigstag zu warten, weil er fürchtete, ich könnte bis dahin zu sehr geschwächt sein und gleich zu Beginn der Prozedur sterben. Ich wusste nichts von seinen finsteren Plänen, doch war ich mir sicher, einen grausamen und heimlichen Tod zu sterben. Denn es ist bei den Spaniern üblich, dass ein Fremder, der auf bloßen Verdacht hin festgenommen wird, ohne öffentlichen Prozess in einem geheimen Kerker verschwindet, wo er durch Folter oder Gift umkommt oder den Hungertod stirbt. So verdienstvoll sind die Taten dieses Volkes, das sich lediglich christlich nennt, denn der Spanier glaubt weder an das, wozu er sich bekennt, noch ist er willens, nach den Lehren des Christentums zu handeln. Ich wage sogar zu behaupten, dass die Spanier die übelsten aller Christenmenschen sind, weil sie keinen Glauben und noch weniger Frömmigkeit besitzen, sondern ihre Religion nicht mehr als eine bloße Maske ist.

Siebenundzwanzig Tage nach meiner Festnahme und fünf Tage vor Weihnachten nahte mit Gottes Billigung die schwere Stunde meiner Prüfung. Gegen zwei Uhr früh hörte ich eine Kutsche vorfahren und fragte mich, was das zu bedeuten habe.

Als kurz darauf meine Zelle aufgeschlossen wurde, gab ich meine Seele in Gottes Hände und bat ihn inständig um Vergebung meiner Sünden, denn schon seit zwei Tagen hatte ich durch den quälenden Hunger und die dunklen Vorahnungen meiner Seele keinen Schlaf mehr gefunden.

In der Zwischenzeit betraten die neun Schergen, die mich auf der Straße ergriffen hatten, sowie der Gerichtsschreiber meine Zelle und trugen mich, ohne ein Wort zu sagen, mitsamt dem Eisen und den Beschlägen aus dem Haus. Dann legten sie mich auf dem Rücken in die Kutsche, zwei setzten sich links und rechts neben mich, und der Rest schlich leise neben der Kutsche her.

Der Kutscher, Baptista, ein Schwarzer aus der Karibik, fuhr durch das Stadttor zur Meerseite hin und brachte mich dann knapp drei Meilen in westlicher Richtung zu einem inmitten von Weinfeldern gelegenen Haus mit einer Kelter. Dort sperrten sie mich, bis es hell wurde, in einen Raum, nachdem sie die Folterbank bereits in der Nacht zuvor hierher gebracht und am Ende eines Gangs an der Wand aufgestellt hatten. Die ganze Heimlichtuerei diente dazu, dass weder Engländer noch Franzosen oder Flamen irgendetwas von meinen Verhören, dem Transport aufs Land und der grausamen Folter erfuhren, die sie mir zugedacht hatten.

Bei Tagesanbruch trafen mit einer weiteren Kutsche der Gouverneur, Don Francisco und der Alkalde ein. Als ich ihnen vorgeführt wurde, bat ich um einen Dolmetscher, der mir von Rechts wegen zustand. Sie lehnten dies allerdings ebenso ab wie meine Bitte, Berufung in Madrid einlegen zu dürfen.

Anschließend wurde ich erneut den ganzen Tag lang verhört, doch stimmten meine Aussagen genau mit dem überein, was ich bereits zuvor zu Protokoll gegeben hatte. Der Gouverneur fluchte über mein gutes Gedächtnis und sagte: »Ist es denn möglich, dass er sich trotz seiner Erschöpfung und über so lange Zeit jedes Detail seiner ersten Aussage merken kann, was auch immer ich ihn frage?«

Danach unterschrieben der Gouverneur und ich das Protokoll des Verhörs, und er und Don Francisco beschworen mich eindringlich, mich der Spionage schuldig zu bekennen. Anderenfalls würden sie mich dem Alkalden übergeben, und der Gouverneur fügte noch hinzu: »Noch bist du in meinen Händen, und ich kann dich verschonen oder begnadigen, wenn du gestehst, ein Spion und Verräter unseres Landes zu sein.« Als ich weiterhin auf meiner Unschuld beharrte, überschüttete er mich mit Flüchen und Drohungen und befahl zuletzt dem Schreiber, einen Überstellungsbefehl für den Richter aufzusetzen. Anschließend unterzeichnete er ihn, nahm mich bei der Hand und übergab mich und das Schreiben dem Alkalden, damit er mit der Folter beginne.

Eine der Wachen zerrte mich zum Ende des Gangs, wo die Folterbank stand, und der *encarnador*, mein Folterknecht, nahm mir als Erstes die Fußschellen ab, die allerdings so festsaßen, dass er sie nicht losbekam. Das ärgerte den Richter so sehr, dass der Schurke kurzerhand mit einem Hammer auf die Stifte einschlug und dabei ein Stück meiner linken Ferse abriss. Ich schrie vor Schmerz, da ich seit drei Tagen weder Wasser noch Brot bekommen hatte und sehr geschwächt war, worauf der Alkalde sagte: »Schrei nur, du Lump, das ist bloß ein kleiner Vorgeschmack dessen, was dich erwartet!«

Nachdem die Fußschellen gelöst waren und die Folter beginnen sollte, sank ich auf die Knie und flehte zum Himmel: »O großer und gnädiger Herr, du allein weißt, dass ich unschuldig bin, doch wenn es dein Wille ist, mich der grausamen Tortur dieser Unmenschen zu unterziehen, bitte ich dich, mir Mut, Kraft und Ausdauer zu geben, die Qualen zu ertragen, damit mein schwacher Geist nicht eine Schuld anerkennt, bloß um der Folter zu entgehen. Gütiger und barmherziger Gott, erbarme dich meiner Sünden, auch im Namen deines Sohnes, unseres Erlösers!«

Neben mir hatten der Alkalde und der Gerichtsschreiber auf einem Stuhl Platz genommen, der eine, um mich zu befragen, der andere, um meine Aussagen und die an mir durchgeführte Folter genau zu protokollieren. Danach wurde ich vom

Folterknecht entkleidet, zur Streckbank geführt und daraufgelegt. Dann wurden zwei dünne Seile unter meine Achseln gelegt, durch zwei Eisenringe an der Wand über mir geführt und ich daran hochgezogen.

Nachdem er mich hoch genug gezogen hatte, ging der Folterknecht zum Fußende der nach unten spitz zulaufenden Folterbank und band meine Beine an den Fußgelenken mit einem Seil fest. Anschließend führte er die Seilenden nach oben, drückte meine Knie gegen die auseinanderstrebenden Seitenbalken, legte das Seil darum und zerrte es mit solcher Gewalt fest, dass die Sehnen in den Kniekehlen rissen und meine Kniescheiben zersplitterten. So blieb ich eine Stunde lang hängen.

Zuletzt verriet der *encarnador* dem Gouverneur, dass ich das Jerusalemkreuz und den Namen und die vier Kronen König Jakobs auf meinem rechten Arm trug, die ich mir beim Besuch des Heiligen Grabs hatte stechen lassen. Sofort trat der Gouverneur, der sich bislang im Hintergrund gehalten hatte, vor und verlangte, man solle den Namen und die Kronen dieses, wie er sagte, Häretikers und Erzfeindes der katholischen Kirche auf der Stelle entfernen. Der Folterknecht legte meinen rechten Arm mit dem Kreuz nach außen über den linken und wand ein Seil siebenmal um beide Arme. Dann legte er sich auf den Rücken, stemmte beide Beine gegen meine Seite und zog mit aller Gewalt an dem Seil, sodass die sieben Schlaufen sich zu einem einzigen Band zusammenzogen, und schnitt die Kronen mitsamt Fleisch und Sehnen bis auf den bloßen Knochen heraus. Vor Schmerzen krallte ich meine Finger tief in die Handflächen, wovon mein linker Arm noch heute taub ist und es für immer bleiben wird.

Tränen schossen mir in die Augen, Schaum trat mir vor

den Mund und meine Zähne klapperten aufeinander wie Trommelwirbel. All dies kümmerte den Folterknecht nicht, der sich wie eine reißende Bestie an mir zu schaffen machte, ohne jede Rücksicht auf Recht und Gesetz. Sechzig Foltern waren mir laut Urteil zugedacht, doch brachten sie mir mindestens die siebenfache Menge grausamster Martern bei. Ungerührt vom Zittern meiner Lippen, von den Schmerzensschreien, den Strömen von Blut aus meinem Arm, meinen zerschmetterten Knien und den tief ins Fleisch schneidenden Seilen schlugen sie mir mit Stöcken ins Gesicht, um mein Schmerzgeheul zu unterbinden.

Schließlich erlösten sie mich von meinen Höllenqualen, banden mich los und legten mich mit festem Griff auf den Boden. Dann drängten sie mich wieder, ein Geständnis abzulegen, wenn ich mir weitere Folter ersparen wollte, doch beteuerte ich meine Unschuld und rief: »Christe, du Lamm Gottes, habe Gnade mit mir und gib mir die Kraft, diese unmenschliche Qual zu ertragen!« Auf Befehl des Richters wurde mein zitternder Leib erneut auf die Folterbank gelegt, diesmal in umgekehrter Richtung, sodass mein Kopf nach unten in einer Vertiefung lag und meine Füße nach oben zeigten. Arme und Beine wurden auseinandergerissen und mit Seilen und Stäben an den beiden Längsbalken festgebunden – denn jetzt erst sollte die eigentliche Folter beginnen.

Man muss sich die Folterbank wie ein auf der Spitze stehendes, schräg an die Wand gelehntes Dreieck vorstellen, das aus drei Balken gebildet und in der Mitte durch einen senkrechten Balken verstärkt wird. Der Mittelbalken ist mehr als mannshoch und der obere Querbalken breiter als ein Schritt, sodass ein Mann bequem darauf Platz findet. Am unteren Ende des Mittelbalkens war eine Vertiefung, in die mein

Kopf gelegt wurde. Meine Beine wurden auseinandergedrückt und an den beiden Seitenbalken befestigt, die jeweils mit drei Löchern versehen waren, deren Bedeutung ich umgehend erklären werde.

Auf ein Zeichen des Alkalden hin legte der Folterknecht zuerst ein Seil um meine Wade, ein weiteres um meinen Oberschenkel und ein drittes um meinen Oberarm. Danach wiederholte er das Gleiche auf der anderen Seite, zog anschließend die Seile durch die Löcher der Längsbalken und verknotete sie mit einem Schraubmechanismus, der mithilfe der Stäbe auf- und zugedreht werden konnte. Die mir zugedachte Folter bestand nun darin, dass alle sechs Seile jeweils durch drei Umdrehungen der Stäbe angezogen wurden, und das siebenmal hintereinander, sodass jede der sechs Stellen meines Körpers einundzwanzig Umdrehungen aushalten musste.

Nachdem er die erste Folterstufe vollzogen und alle sechs Seile um drei Umdrehungen angezogen hatte, ging er zu einem großen Tonkrug mit Wasser, der gleich neben meinem Kopf stand. Dort füllte er einen Becher mit Wasser, der etwa das Maß einer spanischen *azumbre* hatte, das entspricht einer halben englischen Gallone. Das Gefäß hatte am Boden ein Loch, das er mit dem Finger verschloss, den er erst vor meinem Mund fortzog. Gierig trank ich die ersten beiden Krüge, da ich seit drei Tagen nichts mehr getrunken hatte und mein Hals wie ausgedörrt war. Erst bei der dritten Fuhre begriff ich, dass es sich um eine neue Folter handelte, und presste die Lippen fest aufeinander. Sogleich stieß der Alkalde mir zwei Eisenkeile in den Mund und der Folterknecht flößte mir weiter Wasser ein, sodass sich mein leerer Bauch wie eine Kesselpauke aufblähte. Zugleich hatte ich das Gefühl, ersticken zu müssen, da mein Kopf nach unten hing und das Wasser mir in die Kehle zurückfloss und ich verzweifelt prustete und schnaubte.

Um nicht den ganzen Schmerz wieder heraufzubeschwören, der mir schon jetzt die Brust zuschnürt, will ich nur kurz hinzufügen, dass auf jede der sieben Folterstufen ein halbstündiges Verhör folgte, bevor mir die Seile noch tiefer ins Fleisch schnitten und ich unter der Wasserfolter zu ersticken drohte.

Die Folter dauerte insgesamt sechs Stunden, von vier Uhr nachmittags bis um zehn Uhr abends, und zuletzt ließen sie meinen geschundenen, blutverschmierten Körper über eine halbe Stunde unter den straff gespannten Seilen liegen, während ich vor Schmerzen brüllte und tobte, bevor sie die Stäbe endlich zurückdrehten und mich losbanden.

Als sie meinen Kopf mit den Händen hoben und mich von der Folterbank nahmen, ergoss sich ein mächtiger Wasserschwall aus meinem Mund. Nachdem sie meinen zermarterten, blutenden und vor Kälte zitternden Leib wieder angekleidet hatten, sank ich zweimal in Ohnmacht, woraufhin sie mir etwas Wein und zwei warme Eier gaben, nicht aus Barmherzigkeit, sondern damit sie mir weitere Folterqualen zufügen konnten. Und wäre die Wahrheit meines Berichts nicht unzweifelhaft bestätigt, würden viele es kaum für möglich halten, dass ein halb verhungerter Mensch eine so grausame Folter überhaupt überleben kann.

Zuletzt legten sie mich wieder in Eisen, schleppten mich zu der Kutsche und brachten mich nach Mitternacht zurück in mein altes Gefängnis, ohne dass außer meinen heimtückischen Peinigern irgendwer etwas wusste, und legten mich der Länge nach auf den harten Steinboden.

Für den Rest der Nacht wachte der arme Hazir, der türkische Sklave, über mich, und am Morgen kam der Gouverneur in meine Zelle und drohte mir weitere Folter an, sollte ich meine störrische Haltung nicht aufgeben. Danach ließ er an den fünf Tagen bis Weihnachten jeweils nach Mitternacht die Kutsche vorfahren, geräuschvoll Schlösser aufsperren und vor meiner Zelle ein lautes Gerede veranstalten, um mich glauben zu machen, mir stünde eine neue Folter bevor, und mich aus Angst zu einem falschen Geständnis zu bewegen.

An Weihnachten durfte Mariana, die Kammerzofe der Hausherrin, zu mir und brachte mir unter Tränen eine Speise mit Zucker und Honig, süßes Gebäck und reichlich Rosinen, wofür ich sehr dankbar war und auch für ihre tröstenden Worte.

Am Morgen des 27. Dezember geriet die Stadt weit vor Tagesanbruch in Aufruhr, und man hörte die Glocken läuten und Trommeln schlagen. Mein Herz machte einen Freudensprung, denn ich glaubte, es handle sich um einen Überfall der Piraten. Am Nachmittag brachte mir mein türkischer Bewacher Brot und Wasser, da ich seit zwei Tagen nichts mehr bekommen hatte, und ich fragte ihn nach dem Grund des Lärms, und er antwortete: »Sei guten Mutes, ich hoffe bei Gott und Mohammed, dass wir beide bald frei sind, denn die Engländer haben sich mit den Mauren verbündet, um gemeinsam Malaga zu erobern. Heute früh erhielt der Gouverneur die Warnung aus Alicante und hat sofort die Böttcherwerkstätten und Wohnhäuser entlang der äußeren Stadtmauer zur Seeseite einreißen lassen. Aber auch das wird ihnen nicht viel nützen, und ich hoffe, wir sind schon bald glücklich in Algerien, denn es sollen über einhundert Schiffe sein.« Darauf küsste er mich auf die Wange und verschwand.

Tatsächlich waren auf die Nachricht aus Alicante hin achtundzwanzig Häuser eingerissen, die Kanonen an der Küste gefechtsklar gemacht und die Stadt vier Tage lang in Alarmbereitschaft versetzt worden, doch handelte es sich bei der angeblichen Verbrüderung der Engländer mit den Mauren lediglich um ein Gerücht. Sir Richard Hawkins, der Kommandant der englischen Flotte, und die Kapitäne der übrigen Schiffe, die wenige Tage nach Weihnachten in der Bucht vor Malaga ankerten, kamen höchstpersönlich an Land, um den Gouverneur von ihren friedlichen Absichten zu überzeugen.

Nachdem Dreikönige vorbei war, begannen sie mir erneut Folter bis Mariä Lichtmess anzudrohen. In dieser ganzen schweren Zeit wurde ich zudem von Ungeziefer geplagt, das in Scharen über mich herfiel, sich in Bart, Mundwinkeln, Nasenlöchern und Augenbrauen einnistete und mir fast die Sicht nahm. Aus reiner Niedertracht befahl der Gouverneur Areta, den Verwahrer des Silberzeugs, das Ungeziefer zweimal am Tag über mir zusammenzukehren, was mir fast unerträgliche Qualen zufügte, da meine Arme gebrochen und meine Hände aufgrund der gerissenen Sehnen fest zu Fäusten geballt waren und ich meine Peiniger nicht vertreiben konnte. Genauso wenig konnte ich Beine und Füße bewegen, sodass ich ganz und gar hilflos war. Umso dankbarer bin ich daher dem armen Ungläubigen, der, wenn sich die Gelegenheit bot, Areta den Schlüssel entwendete und gegen Mitternacht mit Reisig und Brennöl in meine Zelle kam, das Ungeziefer auf einen Haufen fegte und es zu meiner großen Erleichterung verbrannte, da ich ansonsten elendig daran zugrunde gegangen wäre.

Acht Tage vor Mariä Lichtmess erfuhr ich von dem Sklaven, dass ein aus London stammender Priester, der am Kollegium in Malaga weilte, sowie ein schottischer Weinhändler namens Alexander Ley, der in Dunbar geboren und dort verheiratet war, meine sämtlichen Aufzeichnungen aus dem Englischen ins Spanische übersetzten und jeden Tag bündelweise Seiten beim Gouverneur ablieferten, der ihnen für ihre Mühen dreißig Dukaten versprochen hatte. Aus den Aufzeichnungen aber gehe unstrittig hervor, dass ich ein Erzfeind des Papstes und der Heiligen Jungfrau Maria sei.

Nachdem ich ihm vielmals gedankt hatte und er gegangen war, war ich mir sicher, den Händen der spanischen Inquisition übergeben zu werden, und bereitete mich im festen Glauben an Gott auf diese schwere Prüfung vor. Denn wenn man mich auch aller menschlichen Kontakte beraubt hatte, so war meine innere Kraft ungebrochen und das Licht Gottes leuchtete hell und klar in meiner Seele.

Zwei Tage nach Mariä Lichtmess kamen der Gouverneur und der Inquisitor (ein geweihter Priester) in meine Zelle. Begleitet wurden sie von zwei Jesuiten, einer von ihnen der Superior des Theatiner-Kollegs von Malaga. Nachdem alle auf Stühlen Platz genommen hatten, die Kerzen entzündet und die Tür verschlossen war, stellte der Inquisitor zunächst einige allgemeine Fragen und wollte dann von mir wissen, ob ich der römisch-katholischen Kirche angehörte und den Papst als meinen Oberhirten anerkennte, was ich beides verneinte und woraufhin ich an ihn die Frage richtete: »Was gibt Euch das Recht, mich nach meinem Glauben zu befragen? Gibt es nicht einen Vertrag zwischen England und Spanien, dem zufolge keiner der Untertanen des Königs von der Inquisition behelligt werden darf? Doch wie man mich zuvor unrechtmäßig der Spionage verdächtigt hat, so will man mich jetzt wegen meiner Religion verurteilen. Ihr, Herr Gouverneur, habt mir grausame Folter auferlegt, mich die Qualen von Hunger und Kälte spüren und mich dem Ungeziefer zum Fraß vorwerfen lassen. Selbst wenn ich nie wieder freikomme, wird Gott der Allmächtige alle diese Untaten ans Licht bringen, und mein Land und die ganze Welt werden davon erfahren. Ist dies Euer Dank für die Großzügigkeit unseres Königs, damals noch König von Schottland, der nach der Niederlage Eurer Armada im Jahr 1588 Tausenden Schiffbrüchigen für viele Monate Zuflucht bot und sie nachher in ihre Heimathäfen zurückbrachte?«

Der Gouverneur erwiderte nur, dies entspreche zwar der Wahrheit, doch sei es mehr aus Furcht denn aus Nächstenliebe geschehen und verdiene deshalb umso weniger Dankbarkeit. Deshalb werde er auch nicht davon ablassen, seine Ziele mit allen Mitteln zu verfolgen. Der Jesuitenprediger bekräftigte ihn darin und sagte, Häretikern dürfe man keinen Glauben schenken – die altbekannte Rechtfertigung aller Despoten, die unsere große und unbezwingbare Nation ständig und überall zu hören bekommt.

Anschließend erhob sich der Inquisitor und sagte: »Wie einzigartig ist die Größe der Gottesmutter, Gebieterin ihres Sohnes und auf einer Stufe mit dem Vater, vermählt mit dem Heiligen Geist, Königin des Himmels, Beschützerin der Engel und alleinige Herrscherin über die Erde. Tatsächlich haben wir Euch zu Unrecht der Spionage verdächtigt und gefoltert, wie wir jüngst durch einen Brief aus Madrid erfahren haben. Und dennoch hat die Gottesmutter in ihrer göttlichen Macht dieses Schicksal über Euch verhängt, da Ihr verleumderische Dinge über das Marienwunder von Loreto und Seine Heiligkeit, Gottes Stellvertreter auf Erden, gesagt habt. Deshalb seid Ihr durch ihre wundersame Vorsehung in unsere Hände gefallen und deshalb sind durch ihren weisen Beschluss Eure Schriften und Aufzeichnungen durch Eure eigenen Landsleute in unsere Sprache übersetzt worden. Daraus mögt Ihr erkennen, auf welch unfehlbaren Wegen unsere glorreiche Gottesmutter ihre Widersacher bestraft. Schwört als Zeichen Eurer Reue Euren Ketzereien ab und bekehrt Euch zur einzig wahren Kirche.«

Nachdem alle vier noch eine ganze Weile in dieser Weise auf mich eingeredet hatten, gab der Inquisitor mir acht Tage Zeit, mich zu bekehren, und erklärte, er und die Theatinermönche würden zweimal am Tag zu mir kommen, um mit mir zu reden, und gleich morgen früh könne ich meine Vorbehalte und Gewissenszweifel vor ihnen ausbreiten. Beim Hinausgehen machte der Jesuit ein Kreuzzeichen auf meine Brust und sagte: »Mein Sohn, du hättest es verdient, sogleich auf dem Scheiterhaufen verbrannt zu werden, doch durch die Gnade der Gottesmutter von Loreto, gegen die du so schmählich gelästert hast, werden wir deine Seele und deinen Leib retten.«

Als ich wieder allein war, betete ich die ganze Nacht zu Gott und bat ihn inständig, mir klare Gedanken, Standhaftigkeit und den rechten Glauben zu geben, alle Verzagtheit und Angst vor dem Tod von mir zu nehmen und meine Seele von allen irdischen Versuchungen rein zu halten.

Am nächsten Morgen erschienen die drei Kirchenmänner erneut. Nachdem sie Platz genommen hatten und die Kerzen entzündet waren, fragte der Inquisitor mich, welche Lehren meines Glaubens mir unklar, widersinnig und fragwürdig erschienen. Ich erwiderte, ich hätte keinerlei Glaubenszweifel, sondern glaubte fest an Jesus Christus und die Offenbarung seiner Lehre, wie sie in der Bibel geschrieben stehe und von der reformierten Kirche gelehrt werde. Dank Gottes Gnade

sei der wahre christliche Glaube fest in meiner Seele veran-
kert.

Der Inquisitor antwortete: »Ihr seid kein Christ, sondern
ein Häretiker ohne alle Vernunft und der ewigen Verdammnis geweiht, wenn Ihr Eurem Glauben nicht abschwört.« Darauf erwiderte ich: »Euer Hochwürden, die Botschaft von
Barmherzigkeit und Frömmigkeit verträgt sich nicht mit
Drohreden: Wenn Ihr mich also bekehren wollt, wie Ihr sagt,
müsst Ihr dies mit Argumenten tun. Wenn Ihr dies nicht
könnt, werden alle Androhungen von Feuer, Tod und Folterqualen mich nicht dazu bringen, von den Offenbarungen
Gottes in der Heiligen Schrift abzurücken.« Daraufhin trat
der fanatische Inquisitor mir mit dem Fuß ins Gesicht, über-
häufte mich mit Flüchen und hätte mich mit einem Messer
erstochen, wenn ihn nicht die beiden Jesuiten zurückgehalten hätten. Danach sah ich ihn nie wieder.

Am dritten Tag kamen, entgegen dem gegebenen Versprechen, nur noch die beiden Jesuiten zu mir. Nach langem
Schweigen fragte der Superior mich nach meinem Entschluss.
Ich erwiderte, ich hätte keinen Entschluss zu fassen, sofern er
mir dafür keine überzeugenden Argumente beibringen könne.
Doch hatte er nur ein paar leere Floskeln vorzubringen und
ging mit finsterem Gesicht und unter lauten Flüchen. Am
achten und letzten Tag ihrer Bekehrungsanstrengungen waren sie wieder milder gestimmt. Nachdem wir eine Weile unsere Argumente ausgetauscht hatten, sagten die Jesuiten mit
Tränen in den Augen, sie bedauerten zutiefst, dass mich ein so
grausamer Tod erwarte, und mehr noch, dass sie meine Seele
nicht retten könnten. Dann fielen sie auf die Knie und riefen:
»Kehre um, geliebter Bruder! Im Namen der gesegneten Gottesmutter, bekehre dich zum wahren Glauben!« Doch ich er-

widerte nur, weder der Tod noch der Scheiterhaufen könnten mich schrecken, denn ich sei auf beides vorbereitet, doch sei ich ein Sünder und nicht würdig, im Namen Christi und der Heiligen Schrift zu leiden. »Dennoch stärkt der Geist Gottes meinen Glauben. Er hat mir in seinem weisen Ratschluss dieses Martyrium zugedacht. Wenn ich also schwach werden und meinen Glauben widerrufen sollte, glaubt mir nicht, denn es geschähe nur aus Furcht, Zwang oder Täuschung, dem drohenden Tod zu entgehen.«

Daraufhin holten sie den Gouverneur und berieten sich mit ihm. Anschließend wandte er sich an mich und sagte: »Geliebter Bruder, es ist mein größter Wunsch, einen guten Christen aus dir zu machen und dich zum katholischen Glauben zu bekehren, und ich will dir das Maß erduldeter Leiden mit einem ebenso großen Maß Güte vergelten. Denn es wäre bedauerlich, wenn dein starker und mit so vielen bewundernswerten Zügen ausgestatteter Geist für die Welt wie für das Himmelreich verloren wäre. Öffne dein Herz und deine Seele für die Liebe der heiligen Gottesmutter. Verschließe dich nicht in Bitterkeit wegen der dir zugefügten Leiden, denn deine Wunden sind noch frisch und können geheilt werden. Du sollst ein prächtiges Gemach erhalten und alles bekommen, was du zur Wiederherstellung deiner Gesundheit und deiner Kräfte brauchst. Auch dein Geld und deine Patente wirst du zurückerhalten, nur deine häretischen Schriften haben wir bereits dem Feuer übergeben.« Und zuletzt fügte er noch hinzu: »Du sollst in Begleitung meines Dieners an den Hof des Königs gehen und ihm ein Schreiben von mir und der Heiligen Inquisition vorlegen, das dir eine jährliche Pension von dreihundert Dukaten zusichert.«

Doch blieb ich auch gegen dieses scheinheilige Versprechen standhaft, woraufhin alle drei fluchend die Zelle verließen und schworen, noch in dieser Nacht würde ich einen ersten Vorgeschmack meines langen Leidens bekommen. Dann übergaben sie mich den Händen des Bischofs und des Inquisitors, da der Gouverneur, um von seinen falschen Vorwürfen gegen die englische Flotte und meiner unrechtmäßigen Verurteilung abzulenken, mich wegen Häresie anklagen ließ. Nach dem Urteil des Inquisitionsgerichts sollte ich noch in dieser Nacht elfmal in meiner Zelle stranguliert und nach dem Osterfest heimlich nach Granada geschafft werden, um dort um Mitternacht auf dem Scheiterhaufen verbrannt zu werden und meine Asche in alle Winde zu verstreuen.

Am Abend kamen der Schreiber, mehrere Wachen und der junge englische Priester, der meine Aufzeichnungen übersetzt hatte, in meine Zelle. Nachdem der Priester noch einmal eindringlich in Englisch auf mich eingeredet hatte, ohne etwas erreichen zu können, befreiten mich die Wachen aus den Fußeisen, zogen mir die Kleider aus und hielten mich so, dass ich halb aufgerichtet auf dem Boden kniete. Dann stießen sie mir zwei eiserne Keile in den Mund und flößten mir Wasser ein, bis es mir gurgelnd bis zum Hals stand. Daraufhin schnürten sie mir mit einem dünnen Band die Kehle zu, sodass sich mir die Pupillen verdrehten, legten mich auf die Seite, und zwei Wachen schubsten mich siebenmal über den Boden hin und her, bis ich beinahe erstickt war. Anschließend banden sie mir zwei dünne Seile, die an Eisenringen von der Decke herabhingen, an beide großen Zehen und zogen mich daran in die Höhe. Dann schnitten sie das Band an meinem Hals durch und ließen mich kopfüber hängen, bis alles Wasser aus meinem Leib herausgelaufen war. Danach ließen sie mich wieder herunter, und ich lag eine ganze Weile bewusstlos in ihren Armen. Als der Gouverneur dies hörte, kam er in die Zelle gestürmt und rief: »Ist er tot? Wehe euch, ihr Schurken! Rasch, schafft Wein herbei!« Nachdem ich etwas Wein getrunken hatte, kehrte ein schwacher Lebensfunke in meinen leblosen Leib zurück.

Sobald ihr Folterwerk beendet war, wurde ich wieder angekleidet und in Eisen gelegt. Dann ließen sie mich auf dem kalten Boden liegen, und ich dankte Gott und betete einen Psalm. Am nächsten Morgen kam mein treuer muslimischer Bewacher und brachte mir Brot und Wasser. Im Ärmel seines Hemds hatte er zwei Handvoll getrocknete Rosinen und Feigen versteckt, die er zwischen das krabbelnde Ungeziefer auf den Boden legte, da ich weder Arme noch Hände bewegen konnte und jede Rosine einzeln mit der Zunge vom Boden aufnehmen musste. Ohne die Feigen, die der Sklave mir einmal wöchentlich oder alle zwei Wochen heimlich brachte, wäre ich elendig verhungert.

Doch aus lauter Mitgefühl und Sorge um mein beklagenswertes Schicksal wurde der arme Mann krank und musste fünf Tage das Bett hüten. Die spanischen Hausdiener aber erkannten den Grund seiner Krankheit und redeten ihm ein, ich sei ein Teufel, Hexenmeister, Nekromant und gemeiner Verleumder des Papstes, der Jungfrau Maria und ihrer Kirche, wodurch er so verunsichert war, dass er sich dreißig Tage lang nicht in meine Nähe wagte, aus Angst, ich könne meine schwarzen Künste an ihm ausprobieren.

In dieser Zeit übernahm die Küchenmagd Elinor seine Aufgabe, eine schwarze Sklavin von den Westindischen Inseln, die sich zum Christentum bekehrt hatte und meinem verderblichen Einfluss weniger ausgesetzt war als der ungläubige Sklave. Vier Wochen lang brachte sie mir täglich einige

Brocken zu essen und einen kleinen Krug Wein, den sie unter ihrer Kleidung versteckte, und rettete mir durch ihre Barmherzigkeit das Leben.

Gegen Mitte der Fastenzeit kehrte der schwarze Sklave Hazir wieder zurück, da meine Peiniger Elinors großem Mitgefühl misstrauten. Dennoch wuchs mit jeder neuen Prüfung mein Vertrauen in Gott. Tatsächlich geht ein Mann eher am Hader mit seinem Schicksal zugrunde als an den misslichen Umständen selbst, und der unglücklichste Mensch ist zweifellos derjenige, dem Gott nicht die Gabe verliehen hat, seine Not mit Geduld zu ertragen, denn so wie der Kummer der ärgste Feind des Alters ist, so ist die Ungeduld die größte Quelle unserer Sorgen, wenn wir noch jung sind. Und doch sind wir Gott oft dann am nächsten, wenn wir von Kummer niedergedrückt sind und unser Urteil getrübt ist. Wer hätte gedacht, dass ich überhaupt noch Halt in irgendeinem Glauben finden könnte, nachdem ich auf meinen Reisen so viele unterschiedliche Sekten und Religionen gesehen hatte? Aber jeder Christenmensch soll wissen, dass es zuletzt Gott selber war, der zu mir sprach. So wie Feuer unter der Asche schwelt und plötzlich aufflammt, wenn man hineinstich, so regte sich Gott in meinem Gewissen und prüfte meinen Glauben, als ich am wenigsten an ihn dachte. Ich sage dies nicht, um mich selbst zu rühmen, sondern zur Ehre Gottes und als Warnung, sich nicht zu rasch von ihm abzuwenden.

Ich will die weiteren unzähligen Umstände meines Leidens übergehen, für die ein Buch nicht ausreichte, und mit den weiteren Geschehnissen fortfahren. Zwei Wochen nach Ostern im Jahr 1621 kam durch Gottes Vorsehung ein spanischer Edelmann aus Granada und Freund des Gouverneurs nach Malaga, der in seinem Palast zum Abendessen eingeladen war. Nach dem Mahl erzählte der Gouverneur ihm zufällig von meiner Ergreifung, den Verhören und der Folter und dass man mich zuerst für einen englischen Spion gehalten und anschließend der Inquisition übergeben habe, wobei er offenbar mein Unglück ebenso beklagte, wie er meinen Charakter und meine Standhaftigkeit rühmte.

Die ganze Zeit hörte der flämische Diener des Edelmanns, der hinter dem Rücken seines Herrn stand, der Geschichte des unseligen Fremden zu, der so unmenschliche Qualen erleiden musste und dem ein grausamer Tod bevorstand. Nach Mitternacht brachen sie auf und gingen zu ihrer Herberge. Nachdem er seinen Herrn zu Bett gebracht hatte, legte sich auch der Diener zur Ruhe, doch fand er keinen Schlaf und schreckte immer wieder auf, weil er im Halbschlaf einen gefolterten Mann auf einem Scheiterhaufen zu sehen glaubte.

Als es hell wurde, zog er sich an und schlich unbemerkt aus dem Haus. Auf der Straße fragte er nach einem englischen Kaufmann und wurde zum Haus des englischen Konsuls, Mr Richard Wilds, geschickt. Ihm berichtete er, was er am Tag zuvor im Haus des Gouverneurs gehört hatte, wusste aber den Namen des Gefolterten nicht zu sagen. Der Konsul allerdings vermutete gleich, dass es sich um meine Person handeln musste, da der Diener von einem »Reisenden« sprach und er mir vor meiner Festnahme in Malaga begegnet war.

Nachdem der Flame gegangen war, rief er sogleich die anderen englischen Kaufleute in sein Haus – Mr Richard Busbich, Mr John Corney, Mr Hanger, Mr Stanton, Mr Cooke, Mr Rowley und Mr Woodson – und beratschlagte mit ihnen, was am besten zu meiner Befreiung zu tun sei. Schließlich kamen sie überein, sofort einen Brief an den englischen Botschafter in Madrid, Sir Walter Aston, zu schicken. Der Botschafter sprach beim König vor und erwirkte eine Order an den Gouverneur von Malaga, mich umgehend in englische Hände zu übergeben. Das Schreiben traf am Ostersonntag ein, und sie mussten mich wohl oder übel freilassen. Kurz vor Mitternacht trug mich der Sklave Hazir auf dem Rücken zum Haus von Mr Busbich, wo man sich bis zum nächsten Morgen fürsorglich um mich kümmerte.

In der Zwischenzeit war durch einen glücklichen Zufall ein englischer Flottenverband unter Sir Richard Hawkins in Malaga eingetroffen. Gleich am frühen Morgen kam Sir Richard mit einem größeren Trupp an Land, um mich im Haus des Kaufmanns abzuholen und in Decken gehüllt auf sein Schiff, die *Vanguard,* zu bringen. Drei Tage später brachte man mich auf die *Goodwill* aus Harwich, das Proviantschiff der Flotte, die der englische General, Sir Robert Maunsell, zurück nach England beordert hatte. Nachdem ich sicher dort untergebracht war, ermahnte Sir Richard Hawkins noch einmal ausdrücklich den Kapitän, William Westerdale, wegen meines geschwächten Zustands besonders vorsichtig mit mir zu sein und mich gut zu versorgen. Zuzüglich zum Schiffsproviant ließen die englischen Kaufleute noch einen spanischen Anzug, zwölf Hühner, ein Fässchen Wein, einen Korb Eier, fünfzig Pfund Feigen und Rosinen, zweihundert Orangen und Zitronen, acht Pfund Zucker, einige Laibe ausgezeichnetes Brot sowie zweihundert spanische Gold- und Silbermünzen an Bord bringen, und Sir Richard Hawkins übergab mir zum Zeichen seiner Verbundenheit zweihundert Dublonen.

Gleichwohl fürchtete ich, ihnen für ihre große Freundlichkeit keinen Dank erweisen zu können, da ich nicht hoffen durfte, England lebend zu erreichen, doch schien das ihre

Hilfsbereitschaft und ihr Mitgefühl nur zu bestärken. Trotz meiner Schwäche und Gebrechlichkeit bat ich Sir Richard Hawkins noch, mein Gold, meine acht Patente, mein Empfehlungsbuch sowie die Geleitschreiben und Siegel Seiner Majestät vom Gouverneur zurückzufordern. Er kam meiner Bitte freundlich nach und ging in Begleitung von Kapitän Cave und Kapitän Raymond zu ihm, wurde aber mit Ausflüchten und leeren Versprechungen abgespeist.

Zwölf Tage lag unser Schiff in der Bucht vor Malaga. Dann setzten wir die Segel, passierten die Meerenge von Gibraltar und gelangten, um es kurz zu machen, nach fünfzig Tagen nach Deptford an der Themse. Am nächsten Morgen brachte man mich auf einem Federbett nach Theobalds House, dem Landsitz des Königs, und setzte mich in der Privatgalerie ab. Als der König von seinem Spaziergang im Park zurückkkam, umringte mich der gesamte Hof, vom König bis zur Küchenmagd, und bestaunte meinen geschundenen Leib, der nur wenig Hoffnung auf Rettung bot.

Nachdem ich Seiner Majestät mein trauriges Schicksal geklagt hatte, versprach er sogleich, für meine Genesung zu sorgen, und schickte mich in den kommenden siebenundzwanzig Wochen zweimal nach Bath, wo ich dank der göttlichen Vorsehung und der königlichen Barmherzigkeit weitgehend wieder gesundete, obwohl mein linker Arm taub blieb.

Gleich in den ersten Wochen nach meiner Rückkehr hatte man mich auf Weisung Seiner Majestät von Theobalds House zum Haus des spanischen Botschafters, Diego Sarmiento de Gondomar, in Holborn gebracht. Dort versprach er in Gegenwart des Marquis von Hamilton und des Marquis von Buckingham (und wiederholte sein Versprechen tags darauf vor dem König in Greenwich), dass mein Fall in Spanien geprüft und ich schon bald mein Geld, meine Kleider, meine Aufzeichnungen und Patente sowie die Siegel Seiner Majestät zurückerhalten würde, dazu eine Entschädigung von eintausend Pfund Sterling vom Gouverneur von Malaga, die er nach seinem Willen auch noch aufstocken könnte.

Dieses Versprechen wurde am 6. Juni 1621 gegeben und sollte bis zum Michaelitag eingelöst werden. Als bis dahin nichts geschehen war, vertröstete der Botschafter mich auf das kommende Frühjahr und dann noch einmal auf das Osterfest – und sorgte zuletzt sogar dafür, dass ich im Gefängnis landete: Kurz bevor er nach Spanien zurückberufen werden sollte, war es mit meiner Geduld zu Ende und ich sagte ihm bei Hof geradewegs ins Gesicht, dass er bloß ein übles Ränkespiel mit mir treibe, was sich im Nachhinein auch bewahrheitete. Doch fühlte er sich in seiner Ehre gekränkt und ging vor den Augen des englischen Botschafters, mehrerer Edelmänner und der königlichen Diener mit den Fäusten auf mich los, sodass ich mich ebenfalls mit den Fäusten erwehren musste. Zuletzt musste ich für mein berechtigtes Anliegen neun Wochen lang im Marshalsea-Gefängnis in Southwark einsitzen, doch gewann ich dadurch an Ehre, was er an Anstand verlor, als er schließlich England verließ, da ich zwar unterlegen, aber dennoch der eigentliche Sieger war.

Nach dem Tod von König Jakob sah ich mich gezwungen, im Jahre 1626 dem Oberhaus eine Schadensersatzklage vorzulegen, deren Fortgang ich siebzehn Wochen lang täglich verfolgte. Die Klage wurde verlesen und debattiert, und es wurde schließlich eine Order an den Lordsiegelbewahrer, Sir Thomas Coventry, aufgesetzt, er solle sich um die Durchsetzung meiner Ansprüche kümmern. Nachdem die Order bereits einen Monat beim Lordsiegelbewahrer gelegen hatte, bat er mich, zur Bestätigung meiner Forderungen eidesstattliche Aussagen von Sir Walter Aston, Sir Robert Maunsell und Sir Thomas Button einzuholen, was ich ohne Umschweife tat. Sir Walter Aston setzte nicht nur einen schriftlichen Bericht auf, sondern sprach auch noch persönlich mit ihm und bestätigte die Wahrheit meiner Aussagen.

In der Zwischenzeit jedoch hatte der König das Parlament vorzeitig aufgelöst und nicht wieder eingesetzt, sodass die Order zu meiner Entschädigung seither ohne Fürsprecher ist.

Und doch mag der fromme Leser am Ende meiner traurigen Geschichte vier Beispiele für Gottes große Fürsorge finden. Erstens die Kraft seiner Vorsehung, durch die er mich auf wunderbare Weise in der langen Zeit der Kerkerhaft am Leben erhielt, trotz Hunger, Folter und Scharen von Ungeziefer. Zweitens die Gnade seines göttlichen Blicks, dem nichts entgeht und der meine Entdeckung ermöglichte, obwohl meine Folterknechte ihr ganzes teuflisches Streben daransetzten, mich vor der Welt zu verbergen. Drittens seine unermessliche Barmherzigkeit, mir die Freiheit wiederzugeben, als ich selbst schon nicht mehr daran geglaubt und mich aufgegeben hatte. Und schließlich sein gütiges Erbarmen, meinen geschundenen Körper wieder aufzurichten und mich fast vollständig wiederherzustellen. Lob und Preis sei dem Herrn für seine großen Taten.

Im Frühjahr 1627 schließlich, als ich statt Unterstützung nur Gleichmut und Undank erntete, kehrte ich dem Hof den Rücken und machte mich zu Fuß auf nach Schottland.

Zuletzt sei der Hinweis angefügt, dass ein Maler zuweilen ein Porträt verdirbt, das dargestellte Gesicht gleichwohl aber noch zu erkennen ist. So mag der Leser das eine oder andere an meinem Bericht falsch verstehen oder in Zweifel ziehen, ohne ihm insgesamt die Wahrheit nehmen zu können. Ich übergebe der Öffentlichkeit also die wahrheitsgetreuen Aufzeichnungen meiner in neunzehn Jahren unternommenen drei großen Reisen, auf denen ich Königreiche, Kontinente und Inseln durchwandert (sowie zahllose Flüsse und Meere überquert) und dabei eine Strecke von über sechsunddreißigtausend Meilen zurückgelegt habe, was knapp zweimal dem Umfang der Erde entspricht. Und damit – lebt wohl.

FINIS

Anmerkungen

Seite 23:
siebenköpfige Herrscherin: Die sieben Hügel, auf denen das
antike Rom erbaut wurde.

Seite 35:
Uskoken (serbokroat. *Uscočiti* = »Flüchtlinge«): Bezeichnung
für die seit Anfang des 16. Jahrhunderts vor den Osmanen
geflüchteten Serben, Bosnier und Kroaten, die sich über-
wiegend in Dalmatien und später in Senj niederließen.
Von hier kämpften sie mit Duldung Österreichs, auf dessen
Gebiet sie siedelten, gegen Osmanen und Venezianer. 1615
kam es zum Krieg zwischen Österreich und Venedig und
zu der Belagerung von Gradisca im folgenden Jahr.

Seite 37:
Ragusa: Früherer Name für das heutige Dubrovnik.

Seite 41:
Skenderbey (Skanderbeg): Eigentlich Gjergj (Georg) Kastriota, albanischer Feldherr und Nationalheld. Geriet 1423
als Geisel in den Dienst des Sultans, floh 1443 und gründete
eine Verteidigungsallianz gegen die Türken. Er wurde
schon zu Lebzeiten zur Legende und erhielt vom Papst den

Ehrentitel *Athleta Christi* für die Verteidigung der Christenheit gegen das Osmanische Reich.

Seite 47:
Janitscharen (türk. *yeni ceri* = »neue Truppe«): Fußtruppen des Osmanischen Reichs, aus denen sich auch die Leibwache des Sultans rekrutierte. Um 1330 aus Kriegsgefangenen und Sklaven gegründet und seit 1360 durch die sogenannte Knabenlese, d. h. die Zwangsversklavung und Erziehung christlicher Jungen, vor allem aus dem Balkan, ergänzt. In der Blütezeit des Osmanischen Reichs bildeten die Janitscharen mit 200 000 Mann die Kerntruppe des Heeres.

Seite 49:
Beylerbey (Beglerbeg) (osm.-türk. »Herr der Herren«): Ursprüngliche Bezeichnung des wichtigsten Provinzgouverneurs im Osmanischen Reich. Im Zuge der Ausdehnung des osmanischen Herrschaftsgebiets erhöhte sich die Zahl der Beylerbeys im 16. Jahrhundert auf sechs.

Sandschakbey: Verwalter eines Sandschaks, einer Unterabteilung in der Provinzialverwaltung. Die Sandschakbeys fungierten unter Aufsicht der Beylerbeys als Vertreter der zentralen Staatsmacht, Hüter von Recht und Ordnung und Oberhäupter der Zivilverwaltung. Sie waren außerdem Militärbeamte, die das Oberkommando über die in ihrer Provinz stationierten Truppen innehatten.

Timarioten: Inhaber eines Timars, d. h. eines Lehnsguts, das den höheren Staatsbediensteten auf Lebenszeit verliehen wurde. Mit der Eroberung neuer Gebiete wurden Timare auch an Reitersoldaten vergeben, die diese zum Teil selbst bewirtschafteten. Im Gegenzug mussten sie für den Sultan in den Krieg ziehen. Für ihre Ausrüstung und das Pferd mussten die Timarioten selbst aufkommen.

Seite 59:
Schwert … an einem Pferdehaar: Anspielung auf Damokles, der Legende nach Höfling des jüngeren oder auch des älteren Dionysios von Syrakus. Da er die Macht des Tyrannen neidete, ließ Dionysios ihn unter einem Schwert, das an einem Pferdehaar hing, alle Genüsse der königlichen Tafel kosten, um ihm die bei allem Glück stets drohende Gefahr zu verdeutlichen.

Seite 78:
die Quelle Hippokrene: In der griech. Mythologie die durch den Hufschlag des Pegasus entstandene Quelle, die seit Hesiod als Stätte dichterischer Inspiration gilt.

Seite 82:
Propontis: Antiker Name des Marmarameers, eines Teils des Mittelmeers zwischen der Balkanhalbinsel und Kleinasien.

Seite 83:
Hero und Leander: Berühmtes Liebespaar aus der griech. Mythologie. Hero war Priesterin der Aphrodite in Sestos, Geliebte des Leander aus Abydos, der jede Nacht beim Licht ihrer Lampe über den Hellespont zu ihr schwamm, bis er in einer Sturmnacht, als die Lampe erlosch, ertrank. Beim Anblick des angespülten Leichnams stürzte sie sich von ihrem Turm in den Tod.

Seite 94:
Arianer: Angehörige des Arianismus, einer durch den Presbyter Arius (um 260–336) begründeten Lehre, die sich gegen die in der christlichen Kirche behauptete Wesenseinheit von Gottvater und seinem Sohn richtet. Von den ersten beiden ökumenischen Konzilien in Nicäa (325) und Konstantinopel (381) als Häresie verurteilt.

Seite 96:
Arabia Felix: Das Gebiet des heutigen Jemen, von den Römern wegen seines Reichtums und seiner Fruchtbarkeit »glückliches Arabien« genannt.

Seite 101:
Pall-Mall-Spiel: Beliebtes Ballspiel an den Höfen Europas im 16. und 17. Jahrhundert, das als Vorläufer des Krocket gilt. Es wurde auf bis zu 500 Meter langen Bahnen gespielt, an deren Ende ein Eisenreifen an einem Galgen mehrere Meter über dem Boden hing. Ziel war es, einen Ball aus Buchsbaumholz von etwa 30 cm Umfang mit einem schweren Holzschläger mit möglichst wenigen Schlägen entlang der Bahn und durch den Reifen zu schlagen. Aus den Mall-Bahnen wurden später Flaniermeilen und Einkaufsstraßen, daher noch heute der englische Begriff »shopping mall«.

Seite 141:
kuffar (kafir): Arabisch für »Ungläubiger«.

Seite 153:

Vespasian: Im Jahr 66 entsandte Nero ein Heer von 60000
Soldaten unter dem Kommando von Vespasian und seinem
Sohn Titus nach Judäa. Vespasian kehrte zwei Jahre später
nach dem Tod Neros nach Rom zurück, Titus begann im
Jahr 70 die Belagerung Jerusalems. Bei dessen Eroberung
wurde der Tempel völlig zerstört.

Josephus: Flavius Josephus, eigentlich Joseph ben
Mathitjahu (37/38 n. Chr. – um 100), jüdischer Geschichtsschreiber, der sich nach anfänglicher Gegnerschaft
Vespasian anschloss und zum Berater der Römer bei der
Belagerung Jerusalems wurde. Nach der Eroberung der
Stadt ging er mit Titus nach Rom und schrieb eine sieben-
bändige *Geschichte des jüdischen Kriegs,* beginnend mit
der Besetzung Jerusalems im Jahr 174 v. Chr. bis zum Fall
der Festung Masada am Toten Meer 73 n. Chr.

Seite 161:

Quelle des Elisa: Die in der Nähe von Jericho liegende
Quelle wurde nach dem Alten Testament durch den Pro-
pheten Elisa gereinigt, indem er Salz ins Wasser streute
(Zweites Buch der Könige, 2, 19–23).

Kaiserin Helena: Die Mutter des römischen Kaisers Konstantin des Großen, Förderin des frühen Christentums
und mutmaßliche Entdeckerin des heiligen Kreuzes. Unternahm 324 mit 79 Jahren eine Wallfahrt ins Heilige Land
und stiftete die Basiliken auf dem Ölberg und in Bethlehem.

Seite 169:

Gottfried von Bouillon: Herzog von Niederlothringen (um
1060–1100). Nahm am ersten Kreuzzug nach Jerusalem teil

und war entscheidend an der Erstürmung der Stadt im Jahr 1099 beteiligt. Übernahm anschließend die Regentschaft des Königreichs Jerusalem unter dem Titel *advocatus sancti sepulchri* (»Beschützer des Heiligen Grabes«).

Seite 171:
unserer seligen Königin Anna: Anna von Dänemark und Norwegen (1574–1619), Ehefrau des englischen Königs Jakob I. Die Königin dürfte für die Muttermilch fördernde Erde kaum Verwendung gehabt haben, da sie zum Zeitpunkt von Lithgows Aufenthalt in Jerusalem bereits 38 Jahre alt war. Ihr letztes überlebendes Kind, der spätere König Karl I., wurde 1600 geboren. Da Lithgow für alle Formen von Aberglauben sonst nur Spott übrighat, muss er von den medizinischen Qualitäten der Erde aus der Grotte überzeugt gewesen sein.

Seite 181:
durchquerten wir den schmalen Isthmus: Die knapp 120 km breite Landenge zwischen dem Mittelmeer und dem Roten Meer, an der 1869 der Suezkanal eröffnet wurde. Bereits seit dem 14. Jahrhundert v. Chr. hatte es Bauversuche gegeben, zuletzt unter dem Kalifen Omar im 7. nachchristlichen Jahrhundert, doch waren die Aushebungen weitgehend von Sand verschüttet.

Seite 182:
beziehen die Namensgebung auf Moses: Die Verwandlung des Wassers im Nil und seiner Nebenflüsse in Blut ist die erste der zehn biblischen Plagen, mit denen der Pharao gezwungen werden sollte, das Volk Israel aus der Knechtschaft

zu entlassen. Die von Lithgow behauptete Rückführung des Namens auf die biblische Geschichte ist allerdings nicht verbürgt (Exodus 7, 19).

Seite 190:
Wunderbalsam: Ein aus dem Ölharzstrauch *Amyris gileadensis* gewonnener Balsam, dessen heilende Wirkung bereits in der Bibel erwähnt ist (Buch Jeremia, 8: 22 und 46: 11). Das biblische Land Gilead lag östlich des Jordan und war für seine Heilkräuter bekannt.

Seite 191:
Mumia: Eine Substanz aus zerstoßenen ägyptischen Mumien, die im 16. und 17. Jahrhundert ein weit verbreitetes Heilmittel und Aphrodisiakum war. Seine Kräfte wurden auf die in der Mumie konservierten Lebenssäfte zurückgeführt. Noch Anfang des 20. Jahrhunderts wurde *Mumia vera aegyptiaca* in deutschen Apotheken verkauft.

Seite 194:
Sphinx: Die Große Sphinx von Gizeh, um 2700–2600 v. Chr. errichtet, ist 73,5 m lang, 6 m breit und 20 m hoch. Lithgows Beschreibung, es handle sich um das Haupt eines Götzen, sowie der Vorwurf, Plinius habe die Maße falsch angegeben, beruhen darauf, dass die Statue zur Zeit seines Besuchs größtenteils unter Sand verborgen lag. Freigelegt wurde die Sphinx erst gut 200 Jahre später durch den italienischen Ägyptologen Giovanni Battista Caviglia.

Seite 197:

Priesterkönig Johannes: Der Legende nach ein christlicher
König im 12. Jahrhundert, dem ein mächtiges Reich im östlichen Asien zugeschrieben wurde. Trotz mehrerer Expe-
ditionen, die nach Asien entsandt wurden, um Kontakt mit
ihm aufzunehmen und ihn als Verbündeten gegen den Islam
zu gewinnen, blieb die Suche nach ihm erfolglos. Im
15. Jahrhundert verlegte man das Reich des Priesterkönigs
nach Ostafrika und Abessinien, das noch im 17. Jahrhundert
Regnum Presbyteri Johannis hieß.

Seite 202:

nil nisi pontus et aer: Nichts als das Meer und den Himmel
(Ovid, *Tristia,* I. 2, 23).

Seite 207:

*indem er sich mit Feuer, Essig und Wein einen Weg durch
Schnee und Felsgestein bahnte:* Der römische Geschichtsschreiber Titus Livius berichtet in seiner Geschichte des
Zweiten Punischen Kriegs, wie Hannibal bei seiner Alpen-
überquerung 218 v. Chr. die Pässe von Schnee befreite und
Felsen sprengte. Dazu erhitzte er das Gestein durch ein
großes Feuer, machte es mit Essig mürbe und zerschlug es
dann. Es gilt allerdings als wahrscheinlicher, dass Hanni-
bals Soldaten die üblichen Sprenghämmer und Spitzeisen
zur Beseitigung der Felsen benutzten.

Seite 214:

Feldlager des Prinzen Moritz von Oranien: Maurits van
Oranje (1567–1625), Führer im Unabhängigkeitskampf der
Niederlande gegen die spanische Herrschaft. Er war Statt-

halter von Holland, Seeland und Utrecht und General-
admiral der Vereinigten Niederlande. Durch eine Reorga-
nisation der Armee gelang es ihm, die Spanier aus den
niederländischen Provinzen zu vertreiben.

nachdem Spinola kurz zuvor Wesel eingenommen hatte:
Ambrogio di Filippo Spinola (1569–1630), 1605 vom spanischen König Philipp II. zum obersten Befehlshaber in den
spanischen Niederlanden ernannt. 1613 führte er eine 22 500
Mann starke Armee gegen die Niederländer und eroberte
Aachen, Kleve und Wesel, eines der calvinistischen Zentren
in Deutschland. Spinola quartierte 1200 Soldaten in der
Stadt ein und ernannte einen kastilischen Offizier zum
neuen militärischen Gouverneur.

Seite 215:
genau wie die vom wandernden Juden: Die christliche
Legende des Schusters Ahasver, der Jesus auf dem Kreuz-
weg eine Rast vor seiner Haustür verweigerte und daraufhin
von ihm zu ewiger Wanderschaft verflucht wurde. Verschiedene Versionen des Motivs erschienen ab dem 13. Jahrhundert in Italien und verbreiteten sich in den folgenden
Jahrhunderten über den ganzen Mittelmeerraum. In dem
Werk *Kurtze Beschreibung und Erzehlung von einem Juden mit
Namen Ahasver* von 1602 wurden die verschiedenen Stränge
der Legende erstmals in der Figur des Ahasver verschmol-
zen.

Seite 216:
der Kurfürstin meine Aufwartung machte: Luise Juliana
von Oranien-Nassau (1576–1644), Mutter des Kurfürsten
Friedrich V. von der Pfalz und späteren »Winterkönigs«

von Böhmen. Im Februar 1613 hatte Friedrich V. in London Elisabeth Stuart geheiratet, die Tochter von König Jakob I. und Anna von Dänemark.

Seite 225:
Berberei: Vom 16. bis zum frühen 19. Jahrhundert die Bezeichnung für die nordafrikanischen Territorien des Maghreb zwischen Marokko und Ägypten. Den Hauptteil der Bevölkerung machten die Berber aus.

Seite 226:
Piratenkapitän John Ward: Berühmter englischer Pirat, der um 1603 aus der englischen Marine desertierte, zum Islam übertrat und von Tunis aus europäische Handelsschiffe im Mittelmeer überfiel. Sein Angebot an König Jakob I., ihm gegen eine Zahlung von £ 40 000 Amnestie zu gewähren, lehnte dieser ab. Lithgows mildes Urteil über Ward mag daher rühren, dass er angeblich englische Schiffe verschonte und mit Vorliebe Schiffe aus katholischen Ländern aufbrachte. Er starb 1622.

Seite 227:
Scherif (arab. »edel, vornehm«): Religiöser Titel der Nachkommen des Propheten Mohammed, besonders der ersten religiösen Würdenträger in Mekka.

Seite 250:
Peter von Aragon: König von Aragonien (1276–1285) und König von Sizilien (1282–1285). Unterstützte 1282 einen Aufstand der Sizilianer gegen die Herrschaft König Karls I. von Anjou, der am 30. März mit Beginn des Abendgottes-

dienstes ausbrach und deshalb als Sizilianische Vesper bekannt wurde. Wenige Wochen später kam es zu einem Massaker an den französischen Einwohnern Siziliens.

Seite 261:
Monotheletismus: Eine christologische Lehre, nach der Christus zwei Naturen, eine göttliche und eine menschliche, aber nur einen von Gott vorgeschriebenen Willen besitzt. Auf dem 6. Konzil von Konstantinopel im Jahr 681 wurde die Lehre als Häresie verurteilt. Noch mehr als vierzig Jahre nach seinem Tod traf Papst Honorius I. für seine nachgiebige Haltung gegenüber den Monotheleten der Kirchenbann.

Seite 265:
Wölfe Hyrkaniens (altgriech. *Hyrcania* = »Land der Wölfe«): Im Altertum die Landschaft am Südostrand des Kaspischen Meeres, entspricht der heutigen iranischen Provinz Mazandaran.

Seite 271:
Grafen von Thurn: Heinrich Matthias von Thurn (1567–1640), Führer der protestantischen Stände in Böhmen, 1618 am Prager Fenstersturz beteiligt und einer der Hauptführer des böhmischen Aufstands gegen Ferdinand II. Für das von Lithgow behauptete Zerwürfnis mit dem böhmischen König Matthias II. und die Inhaftierung und Flucht des Grafen von Thurn aus dem Prager Gefängnis fehlen historische Quellen.

Seite 277:

O socii – neque enim ignari sumus …: Vergil, *Aeneis*, I,
198–199.

Seite 283:

*für das Fernbleiben vom protestantischen Gottesdienst ver-
hängten Strafgelder:* Zur Durchsetzung der Konformität mit
der anglikanischen Staatskirche wurde den Iren unter
Berufung auf das Uniformitätsgesetz von 1559 der Besuch
des protestantischen Gottesdienstes vorgeschrieben. Wer
dem Gottesdienst fernblieb, musste eine Strafe von zwölf
Pence zahlen. In Einzelfällen ergingen an Ratsmitglieder
und reiche Bürger Aufforderungen zum Gottesdienstbesuch,
bei deren Zuwiderhandlung Strafen von £ 50 – £ 100 verhängt wurden. Die Verurteilten nahmen oft eine mehr-
monatige Haftstrafe in Kauf, anstatt das Geld zu bezahlen.
Der Erfolg der Reformierungsbestrebungen war erwartungs-
gemäß gering.

Seite 294:

eine große und mächtige Festung: Die Alhambra (arab.
al-hamra = »die Rote«), festungsartiger Palast, von 1231–1491
Residenz der maurischen Könige. Gilt als bedeutendstes
Bauwerk arabischer Baukunst in Europa.

Seite 296:

Alkalde: Im Spanien des 15. und 16. Jahrhunderts der
gewählte Richter in den freien Städten.

Seite 312:

Theatiner-Kolleg (lat. *Ordo Clericorum Regularium vulgo Theatinorum*): 1524 von Cajetan von Thiene und Gian Pietro Carafa mit dem Ziel einer Reform des Klerus gegründet. Der Orden breitete sich neben Italien auch in Frankreich, Deutschland, Spanien und Portugal aus.

Seite 313:

Niederlage Eurer Armada im Jahre 1588: Die gescheiterte Invasion der spanischen Flotte, die von König Philipp II. zum Sturz Elisabeths I. gegen England gesandt wurde. Nachdem es den Spaniern in der Seeschlacht von Gravelines nicht gelang, die Reihen der Engländer zu durchbrechen, zwang ein Sturm die Flotte zur Umsegelung Englands und Schottlands. Zahlreiche Schiffe gerieten in Seenot und sanken, und etwa 3000 Spanier strandeten an der schottischen und irischen Küste. Insgesamt verloren die Spanier 64 Schiffe und mindestens 12 000 Mann.

Seite 324:

hatte der König das Parlament vorzeitig aufgelöst: Die Auflösung des Parlaments entzündete sich an der Fehde zwischen König und Parlament um den Höfling und Diplomaten George Villiers, 1623 zum Herzog von Buckingham ernannt. Villiers war unter den Königen Jakob I. und Karl I. eine der politisch einflussreichsten Figuren des Landes. Nach außenpolitischen Misserfolgen forderte das Parlament 1626 die Absetzung des verhassten Günstlings, woraufhin der König es umgehend auflöste. Zwischen 1629 und 1640 regierte Karl I. ohne Parlament. Villiers, Lithgows Fürsprecher, wurde 1628 ermordet.

Seite 325:

was knapp zweimal dem Umfang der Erde entspricht: Lithgows Angaben folgen den Berechnungen des griechischen
Naturforschers Ptolemäus, die das Weltbild des Spätmittel-
alters und der frühen Neuzeit bestimmten. Nach Ptolemäus
betrug der Erdumfang 180 000 Stadien, umgerechnet
33 000 km. Durch Fehler in der Überlieferung wurde eine oft
noch geringere Zahl vorausgesetzt. Kolumbus etwa kam in
seinen Berechnungen nur auf 30 000 km.

Nachwort

*A*lles Reisen vollzieht sich im Spannungsfeld zweier Vektoren: der Schubkraft, die von der häuslichen Routine, der Langeweile, dem Überdruss am Zuhause ausgeht, und der Sogkraft, die sich im Fernweh, in den Versprechungen der Fremde, im Staunen vor dem Unerwarteten begründet. Der Rest ist Fahrtwind.

So schmerzvoll die Reisen des William Lithgow waren, so ertragreich sie Zeitgenossen und nachgeborenen Lesern auch erscheinen mögen, fadenscheiniger wurde selten begründet, warum ein Reisender die Strapazen solcher Wanderungen und Irrfahrten auf sich nahm. Gewiss, da ist die zu Hause erlittene Unbill, die Angst vor Nachstellungen, wenn nicht Schlimmerem, sie geben Lithgow Schubkraft auf seinem Weg in die Ferne, und so blickt er denn auch nicht zurück, vermisst offenbar niemanden, und seine Heimat Schottland nötigt ihm keine sentimentale Regung ab.

Doch ebenso wenig treiben ihn Fernweh oder Sehnsucht voran, jene Entbehrungen zu schultern, von denen er fast ununterbrochen belastet wird. Dass ein sentimentaler Sog von der Fremde auf ihn gewirkt, dass Forscherdrang ihn getrieben habe, wird man nicht gut sagen können, ist es ihm doch das Ärgerlichste an der Fremde, dass sie fremd ist. Weder sehnt er sich, noch wünscht er, sich selbst zu erreisen oder zu verändern, und auch die kostbare Gabe des Staunens ergreift allenfalls vor Weltwundern von ihm Besitz: vor den Pyramiden, vor dem Koloss von Rhodos. Diese sind gerade imposant genug.

Warum also reist Lithgow? Später einmal wird er versichern, es aus Neugier getan zu haben. Aber da muss er schon vergessen haben, wie er anfangs schwadronierte, »weder Ehrgeiz noch Neugier noch Ruhmsucht« habe ihn getrieben, diese schmerzvollen Wanderungen auf sich zu nehmen. Von der zweiten Reise heißt es, er behalte die Gründe für sich, sie gingen niemanden etwas an, und was andere über sie dächten, sei ihm ohnehin herzlich gleichgültig. Wichtig war es ihm dagegen zu betonen, nicht kommerzielle Absichten hätten ihn getrieben, führten diese doch ohnehin nur dazu, dass man sich selbst nur »ins rechte Licht« rücken wolle, statt an der Verbesserung seiner Fehler und Schwächen zu arbeiten. Ja, so wollen auch diese Zeilen suggerieren, er ist sich selbst genug.

Schließlich aber wendet er doch die anspruchsvollere und tragfähigere Begründung seines Reisens auf, er reise im Dienste einer »Wissenschaft der Welt«. Zwar könne das Weltwissen von Gelehrten und Erfahrenen, von Staatenlenkern und Denkern durchaus vertreten werden, führt er aus, doch fuße alles, was diese über die Einrichtung der Welt beibrächten, auf dem Wissen der Reisenden, die alles »aus erster Hand studiert haben und folglich ein umfassendes Bild des menschlichen Daseins geben können«.

Hier erscheint kurz der wahre Anspruch seines Unternehmens. Er geht weit über das hinaus, was Lithgow selbst in der Widmung an den König und diesem zu Gefallen als Thema des Buches bezeichnet hatte, als er seinen Gegenstand auf »Gesetze, religiöse Gebräuche, Sitten, Einrichtungen und

Regierungsformen«, »Könige, Königreiche, Völker, Fürsten und andere Machthaber« beschränkte, während sein Thema doch eigentlich die »Wissenschaft von der Welt«, also Welt- und Landeskunde im weitesten Sinne war.

Die akademische Ambition dieser »Wirklichkeitswissenschaft« meint die Gesamtheit eines Verständnisses von geografischen, politischen, kunsthistorischen, militärischen, religiösen, ethnologischen, kulturwissenschaftlichen Details, eine Art Studium generale der fremden Welt. Dennoch wird man den Eindruck nicht los, dass Lithgow nicht Kenntnis allein sucht, sondern auch Prestige. Er reist in imaginärer Konkurrenz zu allen, die bloß Meinung ohne Anschauung verbreiten können, die falsche Vorstellungen oder Irrlehren in die Welt gebracht haben, er reist mit dem Pathos des Aufklärers, den schon seine Leiden beglaubigen, ja, er reist selbst in Konkurrenz zu Homers Odysseus.

Mit der aufklärerischen Absicht seines Berichts ist es Lithgow gleichwohl ernst, gibt er doch an, das allgemeine Wissen nicht nur mehren, Aberglauben zerstören und die realistische Sicht auf die Welt stärken zu wollen. Bei aller Leser-Beschimpfung ist es ihm durchaus wichtig, diese Reisen für andere zu machen, für Mittellose, Ängstliche, Bequeme, die nun beschenkt werden von den durch Schmerzen eingeernteten Erlebnissen.

Es gilt also, kosmopolitisches Wissen zu sammeln und zu präzisieren, doch ebenso gilt es, dieses heimzutragen, es in Gesellschaft auszubreiten und die eigene Weltläufigkeit – daher der Ausdruck – nachzuweisen. In dieser Hinsicht offenbart Lithgow Züge des Bildungsreisenden, aber auch des frühen Pauschaltouristen, der alles mal gesehen und »gemacht« haben will, der Länder und Sehenswürdigkeiten regelrecht

»abhakt«, und der auf seine letzte Reise geht, weil ihm noch Irland und der Süden Spaniens »fehlen«.

Entsprechend liebt er es, sein Reisen durch die Mitnahme von Souvenirs und allerlei Zeugnissen zu dokumentieren: Am Heiligen Grab lässt er sich zur Bestätigung seines Besuches eine Tätowierung mit dem Jerusalemkreuz, dem Namen und den vier Kronen König Jakobs auf dem rechten Arm stechen. Er nimmt auch kleine Reliquien mit, einen Zweig vom Terpentinbaum am Jordan, Steine, ein Pfund heiliger Erde aus Bethlehem, Gürtel und Strumpfbänder vom Heiligen Grab, und es ist nicht ausgeschlossen, dass er mit diesen Devotionalien unterwegs einen kleinen Handel trieb. Wo immer er kann, lässt er sich darüber hinaus Dokumente ausstellen, Urkunden, Zertifikate, Empfehlungsschreiben, Belege seiner Besuche, und bringt dies Konvolut als seinen wichtigsten Schatz nach Hause mit. Dort wird er bald ein bekannter Autor, dessen 1614 zuerst, aber gekürzt gedruckter Reisebericht, mehrfach wieder, 1632 dann vollständig, und anschließend in jedem Jahrhundert mindestens einmal nachgedruckt wurde.

Wenig wissen wir von dem Mann, dessen Bitterkeit bisweilen so komisch, dessen Blick auf die Welt so eigen, oft so erfrischend parteiisch und inkorrekt war. Die kargen Daten über ihn muss man zusammenklauben, und in den Archiven ist sein Name längst verblasst. 1582 muss er in Lanark, Schottland, als ältester Sohn einer recht wohlhabenden Familie geboren worden sein. Laut Walter Scott sollte er wohl Schneider werden – in gewisser Hinsicht eine unwahrscheinliche Berufsbezeichnung für jemand, dessen Ruhelosigkeit ihn nicht gerade für eine sitzende Tätigkeit prädestinierte. Anderserseits könnte sich so erklären, wovon er während seiner Reisen lebte, womit er sein Geld verdiente. Doch schließlich: sollte er wirklich ein Schneider gewesen sein, wie kommt er zu solcher Prosa, zur Vielfalt seiner Bilder, zu der Sicherheit in der Akzentverteilung, dem Geschick in der Dramatisierung, der stilistisch ausgefeilten Verdichtung der Informationen?

Er dürfte einen soliden Bildungshintergrund haben. Immerhin hinterlässt Lithgows Vater James seinen drei Kindern und seiner Gattin Alison Grahame ein beträchtliches Vermögen und einige Immobilien, die im Besitz der Familie bis ins 18. Jahrhundert hinein aktenkundig sind. Sicher ist, dass Lithgow, als er am 7. März 1609, vermutlich 27-jährig, seine Reise antrat, bereits kleinere Insel-Reisen unternommen, Deutschland, die Schweiz und die Niederlande bereist sowie in Paris gewohnt hatte.

Jetzt aber zieht er auf einer ersten Reise von Paris aus über Italien, Griechenland, die Türkei und Syrien durch die Sinai-Wüste bis nach Ägypten und Palästina. Die zweite Reise führt ihn nach Nordafrika, durch die Maghreb-Staaten, dann über Malta, Sizilien, Italien und Osteuropa heim.

Seine dritte Reise tritt er in der Absicht an, den Priesterkönig Johannes in Abessinien aufzusuchen, kommt aber nur bis Malaga in Spanien, wo er erst als Spion verhaftet, furchtbar gefoltert, später der Inquisition übergeben und als Ketzer neuerlich gefoltert wird, ehe er durch glückliche Fügung, behindert, aber lebendig, zum englischen Hof zurückgebracht wird. Der König spendiert dem querulantischen Schwadroneur, der nicht müde wird, um Recht und Entschädigung anzusuchen, zwei Aufenthalte in Bath. Der Versehrte gibt sich nicht zufrieden, gerät bei Hof sogar in eine öffentliche Schlä-

gerei mit dem spanischen Botschafter und wird darauf neuerlich ins Gefängnis geworfen.

Im März 1625 stirbt König Jakob und damit schwinden
Lithgows Hoffnungen. Dennoch zögert er nicht, im zweiten
Parlament von Karl I. sieben Wochen lang täglich seine Beschwerde zu erneuern. Doch politische Wirren und der Mord
an Lithgows Gönner Buckingham im Jahre 1628 verhindern
endgültig, dass der eigentlich nicht aussichtslose Fall noch
erhört wird. Ein Zeitzeuge schreibt in einem Brief, Lithgow
sei »ebenso Opfer des eigenen Charakters wie verwirrender
historischer Vorgänge«. Sooft er auch Petitionen eingereicht
hat und diesen durch Drängen und Bitten Nachdruck zu ver-
schaffen suchte, am Ende findet man den malträtierten Fern-
reisenden nur lästig und legt seine Sache ad acta.

Gravierend, wie die Folgen der Folter gewesen sein müssen, hindern sie Lithgow doch nicht, im Frühjahr 1627 zu
Fuß von London nach Edinburgh zu laufen und auch anschließend innerhalb Schottlands zahlreiche Wanderungen
zu unternehmen. Gekränkt und voll der Bitterkeit des Unter-
schätzten, hat er sich aus London verabschiedet und ist nach
Schottland heimgekehrt. Noch mehrmals taucht er als Ver-
fasser kleinerer Schriften und Pamphlete, ja selbst von eher
missglückten Dichtwerken auf, den Plan einer Reise nach
Russland allerdings kann er nicht in die Tat umsetzen, sondern muss frühzeitig umkehren. Zu diesem Zeitpunkt hat er
jede Hoffnung auf Entschädigung zwar aufgegeben, schreibt
aber weiter an seinem Reisebericht, um wenigstens vor der
Nachwelt rehabilitiert zu sein.

Die erste Veröffentlichung der ungekürzten Version dieses
Reiseberichts bringt ihn dennoch abermals in Konflikt mit
der spanischen Obrigkeit, die seine Klagen nicht unwider-

sprochen lassen möchte und diplomatisch interveniert. Lithgow wandert samt seinem Drucker neuerlich ins Gefängnis und muss sich schließlich schriftlich verpflichten, keine Händel mit den Spaniern mehr anzuzetteln. Die Niederlage ist nun komplett.

In einer Vorbemerkung seines Verlegers zu der Ausgabe des Reiseberichts von 1645 findet sich die Angabe, Lithgow sei nach Familientradition in Lanark, Schottland, auf dem Friedhof von Sant Kentigern's Kirk beigesetzt worden. Doch fehlt sonst jede dokumentarische Beglaubigung dieser Angabe. Lithgows genaues Todesdatum oder sein Sterbeort sind so wenig bekannt wie sein Grab.

Schon zwei Jahrhunderte vor dem Schotten war es in der Nachfolge Petrarcas und seiner Bergbesteigung populär geworden, um des Reisens willen zu reisen, Kultur- und Natureindrücke zu sammeln. Doch sind diese frühen Reisenden noch nicht fixiert darauf, ein empfindsames Ich vor der Landschaft auszustellen.

Auch zur Zeit William Lithgows war das Reisen, das Bereisen des Kontinents zumal, nichts Ungewöhnliches. Nach damaligem Verständnis diente es durchaus der Erweiterung des Horizonts, schloss die akademische Bildung ab, vervollständigte die Persönlichkeit und wurde auch für wünschenswert befunden, weil so die isolierte Lage der Britischen Insel und der religiöse Spalt zum Festland durch Kenntnisse überbrückt werden konnten. So boten die Engländer das frühe Spottbild des Massentouristen, wie es sich in *Die Briten in Rom*, der Satire des Hölderlin-Freundes Wilhelm Waiblinger, noch zweihundert Jahre später nachlesen lässt.

Gerade das Italien der Hochrenaissance, des Neuplatonismus und Humanismus erschien den Reisenden aus ganz Europa als ideales Reiseziel und die richtige Stätte, Künste und Denkweisen auszubilden und zu verfeinern. So mancher Edelmann kam heim mit ganzen Sammlungen antiker oder wenigstens alter italienischer Kunstgegenstände. Die meisten dieser Reisenden waren adlig oder gut gestellt, reisten mit einem Tross, hatten Landeskundige und Diener bei sich und genossen einen gewissen Schutz.

Lithgow dagegen ist ein ganz untypisch Alleinreisender, noch dazu ein Wandernder, der schon so seinen Mut, aber auch seine Herkunft aus eher bürgerlichen Verhältnissen bekundet. Warum reist er ohne Begleitung? Er ziehe das Alleinsein schlechter Gesellschaft vor, behauptet er stolz, doch mag es ebenso gut sein, dass ein Mensch seines Naturells nicht leicht Anschluss fand. So blieb er meist isoliert, auffällig und fast schutzlos.

Die größten sozialen Freuden auf seiner Wanderschaft scheint er indessen bei einer Gruppe von reisenden Deutschen genossen zu haben. Mit ihnen versteht er sich besonders gut, auch wenn sie »von eher zaghafter und ängstlicher Natur waren«. Allerdings kaufen diese deutschen Kumpane den Arabern Wasser in Karaffen ab, »faulige Brühe, die von bräunlicher Farbe und warm wie Pisse war«, sodass einige von ihnen am nächsten Tag sterben, die anderen fallen einen Tag drauf tot von den Eseln. Von einer größeren Gruppe sind deshalb wenig später nur noch drei am Leben. Diese trinken unverdünnten zypriotischen Wein und fallen diesem am Mittag des vierten Tages zum Opfer. Lithgow beerbt sie, Trauer tragend und wieder seiner Einsamkeit ausgeliefert.

Die Welt zu erfahren, heißt für Lithgow im ganz unmittelbaren Sinn, sie zu erlaufen. Tief dringt er in eine abenteuerliche Welt ein, die ihn unablässig gefährdet. Wo immer es ihn hin verschlägt, überall zeichnet er das Panorama einer Welt, in der Banditen an den Straßen marodieren, Wegelagerer die Schlafstätten berauben, Aufgeknüpfte zwischen den Zweigen schaukeln, Verurteilte auf den Scheiterhaufen brennen, Menschen im Aberglauben leben, Frauen ihre Schamlosigkeit demonstrieren.

Zahllose Male fällt Lithgow Wegelagerern in die Hände. Unaufhörlich kommen sie aus den Bergen und Wäldern, bedrohen Einheimische wie Fremde gleichermaßen und trachten sogleich nach Hab und Gut und Leben. Unfreiwillige Komik stellt sich ein, wenn der Held dann, verschont, aber nackt an einen Baum gebunden, immer noch die wilden Tiere zu fürchten hat oder wenn er, abermals nackt, durch die Landschaft fliehen muss. Einmal sind Banditen drei Meilen lang auf seinen Fersen, können ihn aber nicht einholen. Ein andermal wirft er sich ihnen wimmernd und flehentlich bittend zu Füßen, mit einem Konvolut von Empfehlungen, Siegeln, Urkunden seines Besuches am Heiligen Grab und an diversen Königshöfen wedelnd. Seine Zertifikate retten ihm gleich mehrmals das Leben, flößt doch ein Pilger des Heiligen Grabs selbst Strauchdieben Ehrfurcht ein. Eines aber ist wohl fraglos: In solchen Episoden arbeitet Lithgow nicht an einem vorteilhaften Bild des eigenen Ich, nein, er erspart uns den Blick auf den würdelosen Kriecher nicht.

Abgesehen von der staunenswerten Konstitution und Kondition des energischen Schotten, kann man nicht umhin, ebenfalls seine mentale Stärke als Begründung für sein Überleben anzuerkennen. Sein Lebenswillen stellt den fast aller seiner Mitreisenden in den Schatten, und während Begleiter und Führer durch Hitze, Fieber, Durst, Schiffbruch, Auszehrung und Seuchen zu Tode kommen, stapft Lithgow ungebrochen und scheinbar unbrechbar weiter durch jede Landschaft, überlebt am Boden, am Berg und auf See, dort geklammert an eine Kiste, in der er zuvor noch seine Habseligkeiten verstaut hat, ja selbst, als niemand mehr an sein Fortleben geglaubt hat, erholt er sich und setzt seine Wanderung fort, trinkt den eigenen Urin und isst Hühner, die er nur von der Wüstensonne hat rösten lassen. In Danzig wird schon ein Grab für ihn ausgehoben. Er überlebt auch das und wirkt in seinen Irrfahrten allmählich wie einer jener Organismen, die selbst den Atomschlag überleben würden. Nicht die geringste Rolle spielt dabei seine Fähigkeit, sich den Verhältnissen anzupassen, seinen Vorteil fest im Blick zu behalten und keiner Gelegenheit zur persönlichen Bereicherung aus dem Wege zu gehen, vor allem, wo es darum geht, sich in den Besitz der Hinterlassenschaften Verstorbener zu bringen.

Eigentlich müsste er uns dennoch immer wieder rühren, seiner Leiden, seiner Schutzlosigkeit wegen, doch dazu sehen wir ihn zu selten klein werden, und die Wirklichkeit, in der er nie ganz heimisch wird, verlangt vor allem eine starke Motorik, Instinkt, gute Reflexe, nicht Sensibilität. Denn in der Tat: das Panorama der Welt, das Lithgow vor den Augen des Lesers ausbreitet, hat manchmal Züge der Welt von Hieronymus Bosch. Gewalt ist überall. Es wird gequält und gefoltert, gelitten und gestorben, rechts und links fallen Opfer, Tote, Moribunde, Elende zu Boden, und relativ ungerührt schreitet der Reisende mit Siebenmeilenstiefeln darüber hinweg. Der Tod, so willkürlich er die Menschen hinrafft, wird eher achselzuckend angenommen. Es gibt keinen Hader und keine

Auflehnung, und die Verzweiflung weicht rasch der barocken Anerkennung der Vanitas, der Hinfälligkeit von allem.

Lithgows Reisen sind deshalb auch Reisen ohne Psychologie, ohne Empathie und Identifikation, ja, selbst ohne Versenkung in das eigene Ich. Sie schulden der Anschauung mehr als der Einfühlung und sagen nicht viel darüber aus, wie sich eine Landschaft, eine Sehenswürdigkeit, eine Begegnung im Reisenden auswirken.

Die Härte des Lebens, sein Entbehrungsreichtum, die Allgegenwart von Tod und Gewalt sind wohl wesentlich dafür verantwortlich, dass es sich hier – wie bei anderen Berichten der Zeit – um eine Art vor-sensibles Reisen handelt, das nicht viel Aufwand an die psychologische oder literarische Durcharbeitung von Ernstfällen verschwendet, sondern sich vor allem in den Dienst ungerührten Überlebens stellt.

Sosehr er als Protokollant und Dokumentarist erscheint, reist Lithgow auch unbefrachtet von Bildungsgütern, Quellenschriften oder reiseliterarischen Vorbildern. Seine Anschauung ist die des originären Blicks, und nicht selten schweift dieser über Breiten, in denen kaum je ein Europäer vor ihm gewesen war, über Gegenden, aus denen wir keinen früheren, europäischen Bericht kennen – etwa aus Teilen Marokkos oder selbst Osteuropas.

Dabei ist Lithgows Blick so spezifisch wie genau, und eigen ist er obendrein. Wo andere Autoren etwa von der Alhambra schwärmen, verliert Lithgow kaum einen Satz und konzentriert sich eher darauf, das bäuerliche Hinterland Spaniens als verarmt und unzivilisiert zu beschreiben. Wo andere Autoren die Großtaten fremder Religionen zumindest bestaunen, sieht Lithgow vor allem Denkmäler religiöser Propaganda und durchsichtiger Täuschungsabsichten, und selbst die Bewunderung angesichts der Pyramiden trübt sich offenbar bei dem Gedanken, dass sie entstehen konnten, weil Cheops seine Tochter zur Prostitution zwang, jeden Freier mit einem Stein bezahlen ließ und so nicht allein die Haupt-, nein sogar noch eine kleinere Nebenpyramide finanzieren konnte.

Doch auch das Christentum, das katholische zumal, erweist sich als eine Brutstätte der Irrlehren. Zwar bezweifelt Lithgow nicht grundsätzlich, die christliche Urlandschaft des Alten und Neuen Testaments zu bereisen, auch hat er keine Bedenken, den Garten Eden auf die Erde zu verlegen, ja selbst den Ort zu besuchen, wo ehemals der Baum mit der verbotenen Frucht gestanden haben soll, oder jenen, wo bei Damaskus Kain seinen Bruder Abel erschlug, aber er steht an den heiligen Stätten nicht als Erschütterter, sondern als Skeptiker, da nämlich »einige dieser Heiligtümer schlichtweg lächerlich, andere der reinste Schwindel, einige zweifelhaft und andere schließlich zumindest halbwegs glaubwürdig erscheinen«. Das Geburtshaus der Muttergottes in Loreto etwa, das sich der Legende nach zwischen der dalmatischen und der italienischen Küste mehrmals hin und her bewegt haben soll, erklärt er für einen »teuflischen Trick«.

Offenbar genießt er in solchen Feststellungen die Kraft der Rationalität und bezieht einen Mehrwert seines Reisens nicht zuletzt daraus, solche Lügengeschichten – im Dienst der eigenen Religion – zu widerlegen. Auch hier ist er radikal, kennt keine Irrtümer, nur willentliche Irreführungen, die aus Habgier und um des Teufels willen in die Welt gesetzt wurden. Der Aufklärer in Lithgow ist Religionsskeptiker, solange die eigene Religion nicht betroffen ist, er ist obendrein Materialist genug, nur gegenständliche Beweise zu akzeptieren und überall nebenbei auch die Preise, die Gebühren und Tarife seiner Reise aufzulisten.

Lithgow, der gläubige Protestant, den seine Glaubensfestigkeit fast ums Leben bringen wird, er räsoniert zwar, er verurteilt in Bausch und Bogen, aber manchmal erscheint er eher als ein Moralist der doppelten Moral, vermittelt er doch kaum das Gefühl, er wünsche sich die Welt weniger lasterhaft. Er hat kein Konzept gegen den Sittenverfall, er bekehrt niemanden, er ermahnt auch keinen Bürger zum besseren Leben. Ganz selten zeigt er christliche Karitas, und als er einmal eine Sklavin aus den schändlichen Diensten eines Lüstlings befreit, beschleicht den Leser das vage Gefühl, als würde ihm der Autor nicht die ganze Geschichte erzählen.

Lithgow ist Puritaner, gewiss, aber trinkt er nicht in Italien und Syrien ausgiebig Süßweine, spricht überhaupt dem Alkohol reichlich und dem Tabak zu, beobachtet sexuelle Gebräuche mit Neugier und gibt auch sonst nicht gerade den Kostverächter? Und steckt nicht in der Art, wie er überall die Verworfenheit der Frauen geißelt, mehr als Konträrfaszination?

Der »Geschlechtstrieb« der Kreterinnen ist »unersättlich, bedingt durch das Klima und den Boden«, die Frauen von Chios sind »von engelhafter Schönheit und eifrige Liebesdienerinnen«, von ihren Männern zu »Huren« gemacht, Konstantinopel hat 40 000 Freudenhäuser, die Türkinnen sind zwar »klein und dick«, »außer Haus« auch durchaus »ängstlich und schüchtern, drinnen hingegen lüstern und zügellos«. Die Ägypter sind wie die Türken sämtlich Sodomiten, genusssüchtig und hängen noch »zahllosen anderen diabolischen Lastern« nach. Ihre Frauen pinkeln im Stehen am Straßenrand. In Armenien beobachtet er »das schamlose Treiben der Huren«, deren Dirnen gleich eine »doppelte Abscheulichkeit« betreiben, die er verschweigt, damit man sie in Europa nicht nachmache. Die Frauen Maltas »verhüllen ihr Gesicht züchtig unter schwarzen Tüchern, sind aber gleichwohl der Wollust ergeben«. Andernorts hatte ein Pastor doch tatsächlich drei Frauen samt Töchtern »die Schenkel gespreizt und sich an ihren armen Leibern vergangen«. In Kalabrien treffen sich Mörder und Banditen in den Kirchen mit ihren Frauen und Liebschaften. Die Marokkanerinnen sind »ganz und gar zuchtlos und bereit, ihren wollüstigen Männern auf beide Arten zu Diensten zu sein«. In Irland werfen die Feldarbeiterinnen ihre Brüste über den Rücken, um die Kinder stillen zu können: »Solche Brüste wären meines Erachtens bestens dazu geeignet, aus ihnen Geldbeutel für unsere ostindischen und westindischen Kaufleute zu machen, da sie über einen halben Meter lang und weicher als gegerbtes Leder sind.«

Nein, bisweilen tut Lithgow puritanisch, lässt aber wider Willen ein anderes Leben durchblicken, und auch, wo es um die eigenen Einkünfte geht, fallen die Durchblicke auf seine Moral nicht immer zu seinen Gunsten aus. Einmal plündert er die Taschen zweier, die im Duell gefallen sind, bringt sich in den Besitz einer großen Summe samt diamantbesetzten Ringen und quittiert das Lamentieren der mittellosen Hinterbliebenen mit dem Satz: »Es gehört zu den Wechselfällen des Lebens, dass einem der Reichtum zuweilen in den Schoß fällt, ob zu Recht oder zu Unrecht, mag ich hier nicht entscheiden, doch gehörte jetzt mir, was zuvor ihnen gehörte.«

Einen religiösen Gewissenskonflikt erlebt er hier nicht. Daneben mag uns sein religiöses Eifern zwar bisweilen drastisch erscheinen, es ist aber auch in dieser Form durchaus zeittypisch. Zugleich wird im Spiegel von Lithgows Reisebericht offenbar, was es im 17. Jahrhundert für einen Europäer bedeuten konnte, christlichen, vor allem anglikanischen Glaubens zu sein. Seine Konfession lässt ihn sich zwar dauernd über die Irrlehren und abergläubischen Einbildungen Andersgläubiger erheben, sie lässt ihn gleichermaßen gegen Juden, Muslime, Papisten, Griechisch-Orthodoxe, Jesuiten und Atheisten wettern, lässt ihn ihre Glaubenspraxis bisweilen sogar unflätig verhöhnen, doch ist sein Blick auf Mohammed, auf das Judentum oder den Katholizismus durchaus der des zeitgenössischen christlichen Ressentiments. So quittiert er die Beobachtung, in Italien liefen Juden nur rot und gelb gekennzeichnet herum, mit dem Wunsch, man möge Vergleichbares auch für die Papisten in England einführen.

Es gibt eben keinen ungefärbten Blick in die Fremde, und auch zur Kulturgeschichte des Ressentiments trägt Lithgow einiges bei. Doch konfrontiert er den Leser dabei mit einer Welt, in der sich die Meinung nicht auf den persönlichen Vorteil gründete, sondern einer Anschauung oder Überzeugung folgte. Das Vorurteil erscheint auch als eine Konsequenz des harten Lebens, der allgegenwärtigen Grausamkeit. Es folgt einem Impuls, Ordnungsbegriffe zu etablieren, Schuld zu verteilen, zu ahnden, zu strafen. Natürlich finden sich in seinen Überlegungen Schwulstformen des Ressentiments, aber man mache sich klar: Viele seiner Standpunkte sind inzwischen nicht vom besseren Wissen oder tieferen Verständnis ausgeräumt worden, sondern vom sittlichen Geschmack, von Konventionen, Denkvorschriften, einer Korrektheit, die den Sprachgebrauch stärker beherrscht als die Gefühle.

Andererseits lässt sich ebenso gut feststellen, dass der streitbare Protestant erreichbar war für die Tugenden Andersgläubiger, dass er fast wider Willen Gastfreundschaft, Dienstbarkeit, Selbstlosigkeit, Hilfsbereitschaft bei Arabern, Türken oder Juden wahrnahm und seine Reisen auch in dieser Hinsicht nicht ohne Spuren eines eigenen »Bildungsprozesses« bleiben.

Vor allem ist bei all seinen Leiden offenbar: Er hat nirgends auch nur den geringsten Vorteil von der eigenen, mit Zähnen und Klauen verteidigten puritanischen Frömmigkeit. Sie bringt ihm zunächst manche Tracht Prügel ein. Schließlich aber wird seine Glaubensfestigkeit unter der Folter der spanischen Inquisition Quelle schlimmster Leiden. Seine Charakterstärke setzt ihn unvorstellbaren Qualen aus, und wäre er nur bereit gewesen, abzuschwören, er hätte sich wohl die schlimmste Tortur seines Lebens ersparen können.

Gerade er aber, der so oft intuitiv richtige Entscheidungen fällte und vielfach von Glück gesegnet war, er wird in Sevilla, dann in Malaga, von seinem Verhängnis ereilt: Zeitgleich mit der englischen Flotte war er in der Stadt eingetroffen, hatte Kontakt zu den Seeleuten gehabt und wird nach ihrem Auslaufen verdächtigt, seit neun Monaten in Sevilla zu sein, um die eben aus der Karibik heimgekehrte spanische Handelsflotte zu beobachten und Details über sie den Briten auszuplaudern.

Nach Monaten des Gefängnisses und der Folter wird die Haltlosigkeit des Vorwurfs zwar erkannt, ironischerweise soll ihm aber nun die Übersetzung seiner Schriften ins Spanische, seine antipapistische Hetze und seine ketzerische Schilderung des Loreto-Wunders zum Verhängnis werden. Die Inquisition nimmt den Spionagevorwurf zurück, dankt aber der Vorsehung, dass sie so den Falschgläubigen in ihre Hände gespielt habe. Die Darstellung der Foltermethoden und ihrer Wirkungen auf den Körper gehört zum Drastischsten, was Opfer über die Marter dieser kirchlichen Institution mitgeteilt haben. Diese Beschreibung entfaltet auch in Lithgows Bericht einen epischen Sog, der sich durch die vergleichsweise sachliche Tonlage noch verstärkt.

Mit geschundener Physiognomie, gesprungenen Knien, gerissenen Sehnen und einem bleibend tauben Arm hätte sich Lithgow zu Hause gewiss gern als Märtyrer für den anglikanischen Glauben feiern und entschädigen lassen. Doch die Aufmerksamkeit der Zeit zog rasch weiter, vielleicht, weil er diplomatische Schwierigkeiten machte, vielleicht auch, weil er nicht der angenehmste Charakter war. Offenbar ist er darüber nicht bitter geworden, sondern seine bestehende Bitterkeit wurde erst richtig vertieft, und so ringt er sich einmal zu der erstaunlich religionsskeptischen Wendung durch: »Wer hätte gedacht, dass ich überhaupt noch Halt in irgendeinem Glauben finden könnte, nachdem ich auf meinen Reisen so viele unterschiedliche Sekten und Religionen gesehen hatte?«

Angesichts der persönlichen Einbußen, die er erlebt, der Verheerungen, die er erlitten, angesichts auch des ruinösen Zustandes, in dem er die Welt fand, und ihrer Unfähigkeit, sich zu bessern, kann es nicht erstaunen, dass Lithgow ein Pessimist war, mehr noch, ein Apokalyptiker, der seine Wahrnehmung des Niedergangs schließlich selbst auf die Schöpfung übertrug und klagte: »Offenbar ist die Erde gealtert und kann keinen so großen Reichtum mehr hervorbringen. Und auch Sonne und Mond sowie alle übrigen Planeten und Sterne haben an Kraft verloren und strahlen nicht mehr so warm und hell wie ehedem. Die Zeit treibt alle Dinge ihrem unaufhaltsamen Niedergang zu, indem sie das Starke schwach und das Schwache noch schwächer macht und zuletzt alles, was ist, ins Nichts zurückstößt, was ein schlagender

Beweis dafür ist, dass die Welt ihrem Ende zustrebt und der Tag des Jüngsten Gerichts kommen wird.« Was Lithgow aber diesem Nichts entgegensetzt, ist eine Welt, die, noch vom bösen Blick getroffen, den Zauber der Fremde, den Farbenreichtum der Kulturen und eine staunenswerte morphologische Differenzierung alles Menschlichen offenbart.

Roger Willemsen

Editorische Notiz

Die Originalausgabe *The Totall Discourse Of the Rare Adventures, and painefull Peregrinations* erschien 1632 in London. Die vorliegende erste deutsche Übersetzung folgt der 1974 von Gilbert Phelps besorgten Ausgabe, die nur um einige ausufernde, religionspolemische Auslassungen, um in Reimform gesetzte Passagen und ein paar nur für Zeitgenossen interessante Verweise gekürzt wurde. Georg Deggerich hat den manchmal barock überfrachteten Stil Lithgows sanft geglättet und das Werk so auch sprachlich zugänglicher gemacht. Er hat außerdem – nur wo zum Verständnis erforderlich – eine Reihe von Anmerkungen hinzugesetzt. Allen Beteiligten, auch auf Verlagsseite, sei gedankt für ihr leidenschaftliches Arbeiten im Dienste dieser Entdeckung.

R. W.

William Lithgow,

1582–ca. 1645, war einer der ersten Weltreisenden und Reise-
schriftsteller. (36 000 Meilen will er zu Fuß zurückgelegt haben.) Seine Reisebeschreibungen wurden in England erstmals im Jahr 1632 veröffentlicht, seither verschiedentlich neu
aufgelegt und erscheinen nun zum ersten Mal in deutscher
Sprache.

Roger Willemsen,

1955 in Bonn geboren. Er studierte Germanistik, Kunstge-
schichte und Philosophie in Bonn, Florenz, München und
Wien. 1991 kam er zum Fernsehen, wo er vor allem Interview-
und Kultursendungen moderierte und Dokumentarfilme
produzierte. Seine Bücher, darunter *Deutschlandreise*, *Kleine
Lichter* und zuletzt *Der Knacks*, wurden ausnahmslos zu Best-
sellern.

Georg Deggerich,

1960 in Duisburg geboren, studierte Anglistik, Germanistik
und Philosophie in Münster. Lebt als Gymnasiallehrer und
Übersetzer in Krefeld. Zu den von ihm übersetzten Auto-
ren gehören Oscar Wilde, Samuel Pepys und David Sedaris.
Daneben ist er Mitherausgeber der Literaturzeitschrift *Am
Erker*.

Roger Willemsen
Afghanische Reise
Band 17339

Nur wenige Monate nachdem in Afghanistan eine über
25-jährige Kriegsgeschichte zu Ende ging, begleitet Roger
Willemsen eine afghanische Freundin auf ihrem Weg in die
Heimat: von Kabul nach Kunduz und durch die Steppe
zum legendenumwobenen Oxus, dem Grenzfluss zu Tad-
schikistan – die abenteuerliche Reise durch ein erwachendes
Land.

»Willemsen begegnet allen mit entwaffnender
Neugier und Offenheit, ganz gleich ob Frontsoldat
oder General, Drogenschmuggler oder Nomade,
Menschenrechtlerin oder ehemaliger Mudschahed.
Dass er sich dabei manchmal eine fast kindliche Naivität
bewahrt, macht ihn umso mehr zum klugen Beobachter.
Reiseliteratur vom Feinsten.«
stern

Fischer Taschenbuch Verlag

Roger Willemsen
Deutschlandreise
Band 16023

Wochenlang reiste Roger Willemsen mit dem Zug durch
Deutschland, von Konstanz nach Kap Arkona, von Bonn
nach Berlin. Aus seinen Begegnungen mit Menschen unter-
schiedlicher Art entsteht das facettenreiche Bild eines Landes.
Mit wachem Blick entdeckt er das Wesentliche im Alltägli-
chen und das Typische im Zufälligen – das Glück und
Unglück des ganz normalen Lebens.

»Was ist das für ein Buch, ein
Sachbuch? Nein, das ist viel mehr, das ist eine
grandios erzählte Reise ins Innerste eines Landes,
das unser Land ist, bereist von einem Autor, der
Klischees nicht auf den Leim geht, vor Obrigkeiten und
ihren Vorschriften nicht in die Knie bricht und der
Menschen so zuhören und sie so beschreiben
kann, dass wir in ihr Herz sehen. Das können
nur die Dichter. Willemsen ist einer.«
Elke Heidenreich

»Willemsens exakte Portraits von Deutschen gehören
zum Besten, was man in diesem Genre lesen kann.«
Frankfurter Allgemeine Zeitung

Fischer Taschenbuch Verlag

Roger Willemsen
Kleine Lichter
Band 17044

Seit sechs Monaten liegt der Geliebte im Koma, jetzt be-
spricht Valerie Kassetten, die ihn wieder ins Leben zurück-
führen, zurückverführen, sollen. Nun, wo es um alles geht,
ist alles in ihrer Sprache Liebe. Zwischen Wien, wo sie liebt,
und Tokio, wo sie arbeitet, hin und her gerissen, beschwört
Valerie die eigene Liebesgeschichte noch einmal herauf und
zeichnet die Veränderung ihrer Gefühle akribisch nach – bis
zu dem Punkt, an dem sie fast überwunden scheinen.
In seinem literarischen Debüt nähert sich Roger Willemsen
so leidenschaftlich wie klug, so innig wie genau dem Phäno-
men der Liebe. Er erzählt nicht nur eine Geschichte an der
Bruchstelle zwischen Leben und Tod, sondern erkundet be-
hutsam das Wesen und die Sprache der Liebe selbst.

»Kultbuch für Liebespaare.«
Norddeutscher Rundfunk

Fischer Taschenbuch Verlag